Bauwelt Fundamente 64

Herausgegeben von Ulrich Conrads
unter Mitarbeit von Peter Neitzke

Beirat:
Gerd Albers
Hansmartin Bruckmann
Lucius Burckhardt
Gerhard Fehl
Herbert Hübner
Julius Posener
Thomas Sieverts

Günther Fischer, Ludwig Fromm,
Rolf Gruber, Gert Kähler,
Klaus-Dieter Weiß

Abschied von der Postmoderne

Beiträge
zur Überwindung
der Orientierungskrise

Friedr. Vieweg & Sohn   Braunschweig/Wiesbaden

1. Umschlagseite: „Werkstatt vor großem Bogen, 1978",
aus: Peter Ackermann, Gemälde, Zeichnungen, Aquarelle,
Darmstadt 1980
4. Umschlagseite: Zeichnung von Günther Fischer

Alle Rechte vorbehalten
© Friedr. Vieweg & Sohn Verlagsgesellschaft mbH, Braunschweig 1987
Umschlagentwurf: Helmut Lortz
Satz: Satzstudio Frohberg, Freigericht
Druck und buchbinderische Verarbeitung: Lengericher Handelsdruckerei,
Lengerich
Printed in Germany

ISBN 3-528-08764-1   ISSN 0522-5094

Inhalt

Günther Fischer
Über den komplizierten Weg
zu einer nachfunktionalistischen Architektur   7

Günther Fischer
Architektur und Kommunikation   25

Rolf Gruber
Sichtbeschränkungen   53

Gert Kähler
Regionalismus ist kein Stil   77

Klaus-Dieter Weiß
Grenzenloses Wohnen: zwischen Wohnung, Haus und Stadt   101

Günther Fischer, Ludwig Fromm
Neue Lofts – ein nachfunktionalistisches Hauskonzept   163

Gert Kähler
Wohnung und Herrschaft
oder: „die Staatsgewalt geht vom Volke aus"   193

Günther Fischer

Über den komplizierten Weg zu einer nachfunktionalistischen Architektur

Ohne Polemik über Postmoderne reden heißt, sie als Funktionalismuskritik zu begreifen und ernstzunehmen. Die Postmoderne ihrerseits zu kritisieren oder zu „überwinden" heißt deshalb, den Nachweis zu führen, wo sie diese notwendige Kritik des Funktionalismus verfehlt, wo sie zu kurz greift oder aber am Ziel vorbei ins entgegengesetzte Extrem schießt. Dieser enge Zusammenhang erklärt den ständigen Wechsel zwischen Funktionalismuskritik und Kritik der Postmoderne im nachfolgenden Text: Das eine ist ohne das andere nicht machbar.

I Kritik der Jenckschen Postmoderne

Es gibt kaum ein Buch der letzten Jahre, das die momentane Verwirrung über die Richtung der Architektur besser repräsentiert als der Bestseller von Charles Jencks: „Die Sprache der postmodernen Architektur" (1) – sowohl in dem Sinne, daß er sie *dokumentiert* und unter einem synthetischen Schlagwort zusammenfaßt, als auch in dem Sinne, daß er in seiner Argumentation selbst *Ausdruck* dieser Konfusion ist. Es kann an dieser Stelle darauf verzichtet werden, ähnlich genüßlich, wie Jencks es mit der modernen Architektur vorführt, „die Leiche zu fleddern" (2), denn dies ist in vielen Teilansätzen schon öfter geschehen, ohne den Siegeszug des Slogans von der „Postmoderne" aufhalten zu können. Statt dessen soll hier versucht werden, an drei zentralen Punkten der Jencks'schen Argumentation die Ursache für die genannte Konfusion aufzuzeigen.

1.

Diese Verwirrung beginnt schon mit der Gleichsetzung von Funktionalismus und moderner Architektur. Es war und bleibt Unsinn, all die von Jencks aufgeführten Architekten unter dem Vorzeichen anti- oder *postmodern* subsumieren zu wollen (die meisten haben sich ja auch entsprechend gewehrt, bevor diese Vokabel zu einer

Auszeichnung wurde). Auch auf den anderen Ebenen, die Jencks benennt (die sprachliche, stilistische etc.), gibt es keine übergreifenden Gemeinsamkeiten. Die einzige und entscheidende Gemeinsamkeit ist vielmehr, daß alle diese Architekten tatsächlich anti- oder post*funktionalistisch* sind.

Man kann gut verstehen, daß Jencks nicht auf die schillernde Faszination des Wortes Postmoderne verzichten wollte (vielleicht wäre sein Buch sonst kein Bestseller geworden), um statt dessen einen so sperrigen Begriff wie „Post-Funktionalismus" o.ä. zu lancieren. Aber die Diskussion wäre mit Sicherheit anders und weniger irritierend verlaufen. Denn letztgenannter Terminus präzisiert die gedankliche Leitlinie, an der entlang sich tatsächlich eine neue Architektur entwickeln läßt: nicht gegen die moderne Architektur, die so viele bewundernswerte Bauten hervorgebracht hat, sondern gegen den Funktionalismus – und das ist nicht das Gleiche!

Die langanhaltende Funktionalismusdebatte und die genauere Analyse der theoretischen Äußerungen haben längst die tiefe Kluft zwischen dem „Neuen Bauen" der Zwanziger Jahre und dem Funktionalismus der Nachkriegszeit deutlich gemacht. Die erstaunliche Heterogenität der Architekturansätze von Mies und Häring, Taut und Scharoun, Le Corbusier und Mendelsohn, Gropius und Aalto steht in einem krassen Gegensatz zu der stromlinienförmigen Ein-Dimensionalität, die den in der Folgezeit weltweit verbreiteten Funktionalismus kennzeichnet.

Außerdem durchziehen vielfältige Widersprüche und Brüche zwischen gebauter Architektur und dogmatischen theoretischen Positionen das Leben und Werk der einzelnen Architekten. Provokativ und sehr verkürzt gesagt: Le Corbusier z.B. war ein großartiger Architekt *trotz* seiner Ideologie. Gelänge es, die geniale Inspiration aus seinen Bauten herauszufiltern, bliebe genau der schale Aufguß an reduzierter, funktionalisierter und typisierter Architektur übrig, der in den letzten fünfzig Jahren weltweit die moderne Architektur in Mißkredit gebracht hat.

Das ist das Verwirrende, und hier setzt der Zwang zur Differenzierung ein: Die moderne Architektur hat ebenso großartige Bauten hervorgebracht wie jede andere große Architekturepoche, während der Funktionalismus gescheitert ist mit seiner starren ideologischen Fixierung auf wenige, scheinbar zwingende Prinzipien (z.B. „form follows function"), um die sich seine geistigen Väter im „Notfall", d.h. wenn es um die Architektur ging, keinen Deut geschert haben.

Das Schlagwort von der Postmoderne verschleiert diese notwendige Differenzierung, zwingt den Benutzer ständig, mit dem einen auch das andere zu verteufeln, und führt damit zwangsläufig zu der oben erwähnten Konfusion über die Frage, *um was*, *gegen was* und *für was* es eigentlich geht.

2.

Die Gleichsetzung von Funktionalismus und moderner Architektur bleibt jedoch nicht die einzige Pauschalisierung. Bei genauerer Lektüre verdichtet sich der Eindruck, daß es Jencks überhaupt an inhaltlichen Kriterien mangelt, den Rahmen der

Postmoderne einzugrenzen und zu definieren. Es scheint vielmehr, als wenn er den umgekehrten Weg gegangen ist: Er sammelt alles und jedes, was nicht funktionalistisch *aussieht*, und versucht hinterher, die Fülle der von ihm gefundenen Architekturbeispiele in ein System zu bringen. Auch das ist natürlich ein möglicher Weg, und Jencks ähnelt darin dem Botaniker des 18. und 19. Jahrhunderts, der aus der Fülle pflanzlicher *Erscheinungsformen* Rückschlüsse auf die Entstehung der *Arten* zu ziehen versuchte. Nur birgt dieses Vorgehen auch im Bereich der Architektur die Gefahr, auf die ungezählte Vielfalt der ‚Stilblüten‘ hereinzufallen – die den Täuschungsmanövern und der Mimikry der Natur in nichts nachstehen – und so zu fehlerhaften Einschätzungen zu kommen. Das betrifft das Auswahlverfahren insgesamt ebenso wie die einzelnen Klassifikationsversuche und führt dazu, daß Jencks mangels fundierter Ausgangshypothesen nicht in der Lage ist, die von ihm ausgewählten Architekten zu auch nur einigermaßen inhaltlich kohärenten Gruppen zu ordnen. Selbst noch in einer der Untergruppen („Ad-hoc-Planung und Kontextualismus") seiner sogenannten „Genealogie der Postmoderne" (3) findet man so unterschiedliche Architektentemperamente wie Ungers, Erskine, Rossi, Krier und Kroll vereinigt!

Ein solches Sammelsurium, dem Katalog eines Versandhauses nicht unähnlich, verstärkt nicht nur die Konfusion, sondern ist gleichzeitig Indiz dafür, daß Jencks, geblendet von den verwirrend vielfältigen Erscheinungsformen nach-funktionalistischer Architektur, nicht ausreichend analysiert hat, worum es den einzelnen Architekten eigentlich geht und wogegen sie sich wenden. Anders ausgedrückt: Er hat keine Theorie des Funktionalismus, und deshalb muß seine Theorie der nachfunktionalistischen Ära, die er Postmoderne nennt, versagen.

Damit steht er allerdings nicht allein. Trotz jahrzehntelanger Funktionalismuskritik besteht immer noch Unklarheit über die wahren Ursachen der historischen Sprengkraft, die diese Ideologie entwickelt hat. Julius Posener hat einmal gesagt: „Jede Generation geht nur einen Schritt nach vorn. Der Funktionalismus hat einen sehr großen Schritt gemacht." (4) Bezogen auf die vielfältigen Ansätze des Neuen Bauens ist das mit Sicherheit richtig. Aber das Erbe des Neuen Bauens ist und bleibt zwiespältig:

- Die Revolutionierung der *Funktion* erzeugte nicht nur neue Grundrisse und Wohnqualitäten, sondern gleichzeitig die Schrecken der Monofunktionalisierung.
- Die Revolutionierung der *Konstruktion* durch die neuen Baustoffe Stahl, Glas, Beton brachte nicht nur gänzlich neue architektonische Möglichkeiten mit sich, sondern führte gleichzeitig zu einer radikalen Zerstörung traditioneller handwerklicher Konstruktionsformen.
- Die Revolutionierung der *Ästhetik* erzeugte nicht nur die formalen Grundlagen der gesamten modernen Architektur, sondern gleichzeitig einen im nachhinein und in seinen Auswirkungen erschreckenden Purismus.
- Die Revolutionierung des *Raum*begriffes erweiterte nicht nur das Spektrum architektonischer Raumdefinitionen (z.B. um den „fließenden Raum"), sondern

9

beinhaltete gleichzeitig die radikale Zerstörung des traditionellen Raumbegriffes zugunsten einer Objekt- oder Container-Architektur, für die der umliegende Raum nur Abfallprodukt war.
- Die Revolutionierung der *Sprache* der Architektur schuf nicht nur neue Symbole (z.B. Maschinenmetapher), sondern setzte gleichzeitig vorhandene Ausdrucksmittel außer Kurs und erzeugte so ein bisher ungekanntes Ausmaß architektonischer Sprachlosigkeit.
- Die Tabuisierung der *Geschichte* ermöglichte nicht nur die beispiellose Radikalität des Neuanfangs, sondern trug gleichzeitig zu einer vollständigen Entwurzelung des Architekturgeschehens bei.
- Die internationale Ausbreitung der modernen Architektur erweiterte nicht nur die schöpferische Basis des Neuen Bauens, sondern reduzierte gleichzeitig die ungeheure Vielfalt *regionaler* Architekturströmungen (man vergleiche die italienische mit der französischen Gotik, die deutsche mit der englischen Renaissance etc.) zugunsten eines unterschiedslosen und alle geographischen, klimatischen und kulturellen Besonderheiten nivellierenden Internationalismus.
- Die Revolutionierung der Gebäudegröße schuf nicht nur neue, sensationelle Bauformen (Wolkenkratzer), sondern führte gleichzeitig zur Vernachlässigung des menschlichen *Maßstabs* in der Architektur zugunsten eines an technologischer Optimierung ausgerichteten Maschinen-Maßstabs. Maschinen oder technische Systeme aber haben ihre eigenen Grenzen: Der Unterschied zwischen einer Stadt für 100.000 oder für 5.000.000 Einwohner schrumpft zusammen auf eine bloße Veränderung von Eingabedaten. Und warum fünf Stockwerke hoch bauen, wenn die Systemgrenze aufgrund der Kosten-Nutzen-Analyse bei fünfundzwanzig liegt?

Mit einem Wort, der grandiose Aufbruch der modernen Architektur hatte seine Kehrseite: Einen Funktionalismus, der nicht nur die Gewichte zwischen den einzelnen architektonischen Dimensionen unzulässig verschob zugunsten des Primats der Funktion, sondern der sich tatsächlich in ein außerhalb der Architektur liegendes, neues Bezugssystem einfügte: in den prozessualen Raum steriler Maschinenproduktion – freischwebend, ohne Bindung an Raum, Zeit und menschlichen Maßstab; sich selbst genügend und mit dem einzigen Daseinszweck zu funktionieren...

Vitruv unterscheidet drei Dimensionen der Architektur: utilitas, firmitas und venustas. Das läßt sich etwas frei mit Funktion, Konstruktion und Ästhetik übersetzen. Diese Dimensionen sind um zwei weitere, nämlich um die räumliche und die sprachliche symbolische Dimension, zu ergänzen, und zwar nicht, um Vitruv zu kritisieren, sondern weil vermutlich diese zusätzlichen Dimensionen für ihn Selbstverständlichkeiten waren.

Weiterhin ist einleuchtend, daß Architektur nicht als freischwebend in Raum und Zeit aufgefaßt werden kann, sondern jeweils auch eine historische und eine geografische Dimension besitzt. Jedes einzelne Bauwerk befindet sich stets im Schnittpunkt einer ganz bestimmten regionalen und historischen Situation.

Und schließlich kann kein Gebäude losgelöst von menschlichen Bezügen, insbesondere vom menschlichen Maßstab betrachtet werden.
Damit kommen wir nun genau zu jener Aufzählung architektonischer Dimensionen, anhand derer die Ambivalenz der Zwanziger-Jahre-Architektur sichtbar gemacht wurde.

Architektonische Dimensionen	Funktionalismus
1. funktionale Dimension	Primat der Funktion
2. konstruktive Dimension	Konstruktivismus
3. ästhetische Dimension	Purismus
4. räumliche Dimension	Containerarchitektur
5. sprachliche Dimension	Form follows function
6. historische Dimension	Tabuisierung der Geschichte
7. geografische Dimension	Internationalismus
8. maßstäbliche Dimension	Maschinenmaßstab

Der Funktionalismus, wie er hier als Kehrseite des Neuen Bauens hervortritt, war nicht Poseners „großer Schritt nach vorn", sondern ein Schritt *aus der Architektur heraus*, nicht Transformation und Weiterentwicklung, sondern Deformation und Zerstörung der architektonischen Dimensionen. Mit den abstrakten Prinzipien des Funktionalismus läßt sich überhaupt keine Architektur hervorbringen, man kann damit nur Maschinen bauen.
Die moderne Architektur, die so viele bewundernswerte Bauten hervorgebracht hat, entstand und hatte Qualität nur *dann und dort*, wo sie die Dogmen ignorierte und weiterhin alle genannten Dimensionen einbezog. (Was hat die Wallfahrtskirche Ronchamp von Le Corbusier mit Funktionalismus zu tun?)
Die Epigonen hingegen, die sich nur an die funktionalistische Theorie hielten, produzierten folgerichtig Un-Architektur: verarmte, rudimentäre Schuppen oder blankpolierte Maschinen (es kann nicht mehr herauskommen, als man hineinsteckt) − sie sind die wahren Funktionalisten! Es wäre sicherlich nicht zu diesem radikalen Bruch innerhalb der Baugeschichte gekommen, wenn nicht unmittelbar vorher mit dem Historismus und Eklektizismus des ausgehenden 19. Jahrhunderts ein fünfhundert Jahre altes Architektursystem endgültig zusammengebrochen wäre und mit seinem Sturz zunächst einmal alles Vergangene desavouiert hätte. Nur aufgrund des entstandenen Vakuums, am Rande dieses Trümmerfeldes sozusagen, konnte der Funktionalismus sein ideologisches Sperrgebiet errichten und die Baugeschichte zur Tabuzone erklären, deren Betreten für jeden verboten war, der sich zu den modernen Architekten zählen wollte.
In den 50er und 60er Jahren, der Blütezeit der funktionalistischen Ideologie, begannen jedoch einige Architekten, wie z.B. Rossi, Venturi, Moore, Erskine und

andere, zu erkennen, daß *Architektur*-produktion aufgrund dieser Prinzipien *unmöglich* ist. Sie suchten, jeder für sich, einen Weg zurück zu jenen Dimensionen, deren Zusammenspiel Architektur überhaupt erst begründet. Sie wurden damit zu *Tabu-Brechern* und waren über lange Jahre den gleichen Sanktionen und Diffamierungen ausgesetzt wie Tabu-Brecher in anderen Bereichen. Das absolute Unverständnis, mit dem die Architekturkritik lange Zeit auf ihre Arbeiten reagiert hat, ist viel zu schnell vergessen oder einfach verdrängt worden.

Gleichzeitig entstand neue Verwirrung, weil jeder dieser Tabu-Brecher eine *einzelne* Dimension besonders betonte und die anderen (zwangsläufig?) vernachlässigte – von einer einzelnen Person war der erratische ideologische Block des Funktionalismus nicht aus den Angeln zu heben. Genau daraus aber resultiert die Zersplitterung und unübersichtliche Stilvielfalt, die Jencks bei der Kategorisierung so viele Schwierigkeiten bereitet! Wir haben einen neuen Historismus, weil der Funktionalismus zulange jede Auseinandersetzung mit dem architektonischen Erbe blockiert hat; wir haben einen neuen Regionalismus, weil die kulturelle Identität der einzelnen Region zulange vom Internationalen Stil mißachtet wurde etc. – das ist das Muster, welches der Heterogenität und *scheinbaren* Zusammenhangslosigkeit momentaner Architekturbemühungen zugrunde liegt. Nur anhand der Einsicht in den *vollständigen* Negativ-Katalog der funktionalistischen „Sünden" erhält man gleichzeitig ein *exaktes Instrumentarium* für die Analyse derjenigen Architektur, die diese Deformationen zu überwinden versucht, und kann jeweils genau bestimmen, *wo* und *inwieweit* es ihr gelingt – aber auch, wo noch *Defizite* liegen.

Architektonische Dimension	Funktionalismus	Postmoderne
1. Funktionale D.	Primat der Funktion	– – –
2. Konstruktive D.	Konstruktivismus	Traditionalismus
3. Ästhetische D.	Maschinen-Ästhetik	Formalismus
4. Räumliche D.	Container-Architektur	Kontextualismus
5. Sprachliche D.	Form follows function	Symbolismus
6. Historische D.	Tabuisierung der Geschichte	Historismus
7. Geographische D.	Internationalismus	Regionalismus
8. Maßstäbliche D.	Maschinenmaßstab	Ad-hoc-Planung

Jedes Werk postmoderner, jetzt besser: nachfunktionalistischer Architektur ist also daran zu messen, inwieweit es bereits in der Lage ist, all jene architekturbegründenden Dimensionen zu *reintegrieren*, die der Funktionalismus deformiert hat, auf wievielen Ebenen es Anknüpfungspunkte aufweist und Perspektiven eröffnet. Erst diese Sichtweise ermöglicht schließlich die notwendige Differenzierung zwischen den bewundernswerten Anstrengungen der Tabu-Brecher, die die Architektur aus ihrer funktionalistischen Erstarrung befreien, und den sie zwangsläufig begleitenden, oberflächlich formalen Experimenten der Epigonen.

Das „Alles-in-einen-Topf-Werfen" von Jencks verschleiert auch diese zweite notwendige Differenzierung, zwingt den Betrachter wiederum, mit den gedankenlosen formalen Spielereien auch die wichtigen positiven Ansätze zu verteufeln, und führt so zu einer bedauerlichen Umlenkung und Abdrängung der Diskussion auf den trostlosen Kriegsschauplatz des Formalismus.

3.

Während es also in unserer heutigen Situation die historische Aufgabe ist, die Einzelansätze der Tabu-Brecher zusammenzuführen zu einer neuen, *gemeinsamen* Basis, auf der sich Architektur wieder entfalten kann, erhebt Jencks (und macht damit die Konfusion komplett) die Aufsplitterung, den Stilmischmasch, die „bewußte Schizophrenie" zum Ideal, zu einem eigenen Stil. Damit öffnet er erst eigentlich Tür und Tor für all die reduzierten, Einzelaspekte auf die Spitze treibenden Architektur-Karikaturen der neuen Epigonen: formale Purzelbäume vor funktionalistischen Grundrissen; räumliche Vielfalt, gepaart mit Maschinen-Ästhetik; ornamentale Muster an un-räumlichen Solitären; historisierende Stilreproduktionen aus Beton und Stahl; regionale Konstruktionsformen vor Container-Architektur usw. ...

Stilistische Unsicherheiten und Verwirrungen stehen sowohl am Anfang als auch am Ende einer jeden Stilperiode. Insofern gibt es tatsächlich formale Ähnlichkeiten zwischen dem Eklektizismus des ausgehenden 19. Jahrhunderts und der heutigen Situation. Jencks baut auf dieser formalen Ähnlichkeit seine gesamte Theorie auf. Inhaltlich aber sind beide Situationen diametral entgegengesetzt: jener Eklektizismus ist der *Endpunkt* eines fünfhundert Jahre alten Architektursystems, während die positiven Ansätze innerhalb der Postmoderne den *Ausgangspunkt* bilden und den Weg freimachen für die nächste Etappe einer nach-funktionalistischen Architektur.

So wie die funktionalistische Ideologie kein Schritt nach vorn, sondern ein Schritt aus der Architektur heraus war, ist die Postmoderne auch nicht der zweite Schritt nach vorn, wie es allgemein gesehen wird, sondern der *notwendige Schritt zurück* – die Rückeroberung der architektonischen Dimensionen.

Damit aber ist ihre Funktion erfüllt – und das schon seit Jahren. Jencks selbst merkt ja zum Begriff der Postmoderne an, daß er „lediglich besagt, von wo man

ausgegangen, aber nicht, wo man angekommen ist." (5) Das erklärt die Ratlosigkeit, die sich heute einstellt, nachdem der Reiz der Enttabuisierung verflogen, die Provokation zum Alltag geworden ist. Tabu-Brechen allein ist noch kein neues Programm!
Die Postmoderne als angeblich eigenständiger Stil, als, so Jencks, „radikaler Eklektizismus" (6) bleibt ein begrifflicher Homunculus, die mediokre und innerlich hohle Kunst-Schöpfung eines in dieser Hinsicht allerdings fast genial zu nennenden Architekturkritikers. Darum ist es auch relativ sinnlos, weiterhin und immer wieder diesen „neuen Stil" zu kritisieren – er existiert als solcher gar nicht! Was bisher existiert, sind lediglich unterschiedliche und vielfältige Ansätze zur Überwindung des Funktionalismus – samt dem Rattenschwanz epigonaler Verwertung. Deshalb läuft das *pauschale* und *undifferenzierte* Lamento über die Postmoderne inzwischen fast genauso leer wie die Postmoderne selbst. Solche Kritik stützt sogar die flotte und vorschnelle Vermarktung der unterschiedlichen Architektur-Tendenzen zu einem neuen Stil noch dort, wo sie die Postmoderne in Grund und Boden verdammt, einfach, indem sie die Grundvoraussetzung, nämlich die Existenz eines fertigen, eigenständigen Stils, akzeptiert. Hierfür aber fehlen entscheidende Grundlagen, vor allem die Formulierung von *inhaltlichen* Qualitäten. Diese sind nur zu gewinnen durch eine über das bloße Tabu-Brechen hinausgehende Überwindung der gesamten funktionalistischen Ideologie.

II Ansatzpunkte zu einer übergreifenden Theorie der nachfunktionalistischen Architektur

Der Gestaltpsychologe Max Wertheimer hat einmal sinngemäß gesagt, es müsse Ziel jeder Erkenntnis sein, von möglichst wenig zentralen Begriffen aus möglichst viele Phänomene zu erklären. (7) Ein solcher zentraler Begriff, der in der gesamten Funktionalismusdebatte immer eine wesentliche Rolle gespielt hat, ist ohne Zweifel: die *Maschine*.
Das „Haus als Maschine" war ein anerkanntes Leitbild der Zwanziger Jahre (jedenfalls der Avantgarde-Architekten). Von diesem Leitbild aus läßt sich die Modifikation der architektonischen Dimensionen nicht nur beschreiben, sondern auch erklären. Die *Konstruktion* von Maschinen erfolgt allein nach Kriterien technischer Effizienz. Die *Ästhetik* der Maschine ist vorrangig das Produkt von Funktion und Konstruktion. Maschinen sind Objekte ohne Bezug zum umliegenden *Raum*, wie die Objekt-Architektur. Maschinen drücken lediglich ihre Funktion aus *(Sprache)*. Maschinen sind ortsunabhängig, funktionieren in Japan genauso wie in Deutschland *(geografische* Dimension). Und Maschinen haben ihren eigenen *Maßstab*.
Jede Konzeption einer nachfunktionalistischen Theorie steht und fällt also mit der Möglichkeit, dieses „Maschinen-Prinzip" in der Architektur zu überwinden, und zwar auf allen Ebenen: der ideologischen, der inhaltlichen und der ästhetischen.

Die Überwindung der Maschinen-Ideologie

1.

Die teilweise fast mystische Anbetung der Maschine durch die Architekten der Zwanziger Jahre war mehr als nur eine Episode am Rande der Baugeschichte, weil das gesamte Weltbild dieser Zeit im positiven wie im negativen Sinne durch die Maschine mitbestimmt wurde. Die Serie von bahnbrechenden Erfindungen und Neuerungen, die die Hoffnungen der Optimisten (Futurismus) ebenso nährte wie die Ängste der Pessimisten („Metropolis", „Moderne Zeiten"), war in diesem Ausmaß sicher einmalig in der Menschheitsgeschichte. Einmalig war zumindest das Tempo, mit dem die technischen Fortschritte die Umwelt der Menschen veränderten.

Die Maschine als Symbol und Hoffnungsträger, wie sie noch in den siebziger Jahren (!) im „Centre Pompidou", der Kathedrale des 20. Jahrhunderts, ihren vielleicht mächtigsten Ausdruck fand, ist nicht nur das Schlüsselwort der funktionalistischen Architektur, sondern das der gesamten Epoche. Nur durch diesen Gleichlauf zwischen Architekturtheorie und den übergeordneten gesellschaftlichen Entwicklungstendenzen unseres Jahrhunderts läßt sich die weltweite Verbreitung und die über fünfzig Jahre andauernde Vormachtstellung des Funktionalismus erklären. Die technologischen Utopien blieben ja nicht auf die Zwanziger Jahre beschränkt. Die Kuppelstädte von Buckminster Fuller, die Tokio-Bucht-Überbauung von Kenzo Tange, die wandernden Maschinen-Städte von Archigram sind Beispiele für den ungebrochenen Technik- und Maschinenglauben bis weit in die sechziger Jahre hinein. Parallel dazu gab es die Mondlandung, den Reaktorbau, die Herzverpflanzung – alles schien möglich durch Maschinen und technischen Fortschritt. Was lag näher, als dieses durchschlagende Erfolgsprinzip auch auf die Architektur zu übertragen – oder anders herum gesagt: was lag ferner, als dies *nicht* zu tun.

Nur zwanzig Jahre später allerdings hat die Aussage: „Technisch ist alles möglich" viel oder fast alles von ihrem Glanz verloren. Sie hat sogar bedrohliche Züge angenommen, wenn man die Möglichkeiten bedenkt, die gesamte natürliche Umwelt durch fortschreitende Industrialisierung zu zerstören, die Menschheit durch einen atomaren Holocaust zu zerstäuben, ganze Länder durch computergesteuerte Überwachungssysteme in Konzentrationslager zu verwandeln – ein Mechanismus, der an das physikalische Prinzip der kommunizierenden Röhren erinnert: In gleichem Maße, wie die Fähigkeit des Menschen steigt, seine Umwelt zu beherrschen, steigt auch das Potential, sie zu zerstören.

Das wird hier nicht erwähnt, um eine fast schon modische Untergangsstimmung zu verbreiten, sondern vielmehr deshalb, weil eine nach-funktionalistische Architektur-Konzeption sich ohne Zweifel von diesem linearen Fortschritts- und Wachstumsdenken, dem Technologie-Fetischismus, der immer noch weite Bereiche der offiziellen Ideologie beherrscht, lösen muß. Es ist das *gleiche Denken*, das einerseits zu der grenzenlosen Funktionalisierung der Natur für die Zwecke der Menschen geführt hat: die Natur als Maschine, aus der das Optimum an Ertrag herausgepreßt wird, sei es bei der Tierhaltung in Form von Legebatterien oder Rindermastanstalten, sei es beim Getreide in Form von verantwortungsloser Überdüngung und Vergiftung des Bodens, sei es durch die rücksichtslose und kurzsichtige Verschmutzung von Wasser und Luft – das gleiche Denken, das andererseits zu der Monotonie, Informationsarmut, Brutalität, Maßstabs- und Gedankenlosigkeit unserer Architektur und dem daraus resultierenden visuellen Chaos unserer Städte geführt hat. *Es sind die gleichen funktionalistischen Strategien!*

Deshalb beinhaltet der erste Schritt auf dem Wege zu einer nachfunktionalistischen Architektur mit Entschiedenheit die Abkoppelung von diesem rein *quantitativen* Fortschrittsbegriff: mehr Wachstum, mehr Profit, mehr Konsum – und seiner Kehrseite: mehr Umweltverschmutzung, mehr Landzerstörung, mehr Verödung, Entfremdung und Isolation. Der Zeitpunkt ist längst überfällig, Architektur neu zu definieren als *Umwelt-Disziplin*: ist doch ihre Aufgabe letztlich die „Schaffung von Orten menschlicher Lebenspraxis" (Lorenzer) – und nicht deren Zerstörung.

2.

In diesem Sinne ist vieles, was heute pauschal und unscharf als „Ökologisches Bauen" bezeichnet wird, potentieller Bestandteil nachfunktionalistischer Architektur. Denn seit der Club of Rome-Studie über die Grenzen des Wachstums orientiert sich die Ökologie-Bewegung an der Einsicht, daß gerade das lineare Wachstums- und Fortschrittsdenken nicht in ein „goldenes Zeitalter", sondern zur totalen Zerstörung aller natürlichen Ressourcen führt; daß die Erde ein geschlossenes System von Gleichgewichtszuständen und Kreislaufprozessen ist, die nicht unbegrenzt in eine Richtung strapaziert werden können, ohne daß sie zusammenbrechen und sich ein neues Gleichgewicht einstellt – nur dann wahrscheinlich ohne den Menschen. Sparsamer Umgang mit Ressourcen, seien es Rohstoffe, Energieträger oder die noch verbliebenen Reste natürlicher Umwelt, wenn möglich sogar die Wiederherstellung schon zerstörter Bereiche und die Wiedereingliederung verbrauchter Materialien in den Herstellungsprozeß sind von dieser allgemeinen Einsicht abgeleitete Ziele der ökologischen Bewegung, die auch im Bauen ihren Niederschlag gefunden haben.

Sicherlich ist es leicht, diese – nach gerade erst 15 Jahren – noch zersplitterten, punktuellen und isolierten Maßnahmen lächerlich zu machen und in der Presse auf das Niveau von Hobby-Gärtnern herabzudrücken, auf „schicke" Dachterrassen und nostalgische Lehmhäuschen abzuheben oder das Ganze auf die clevere Vermarktung von Wärmepumpen, Sonnenkollektoren und Windmühlen zu reduzieren – die momentane Praxis des ökologischen Bauens und die teilweise ideologische Verbrämung bieten dazu genügend Angriffsfläche.

Insgesamt aber verkürzt solche Kritik und die damit verbundene Eingrenzung des ökologischen Bauens auf Energie- und Begrünungsfragen die Perspektive in unzulässiger Weise. Es könnte eine gesamtgesellschaftliche Überlebensfrage werden, ob und inwieweit es uns gelingt, funktionalistische Prinzipien auf *allen* Gebieten zu überwinden, nicht nur in der Rüstung und der Industrie. Die Abkehr von linearen Planungsprozessen und Optimierungstrategien, die immer noch das Bild unserer Städte und das Aussehen unserer Häuser prägen, die Hinwendung zu zirkularen Abläufen und vernetzten Strukturen und die *Herstellung eines neuen Gleichgewichtes zwischen gebauter Umwelt und Natur* markieren einen solchen Umkehrungsprozeß für den Bereich der Architektur.

Die Wiedereinführung des Dynamischen Prinzips

1.

In unserer Vorstellung haftet dem Bild der Maschine immer noch etwas Dynamisches an, auch wenn sie längst nicht mehr nur etwas ist, „was dampft und Materie bewegt". (8) Von ihren logischen Prinzipien aus gesehen aber ist sie das genaue Gegenteil, sie ist ein „System, in dem überall *Schranken* alle Komponenten der Dynamik ausschließen, ausgenommen eine einzige. Unter dieser Bedingung wird die Art der Wirkung im System vollständig durch die Schranken vorgeschrieben. Wenn dieses Extrem erreicht ist, ist das System ganz genau eine Maschine; es stellt gerade den idealen Typ ‚Maschine' dar." (9) Als solches System hat die Maschine „die Formalisierung des menschlichen Lebens zur *Voraussetzung wie zur Folge!* In einem sich selbst antreibenden Prozeß werden immer weitere Bereiche menschlichen Handelns und Lebens nach maschinenhaften Mustern erfaßt, in eindeutigen Vorschriften (Algorithmen) abgebildet und dann, als *bereits erstarrte* menschliche Eigenschaften, Fähigkeiten oder Handlungsweisen in der Maschine nachgebildet." (10)

Hier nun haben wir eine genaue Beschreibung dessen, was in den letzten dreißig Jahren dem Bewohner als funktionalistische Wohnung gegenübertrat – ein System, in dem jede Eigendynamik durch vorformulierte Stellmöglichkeiten und programmierte Bewegungsabläufe ausgeschlossen ist; in dem menschliche Lebensäußerungen und Bedürfnisse in Einzelfunktionen zerlegt, zerstückelt, taylorisiert und anschließend optimiert und fixiert werden.

Gleiches gilt für die Ebene städtischen Lebens: Zerteilung in Wohn- und Fabrikationsghettos in den Vorstädten, in Vergnügungs-, Dienstleistungs- und Verwaltungsghettos in der Innenstadt mit dazwischenliegenden Verkehrswüsten – die „funktionelle Stadt". Damit war jedoch unversehens die unsichtbare Grenzlinie überschritten zwischen der Maschine als „letzter Phase eines Abspaltungsprozesses menschlicher Fähigkeiten und Eigenschaften" (11), immer noch aber als *Werkzeug* – und der Maschine als *übergreifendes Organisationsprinzip*, in der der Mensch selbst *Bestandteil* wird und genau so zu funktionieren hat wie alle anderen Teile auch.

Außerdem kennen gesellschaftliche Prozesse keine statischen Zustände, die ein für allemal optimiert werden können. Die Rahmenbedingungen und Anforderungen ändern sich – selbst streng funktionalistisch betrachtet – ständig. Maschinen werden in solchen Fällen verschrottet, sie haben eine Abschreibungsdauer von ein bis zehn Jahren – ein modernes Haus hingegen muß man heute schon wegsprengen, wenn es aufgrund seiner spezialisierten und festbetonierten Grundrisse unbrauchbar, „disfunktional" geworden ist.

Zu starke Spezialisierung ist im übrigen immer eine entwicklungsgeschichtliche Sackgasse, nicht nur in der Evolution. Architekturgeschichtlich ist deshalb die funktionalistische Architektur schon allein aufgrund ihrer extremen Spezialisierung ein durchaus singuläres Phänomen.

Unsere Städte, soweit nicht niedergebombt, erhalten den größten Teil ihrer Attraktivität und Lebendigkeit gerade durch eine Bausubstanz, die oft mehrere Jahrhunderte alt ist, in Einzelfällen sogar weit über fünfhundert Jahre, ohne daß sie unbrauchbar geworden wäre, im Gegenteil: die strukturelle Offenheit dieser Bausubstanz ermöglicht einen sich ständig erneuernden, lebendigen Transformationsprozeß von Nutzung, Umnutzung, Anpassung und Veränderung *innerhalb* der vorgebenen Struktur. Die einzigen Bauten, bei denen ein solcher Transformationsprozeß tatsächlich kaum vorstellbar, auch kaum möglich ist, sind die hochspezialisierten Bauten der funktionalistischen Architektur.

Übergreifendes Merkmal funtionalistischer Architektur unter diesem zweiten Aspekt ist also die *Ausschaltung von Dynamik*, auf der räumlichen Achse durch *Fixierung* und *Vorprogrammierung*, auf der zeitlichen Achse durch *Spezialisierung*. Deshalb beinhaltet der zweite Schritt auf dem Wege zu einer nachfunktionalistischen Architektur mit Entschiedenheit

– die Abkehr von der Zerstückelung und Formalisierung menschlicher Lebensäußerungen in Teilfunktionen und deren direkter Umsetzung in starre, festbetonierte Raumfolgen;
– das Nicht-mehr-determiniert-sein des gesamten Hauses und der Architektur durch eine bestimmte, temporäre, unveränderliche Funktion;
– die endgültige Absage an den Traum der Zwanziger Jahre vom Haus als Maschine: makellos, starr – und steril;
– die Wiedereinführung des *Dynamischen Prinzips* in die Architektur, nicht in dem Sinne, daß das Gebäude selbst oder seine Teile beweglich wären, sondern daß es Bewegung, Veränderung, Anpassung und Umwandlung *zuläßt*.

2.

Ansätze einer solchen dynamischen Architekturauffassung oder offenen Architektur sind noch fragmentarischer als solche im Bereich des ökologischen Bauens. Sie finden sich eher in der Prozeß-Architektur der Alternativ-Bewegung als in den Plänen neuerer Architekten. Dort gibt es zwar neue Grundrißformen, räumliche Organisationsprinzipien etwa nach der Art Palladios (Krier), aber das innere Funktionsprinzip bleibt davon in der Regel unberührt oder aber determiniert das Verhalten der Bewohner in noch stärkerem Maß. Die Bauten bleiben in dieser Hinsicht Maschinen – nur das Design ist neu.

Die ausgedehnte Flexibilitäts-Diskussion der siebziger Jahre nahm dagegen durchaus schon gewisse Aspekte dieser Problematik auf. Und doch kommt gerade sie als zukunftsweisende Perspektive nicht in Betracht, denn es gehörte zu den ausschlaggebenden Gründen für ihr Scheitern, daß sie die funktionalistische Denkweise gerade nicht überwunden hatte – diese hatte sich nur eines anderen Themas bemächtigt. War bis dato das Vorbild der Architekten die starre, optimierte Wohnmaschine, so wurde es jetzt die Flexibilitätsmaschine: der Versuch, die funktionalistische Wohnung noch funktionaler, nämlich vielfältiger funktionalisierbar zu machen – um dann enttäuscht zu sein, daß die Bewohner diese Maschinen nicht bedienen konnten oder wollten.

Weitaus interessanter sind die Ansätze des holländischen Strukturalismus, vor allem Aldo van Eycks und Hermann Hertzbergers (von der formalen Umsetzung abgesehen, die weitgehend im Kanon funktionalistischer Architektur bleibt). Gerade Hertzberger hat mit seinen Wohnhäusern (Diagoon-Häuser in Delft) ebenso wie mit seinem Verwaltungsbau „Central Beheer" in Appeldorn einen richtungsweisenden Mittelweg zwischen totaler räumlicher Spezialisierung und totaler räumlicher Offenheit aufgezeigt. Dynamik und Veränderungsmöglichkeiten sind prinzipieller Bestandteil des architektonischen Programms. „So entsteht ein Bauwerk, worin während des Gebrauchs noch viel verändert werden kann, und worin, wenn nötig improvisierend, durch die Bewohner Antworten gefunden werden können, an die während des Bauens noch gar nicht gedacht wurde. In diesem Sinne gleicht es einer Innenstadt, die innerhalb eines im Wesen gleichbleibenden Straßenschemas stets angepaßt wird als Folge eines sich ändernden Gebrauchs." (12)

Die Überwindung der Maschinen-Ästhetik

Maschinen haben ihre eigene, faszinierende Ästhetik – das galt für Flugzeuge, Rennautos, Ozeandampfer ebenso wie heute für die Startrampe von Cape Kennedy, eine Bohrinsel in der Nordsee oder den Computer-Terminal eines Großkraftwerkes. Gebäude hatten ebenfalls jahrtausendelang ihre eigene Ästhetik, und zwar in so ausgeprägtem Maße, daß die Architektur zu den hohen Künsten gezählt wurde, gleichberechtigt neben Malerei, Musik und Dichtung und von manchen Autoren sogar noch über diese gestellt. Es ist und bleibt ein entscheidender Einschnitt in der Architekturgeschichte, als die Architektur der „Moderne" begann, diese ästhetische Eigenständigkeit aufzugeben und Anleihen bei der Maschinen-Ästhetik vorzunehmen – sie bewirkte damit nicht nur eine unzulässige Vermi-

schung dieser autonomen Bereiche unserer Wahrnehmungswelt, sondern gleichzeitig eine höchst bedauerliche formale Verarmung der Architektur. Einige Gründe hierfür sind schon genannt worden:
- Ein jahrhundertealtes Architektur-System war zusammengebrochen, verbraucht, nicht mehr re-vitalisierbar – und etwas Neues gab es noch nicht.
- Maschinen erreichten (bis auf Ausnahmen) erst Anfang des Jahrhunderts den Hausmaßstab (Ozeandampfer) und kamen damit als Objekte ästhetischer Anleihe in Betracht.
- Maschinen symbolisierten Fortschritt.
- Die Übernahme von Maschinen-Design war der ästhetische Reflex einer inhaltlichen Angleichung: das Haus als Maschine.

Keine der Künste jedoch ist der Architektur in diesem Ausmaß gefolgt, auch wenn es inzwischen Maschinen-Musik (Synthesizer) und Maschinen-Malerei (Computer-Graphik) gibt. Sicherlich liegt das vor allem daran, daß Architektur immer eine viel direktere funtionale Komponente hatte und daß über diese funktionale Komponente die *Absorption* der architektonischen Ausdrucksformen durch die Maschinen-Ästhetik erfolgte. Diese Entwicklung lief jedoch auf eine Bankrotterklärung der ästhetischen Eigenständigkeit der Architektur als Kunst hinaus – was zu denken geben muß, zumal die funktionalistische Architektur damit gleichzeitig ihr eigenes Scheitern vorprogrammierte.

Langfristig erwies es sich nämlich als unmöglich, auf der schmalen Basis einer maschinengebundenen Ästhetik eine neue Architektur zu errichten, die nicht sehr bald in Verarmung, Veröduung und Reduktion enden *mußte*. So viele Funktionen gibt es gar nicht, daß eine streng funktionelle Architektur mit dem Reichtum und der Formenvielfalt vergangener Architekturperioden mithalten könnte, die nicht unter dem zwanghaften Verdikt der Identität von Form und Funktion standen. Außerdem sind Standardisierung und serielle Produktion so eng an das Arbeitsprinzip der Maschine gebunden, daß mit fortschreitendem Optimierungsprozeß begründbare Formvariationen immer seltener werden mit der Konsequenz einer immer rigoroseren Angleichung nicht nur der verschiedenen Bauaufgaben, sondern auch der Gesichter unserer Städte – bis hin zur völligen Identitätslosigkeit.

Die ästhetische Basis des Funktionalismus war zu schmal. Für die Architekten der ersten Stunde gab es noch ein gewaltiges Arbeitsfeld – alles mußte neu erfunden werden auf dieser Basis –, und wir können die Genialität, mit der sie ihre Aufgabe gelöst haben, nur bewundern. Aber schon die nächste Generation hatte Schwierigkeiten, etwas Neues und Eigenes zu formulieren – das meiste war schon da, ein für allemal optimiert, auf den Punkt gebracht und nur in seltenen Fällen noch zu überbieten. Das aber liegt in der Natur einer Ästhetik, die sich nur an den Funktionen orientiert: diese haben die unangenehme Eigenschaft, optimierbar zu sein – und der Rest bleibt Design, Verkleidung, die modische Variation des Optimums.

Die Informationstheorie hat diese Zusammenhänge inzwischen weitgehend erhellt. Die Reduktion der Vielfalt architektonischer Ausdrucksformen entspricht dem informationstheoretisch angestrebten Ziel der Vermeidung von Redundanz, von „Überflüssigem". Nur, was für den Nachrichtentechniker wünschenswert erscheint: die Reduktion einer Botschaft auf ihren Kern, ihren tatsächlichen Informationsgehalt, ist für die Stadtbewohner eine ästhetische Katastrophe und für den kreativen Architekten ein Akt der Selbstaufgabe, vergleichbar nur der Situation eines Schriftstellers, der einen Roman im Telegrammstil abfassen soll.

Die ästhetische Basis der Maschinen-Produktion ist jedoch nicht nur zu schmal, sondern letztlich sogar gänzlich ungeeignet für die Architektur. Das hat mit einem entscheidenden Unterschied zwischen beiden Bereichen zu tun: Der millionenfache Ausstoß von mehr oder weniger identischen maschinellen Produkten, seien es Kaffeemaschinen, Kühlschränke, Farbfernseher oder Stereoanlagen, bleibt erträglich, weil dieser Massenproduktion eine *individuelle Aneignung* gegenübersteht. Sie werden sozusagen von der individuellen Sphäre unserer Wohnungen absorbiert und treten uns als Einzelobjekte gegenüber. Serielle Massenproduktion in der Architektur hingegen verweigert diese individuelle Auflösung und tritt uns in ihrer Gesamtheit als Stadt gegenüber – vergleichbar dem Besuch in der Lagerhalle eines Fernsehgerätfabrikanten.

Einen Grenzfall stellt in diesem Falle das Auto dar, das zwar auch individuell angeeignet wird, aber trotzdem massenhaft im öffentlichen Raum erscheint. In einer normalen Straßensituation ist dies in der Regel noch erträglich (wir haben uns zumindest daran gewöhnt), denn der Gesamteindruck wird immer noch bestimmt durch die architektonische Definition des Raumes. Aber das ändert sich sofort, wenn das Verhältnis umkippt (wie z.B. auf einem Groß-Parkplatz); dann führt es zur Verödung, zur ästhetischen Versteppung. Was aber sind unsere riesigen Vorstädte anderes als die Groß-Parkplätze der Architektur!

Das bedeutet: So wie es einen wesensmäßigen Unterschied zwischen dem Arbeitsprinzip der Maschine (Ausschaltung der Dynamik) und dem Funktionsprinzip eines Hauses gibt, gibt es einen wesensmäßigen Unterschied zwischen den ästhetischen Prinzipien, die für eine maschinelle Produktion Gültigkeit haben (Design), und denjenigen ästhetischen Prinzipien, die allein den spezifischen Problemstellungen der Architektur als Stadtbaukunst gerecht werden können.

Wiederum hätte die Entwicklung weniger extrem verlaufen können, wäre der Funktionalismus nicht eine vollständige Symbiose mit einem ästhetisch-normativen Prinzip eingegangen, das heute vielfach mit dem Funktionalismus gleichgesetzt wird, sich in Wirklichkeit aber durch die gesamte Baugeschichte zieht: *dem Purismus*. Ernst H. Gombrich hat in seinem Buch „Ornament und Kunst" sehr anschaulich das ständige Auf und Ab dieses ästhetischen Prinzips geschildert und auch die stark moralisierende Tendenz hervorgehoben, die ihm zugrunde liegt. (13) Der vorläufige Höhepunkt an Radikalität und – wie es lange schien – der endgültige Sieg in diesem Kampf wurde mit Adolf Loos und seinem Pamphlet „Ornament als Verbrechen" erreicht. Das Ornament wurde geächtet und zugunsten der (bei Loos äußerst verfeinerten) Materialwirkung aufgegeben. Diese Position ist nur verständlich, wenn man sich die Stilblüten und formalen Wucherungen des ausgehenden 19. Jahrhunderts vor Augen führt, dieses Sich-Ablösen und Äußerlich-

Werden der formalen Sprache, die am Schluß wie eine Kruste nur noch verdecken sollte, daß die großbürgerlichen Inhalte längst durch die Dynamik des heraufziehenden Industriezeitalters weggefegt worden waren. Aber es war fatal, daraus eine allgemeingültige Ideologie und verbindliche ästhetische Norm abzuleiten und beides in eine Zeit hinein zu transportieren, die längst unter dem entgegengesetzten Extrem leidet: unter einer radikalen Verkümmerung, Verarmung und Reduktion auf reine Rationalität und Zweckdienlichkeit, nicht nur in Bezug auf unsere gesamte Umwelt, sondern bis tief hinein in die zwischenmenschlichen Beziehungen (Sex-Shops usw.).

Insofern führte die Loos'sche Argumentation, die die Schmucklosigkeit und reine Zweckerfüllung zum erstrebenswerten Ideal hochstilisierte, kulturell gesehen tatsächlich noch hinter die Steinzeit zurück zur reinen Notdurft. Als hätte es einer 5000 Jahre andauernden kulturellen Entwicklung bedurft, um an den Punkt zu kommen, wo ein Löffel genau wieder nur ein Löffel ist, ein Haus nicht mehr als die Summe seiner Funktionen, eine Mahlzeit nichts weiter als ihr Gegenwert in Kalorien!

Schmerzhaft und teilweise ganz von vorn müssen wir heute lernen, daß all das, was fünfzig Jahre lang als „überflüssig", als nicht zur Funktion gehörend verdammt wurde, genau das ist, was die Dinge und unser Leben überhaupt erträglich macht – all das also, was gerade über die Funktion hinausgeht als *Transformation eines Dinges in einen kulturellen Gegenstand.*

Deshalb beinhaltet der dritte Schritt auf dem Wege zu einer nachfunktionalistischen Architektur nicht nur die Rückgewinnung der ästhetischen Eigenständigkeit der Architektur durch das Verlassen der schmalen und nicht tragfähigen Basis einer maschinengebundenen Ästhetik – sondern ebenso die Überwindung des moralisierenden und letztlich sterilen Purismus durch die Rückeroberung des gesamten formalen Repertoires der Baugeschichte unter Einschluß des Ornaments.

Ausblick

Wie immer gehen Veränderungen an der ökonomischen Basis der kulturellen Entwicklung voraus. Wir befinden uns am Übergang zur post-industriellen Gesellschaft (ein Terminus, der weitaus sachlicher ist als der Slogan Post-Moderne), die Auswirkungen sind jetzt schon überall sichtbar: Der Anteil der Beschäftigten in der Produktion sinkt ständig, Maschinen werden zu Automaten, die Software wird wichtiger als die Hardware, Kreativität entscheidender als Funktionserfüllung (die besorgt die Maschine allemal besser als der Mensch).

Es ist ohne Zweifel den herrschenden gesellschaftlichen Bedingungen anzulasten, daß die Auflösung der Verkettung zwischen Mensch und Maschine, die nun durch die Automation stumpfsinniger manueller Tätigkeiten möglich geworden ist, nur unter negativem Vorzeichen diskutiert wird (Massenarbeitslosigkeit, verschärfte Verteilungskämpfe etc.), obwohl wir doch damit zumindest die Chance haben, menschliche Bereiche wieder klar und eindeutig von denen der Maschine zu trennen, das eherne „Funktionsprinzip" aus allen diesen Bereichen — der Kindererziehung, den zwischenmenschlichen Beziehungen, der Politik, der Kunst und auch der Architektur — zu eliminieren. Andy Warhol hat einmal gesagt, daß „jeder eine Maschine sei". (14) Er beleuchtete damit schlaglichtartig jene vollkommene Durchdringung aller Lebensbereiche, die es rückgängig zu machen gilt.

Nachfunktionalistischer Architektur eröffnet sich hier eine weite Perspektive, sofern es ihr gelingt, *von innen heraus*, durch den Nachvollzug der zugrundeliegenden Schlüssel-Mechanismen, zu einer solchen Überwindung des funktionalistischen Traumas zu kommen. Während weite Bereiche der Gegenwarts-Architektur sich darin erschöpfen, kritiklos und affirmativ das Bestehende zu verkleiden, zielt nachfunktionalistische Architektur auf *Veränderung* — auf Umdenken und auf die Verarbeitung veränderter gesellschaftlicher Bedingungen einerseits, auf die Formulierung neuer inhaltlicher und formaler *Qualitäten* andererseits. Sie ordnet sich damit ein in die gemeinsame Anstrengung, natürliche wie gebaute Umwelt wieder in ein erträgliches Verhältnis zu setzen zu den dann nicht mehr nur funktional verstandenen Bedürfnissen der Menschen.

Literatur

(1) Ch. Jencks, Die Sprache der Postmodernen Architektur, Stuttgart 1978.
(2) Jencks, a.a.O., S. 10.
(3) Jencks, a.a.O., S. 80.
(4) Posener, J., Kritik der Kritik des Funktionalismus, in: werk-architese 3/1977, S. 22.
(5) Jencks, a.a.O., S. 7.
(6) Jencks, a.a.O., S. 127.
(7) M. Wertheimer, Drei Abhandlungen über Gestalttheorie, Erlangen 1925, S. 182.
(8) J. Harms, Die Maschine in uns, in: taz, 26. 11. 83, S. 14.
(9) W. Köhler, Die Aufgabe der Gestaltpsychologie, Berlin/New York 1971, S. 57.
(10) J. Harms, a.a.O.
(11) Ebenda.
(12) H. Hertzberger, Altersheim „De Drie Ho ven", in: Bauen + Wohnen 1/1976, S. 18.
(13) E.H. Gombrich, Ornament und Kunst, . . .
(14) Andy Warhol, Selbstzeugnisse, in: R.G. Dienst, Pop-Art, Wiesbaden 1965.

In der Galleria Umberto I., Neapel, erbaut 1890

Günther Fischer

Architektur und Kommunikation

Vorbemerkung

Kommunikation ist zum neuen Zauberwort in der Architekturdiskussion avanciert. Von Charles Jencks bis Heinrich Klotz soll damit eine Entwicklung gekennzeichnet und auf den Begriff gebracht werden, in deren Verlauf sich Aussehen und Gestaltung der Gebäude immer weniger aus ihrer Funktion allein ableiten lassen. Ohne Zweifel ist die Entwicklung selbst – als Überwindung des Vulgärfunktionalismus – zu begrüßen. Problematisch hingegen erscheint die Subsumierung all dieser Bemühungen unter den Oberbegriff Kommunikation. Hier haben sich im Verlauf der Diskussion einige Kurz-Schlüsse eingeschlichen, die einer Weiterentwicklung der Architektur nur im Wege stehen können.

1. Die Gleichsetzung von größerer formaler Vielfalt mit stärkerem Ausdruck, bedeutenderer Aussage oder erweiterter, vermehrter, vertiefter Kommunikation. – Ausdrucks- und Inhaltsebene können jedoch durchaus weit auseinanderklaffen, das Anheben und Bereichern der einen bedingt keineswegs *automatisch* die Vertiefung der anderen Ebene. Man kann auch mit vielen Worten ‚nichts' sagen, und man kann mit einem wahren Füllhorn formaler Einfälle reihenweise Banalitäten produzieren.
2. Die Gleichsetzung: je kommunikativer, desto besser. – Kommunikation ist aber zunächst einmal ein wertfreies Phänomen, das nicht *automatisch* und *immer* Qualität besitzt – man denke nur an leeres Gerede, Nonsense oder Party-Geschwätz. Weiterhin ist totale Kommunikation genauso ein Alptraum wie totale Isolation. Ein Mensch, der pausenlos auf einen einredet, geht einem nicht minder auf die Nerven als ein Gebäude, das mit seiner schreienden Botschaft permanent auf sich aufmerksam zu machen versucht.
3. Aus diesen beiden fragwürdigen Ausgangsthesen läßt sich dann sehr leicht folgender Syllogismus konstruieren:

| je mehr formale Vielfalt | = je kommunikativer die Architektur, |
| je kommunikativer | = je wertvoller die Architektur |

| Je mehr formale Vielfalt | = je wertvoller die Architektur |

Damit aber gerät der Begriff der Kommunikation zunehmend in Gefahr, zur *Legitimation* jedweder Art formaler Experimente mißbraucht zu werden, er bildet sozusagen das *Schmiermittel* innerhalb einer Argumentationskette, an deren Ende sehr leicht jede Ausplünderung des architektonischen Formenvokabulars allein schon dadurch aufgewertet werden kann, daß ihr automatisch das Prädikat „kommunikativ" zuerkannt wird.

Damit sind wir bereits mitten in der aktuellen Diskussion über die Postmoderne. Von Charles Jencks stammt der Ausspruch, daß der Begriff ‚postmodern' nur auf jene Architekten angewendet werden sollte, „die sich der Architektur als einer Sprache bedienen" (1), und er führt als unerreichtes Vorbild Antoni Gaudi an, der „eine reiche Sprache überzeugend angewendet hat, um wichtige Bedeutungen zu vermitteln". (2) Natürlich müssen sich die Architekten der Postmoderne dann an diesem Ausspruch messen lassen, und es ist nur logisch, daß jeweils hinterfragt wird, *worin* denn diese wichtigen Bedeutungen bestehen, *wo* und *wie* sie sich artikulieren, schließlich: *ob* die zum Ausdruck gebrachten Bedeutungen überhaupt wichtig sind, und wenn ja, für *wen*.

Das ist denn auch der Tenor der Fragen, die fast alle Beiträge des „Jahrbuches für Architektur" 1986 beschäftigen und die das Unbehagen über die realen Produkte postmoderner Architektur, über die offenkundige Diskrepanz zwischen Anspruch und Wirklichkeit sehr deutlich zum Ausdruck bringen. Andererseits implizieren all diese Fragen die stillschweigende Billigung des Anspruchs. Nur wenn die Jencks'sche Ausgangsthese akzeptiert wird, kann man die mangelnde Einlösung dieses Anspruchs kritisieren und Geschwätzigkeit oder Plauderhaftigkeit (Pehnt, 3) diagnostizieren. Aber diese Ausgangsthese *ist nicht akzeptabel*. Ein Gebäude ist weder eine Plaudertasche noch ein Literat, geschweige denn ein Philosoph, der permanent „wichtige Bedeutungen" vermittelt. Ein Gebäude spricht vielmehr zunächst einmal über sich selbst, über das, was es ist oder sein soll – und nur durch die Tatsache, daß es *von Menschen für Menschen* gemacht ist, wird es gleichzeitig Objekt und Subjekt in einem Kommunikationsprozeß, *der über das Gebäude selbst hinausweist*. Nur dadurch erweitert sich die Frage an das Gebäude und seine Antwort darauf über das „Warum", den Zweck, die Funktion hinaus um die Fragen „Wie?", „Für wen?", *„Warum so und nicht anders?"*

Jeder Architekt weiß, daß dies die zentrale Frage ist. In dem Moment, wo er zu entwerfen, d.h. zu „sprechen" beginnt, ist die Summe der Alternativen zunächst einmal immer unendlich, und der Entwurf ist nichts weiter als ein ständiges *Auswählen*, ein Verwerfen, ein Sich-Rechenschaft-ablegen, warum diese Form gewählt wird und nicht jene, warum die Funktionen in dieser Weise organisiert werden und nicht anders, warum gerade diese Konstruktion gewählt wird oder jene räumliche Konstellation etc. Der Architekt spricht, indem er auswählt, Stellung bezieht, sich exponiert – und insofern ist tatsächlich jedes fertige Gebäude eine explizite Äußerung, eine Stellungnahme zum Problem, ein Stück Sprache, aber eben: *Sprache der Architektur* und nicht: Geschichten erzählen, Possen reißen, Histörchen oder philosophische Traktate von sich geben.

Der vorliegende Text ist deshalb in gewisser Weise kontraproduktiv. Er läßt sich nicht auf die aktuelle Diskussion ein, weil er die Jencks'sche Auffassung der Sprache der Architektur nicht akzeptiert. Er versucht vielmehr, die sachlichen Fakten zu rekapitulieren, die die Forschung über architektonische Kommunikation bis heute erbracht hat, um so vielleicht am Ende zu einer anderen Auffassung von Inhalt und Form der Sprache der Architektur zu gelangen. Im ersten Teil wird versucht, die spezifische Eigenart architektonischer Kommunikation innerhalb des gesamten Spektrums kommunikativer Möglichkeiten näher zu bestimmen, während sich das Augenmerk im zweiten Teil vor allem auf die Klippen und Hindernisse richtet, die jede architektonische Botschaft auf ihrem Weg durch die Kommunikationskette überwinden muß.

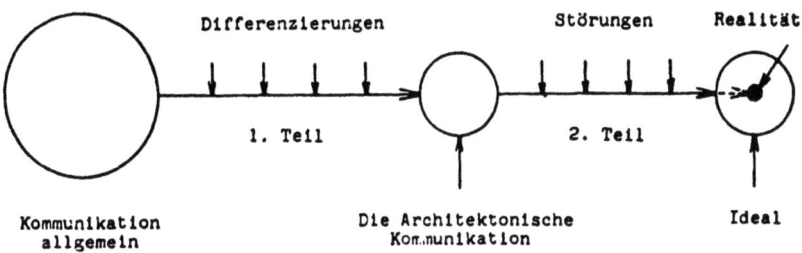

I Differenzierungen

„Etymologisch leitet sich das Wort Kommunikation aus dem lateinischen ‚communicare' ab: communicare heißt etwas gemeinsam machen, gemeinsam beraten, einander mitteilen, besprechen; communicatio heißt Mitteilung." (4) Soweit S. Maser in seinen „Grundlagen der allgemeinen Kommunikationstheorie". Betrachten wir daraufhin folgende Sequenz:
a) Ein Regisseur und ein Schauspieler diskutieren eine Szene; argumentieren, gestikulieren, demonstrieren ihre Auffassungen – ein Akt vollständiger Kommunikation (Dialog).
b) Der Regisseur hat sich hinter die Kamera begeben, die Szene wird gedreht (Monolog).
c) Abends im Vorführraum wird der Filmausschnitt abgespielt und begutachtet, allerdings noch ohne Ton; allein die Qualität und Aussagekraft der Bilder, der Gestik, der Mimik und der Körpersprache wird begutachtet (visuelle Kommunikation).
d) An einem bestimmten Punkt läßt der Regisseur den Film anhalten, ein Bild bleibt stehen. Mitteilung durch Bewegung, Aktion entfällt; was bleibt, ist die einzelne, unveränderliche, visuelle Botschaft (Äquivalent zur Photographie, Malerei, Architektur).

Mit dieser speziellen Sequenz wird nun nicht nur eine Reihe unterschiedlicher Kommunikationsformen beschrieben, deren Abfolge eine *pauschale* und *undifferenzierte* Verwendung des Kommunikationsbegriffes von vornherein ad absurdum führt, sondern darüberhinaus eine stufenförmige Modifizierung der *Mitteilungsmöglichkeiten*, die unlösbar mit den jeweiligen Kommunikationsformen verknüpft sind: das Spektrum verschiebt sich sozusagen mit jedem Schritt.

Es bedarf normalerweise keiner besonderen Erwähnung, daß jede Kommunikationsform, sei es die Photographie, die Musik, die Malerei, die Literatur, die Bildhauerei oder auch die Architektur ihre eigenen Gesetzmäßigkeiten hat, ihre spezifischen Beschränkungen ebenso wie ihre speziellen Bereiche, die nur sie allein ausfüllen kann. Aber in Bezug auf die Architektur ist von solcher Differenzierung wenig zu hören oder zu lesen, und genau das macht die ganze Diskussion so unfruchtbar. Jede Auseinandersetzung über Inhalte, Ziele und Möglichkeiten architektonischer Kommunikation setzt also zunächst einmal die Bestimmung der spezifischen Eigenart dieser Kommunikationsform innerhalb des gesamten Spektrums kommunikativer Möglichkeiten voraus.

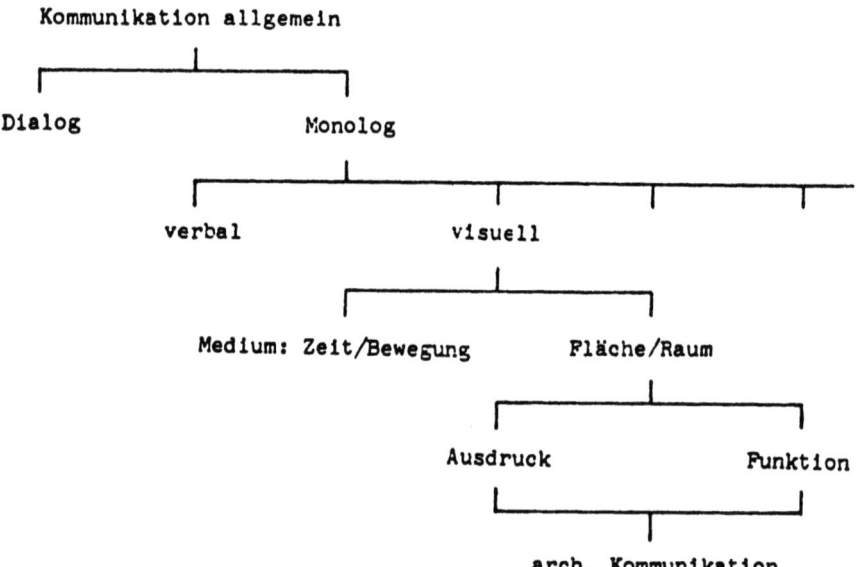

Erste Differenzierung: Dialog – Monolog

Es ist kaum zehn Jahre her, daß Kommunikation schon einmal zu einem Schlüsselwort in der Architektur-Diskussion wurde, allerdings in einem gänzlich anderen Sinn: als Mitbestimmungsmöglichkeit, als Dialog und Austausch zwischen allen am Bau Beteiligten mit dem Ziel, die immer größer werdende Kluft zwischen den Vorstellungen von Architekten und Bauherren und den Wünschen der Bevölkerung zu verringern. Diese Form der Kommunikation wurde jedoch – bedauerlicherweise – nicht weitergeführt. Überspitzt und polemisch gesagt: heute redet der Architekt oft nur noch mit seinem Architekturkritiker, der Bauherr nur noch mit seiner Bank. Festzuhalten aber bleibt: es gibt auch in der architektonischen Kommunikation die Möglichkeit eines *Dialogs*, aber nur in der Phase vor Baubeginn.

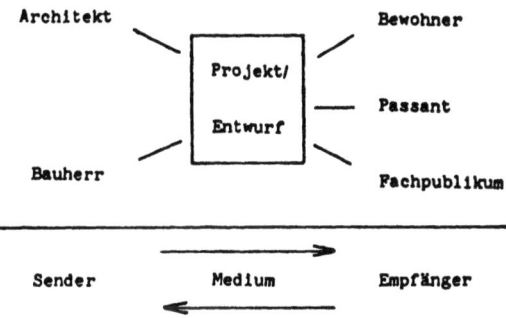

Wenn das Gebäude steht, ist der Dialog vorbei. Das ist zweifach zu verstehen: Zum einen nützt er nichts mehr, der Prozeß ist abgeschlossen, nichts kann mehr verändert werden (es sei denn, durch späteren Umbau oder Abriß). Zum anderen ist der Monolog tatsächlich die kennzeichnende Kommunikations-Situation für jedes Gebäude nach seiner Fertigstellung und damit die erste Beschränkung kommunikativer Möglichkeiten in der Architektur: man redet nicht mit einem Gebäude, und es antwortet auch nicht – man kann es nur betrachten. Das Kommunikations-Schema verschiebt sich also nach der Fertigstellung.

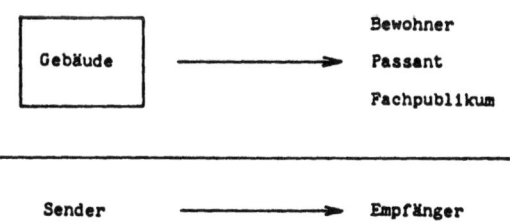

Der Ablauf der Kommunikation ist jetzt gerichtet und nicht umkehrbar. Vergleichende Situationen aus anderen Kommunikationsbereichen sind: das Buch, das Theaterstück, das Konzert. Damit entfällt ein wesentlicher Faktor innerhalb jeder vollständigen Kommunikationskette: das sogenannte *Feedback*, die Rückkopplung. Natürlich gibt es Beifall, Ablehnung oder Gleichgültigkeit als Reaktion, aber in der Regel erst nach der Fertigstellung, und dies hat höchstens Auswirkungen auf das nächste Buch, Gebäude, Theaterstück des Verfassers − nicht auf das aktuelle Produkt.

Das hat in der Architektur massivere Auswirkungen als in anderen Kommunikationsbereichen: ein Theaterstück kann sang- und klanglos vom Spielplan verschwinden, ein Buch kann eingestampft werden, aber ein Haus bleibt normalerweise stehen, manchmal Hunderte von Jahren.

Gebäude sind Setzungen, einmalige Aussagen, aneinandergereihte oder aufeinanderfolgende Monologe; wenn sie ihre Botschaft verfehlen, gibt es keine Revisionsmöglichkeit.

Zweite Differenzierung: verbale − visuelle Kommunikation

Die Sprache, gesprochen oder geschrieben, ist ein universelles Kommunikationsmittel. Die Eigenschaft, die dies bewirkt, ist die unbegrenzte Fähigkeit der Sprache zur *Abstraktion*. Solange es um sichtbare Gegenstände geht, kann man jede verbale Bezeichnung relativ problemlos durch ein Bild oder, noch exakter, durch ein Photo ersetzen und dadurch den gemeinten Gegenstand identifizieren. Diese Möglichkeit der Substitution verbaler und visueller Zeichen verringert sich jedoch in dem Maße, wie der Abstraktionsgrad der Aussage zunimmt. Sprache erhebt sich mühelos über die konkrete und materielle Realität, man kann über längst Vergangenes reden, über räumlich weit Entferntes oder gar über Zukünftiges, noch gar nicht konkret in Erscheinung Getretenes. Schließlich sogar über Dinge, die gar keine materielle Existenz besitzen, wie Gefühle, Hoffnungen, Anschauungen; über Abstrakta wie Gott, Menschlichkeit, Liebe etc. − Sprache kann über alles reden.

Visuelle Kommunikation kann das nicht. Die Mitteilungsmöglichkeiten erfahren hier eine weitere Beschränkung, die alle Formen der visuellen Kommunikation betrifft, wenn auch in unterschiedlichem Ausmaß. Man bedenke, wie schwer es sogar für einen Film (Stummfilm) oder auch für einen Comic ist, eine längere und differenzierte Handlung (oder Aussage) aufzubauen, ohne auf Zwischentexte, Untertitel oder Sprechblasen zurückzugreifen. Ähnliches gilt für den Bereich des Tanzes und der Pantomime, wo die Körpersprache erstaunlich sublime, auch abstrakte Aussagen vermitteln kann, aber nur über einen bestimmten, relativ engen Ausschnitt der Realität. Man tanzt keine Aussagen über das Wetter, die Schulreform, soziologische Trends oder den neuesten Büroklatsch. Noch unsinniger ist es, von der Architektur solchermaßen umfassende „narrative" Qualitäten zu verlangen. Aber die Abstraktionsfähigkeit der Sprache begründet noch einen weiteren, we-

sentlicheren Unterschied zwischen verbaler und visueller Kommunikation: visuelle Kommunikation ist immer *konkret*. Die Möglichkeit, im Rahmen der verbalen Kommunikation z.b. eine Tür zu erwähnen, ohne sich weiter über Form, Farbe, Größe, Material, Verzierung etc. zu äußern, ist in der visuellen Kommunikation nicht gegeben: jede gezeichnete, photographierte oder gebaute Tür ist automatisch eine ganz bestimmte, konkrete Tür, von bestimmter Größe, Form, Proportion etc. Ein Fenster lediglich als Loch in der Wand zu definieren und dann so zu bauen, erzeugt kein abstraktes Fenster oder Fenster an sich, sondern – ein „modernes" Fenster. Es gibt zwei Ausnahmen:
1. Die Bildersprachen (z.b. die der alten Ägypter, die noch keine Schriftsprache kannten), wo stilisierte visuelle Zeichen als Ersatz, als Hilfsmittel verwendet werden.
2. Symbole. Es gibt Symbole und Symbolisierung in der visuellen Kommunikation, *eben weil* abstrakte Inhalte *konkretisiert* werden müssen, um sie in diesem Medium ausdrücken zu können; der Maler, Zeichner, Architekt muß, sofern er abstrakte Inhalte ausdrücken will, jeweils Konkretionen finden oder erfinden (z.b. die Kuppel des Petersdomes für die Allmacht der Katholischen Kirche), er kann nie vage bleiben; oder abstrakt; oder allgemein.
Das hat einiges mit den Fehlern und Irrtümern der modernen Architektur zu tun, die oft genug versuchte, abstrakte und neue Prinzipien *direkt* in Architektur umzusetzen – und daran scheiterte, weil sie dem Medium nicht gerecht wurde. Denn die eigenständige kommunikative Qualität der Architektur besteht und entsteht ja gerade in diesem ständigen Umsetzungs-, Anreicherungs- und Konkretisierungsprozeß, in der Transformation von abstrakten Inhalten (z.B. Funktionen) auf die Ebene der konkreten, sinnlich wahrgenommenen Formensprache, die ganz anderen Gesetzmäßigkeiten gehorcht.

Dritte Differenzierung:
Medium (I): Zeit/Bewegung – Fläche/Raum

Übergreifendes Kennzeichen der gesprochenen Sprache wie auch der visuellen Kommunikationsformen Film, Tanz, Pantomime, Comic, weiter der auditiven Formen Konzert, Schallplatte, Hörspiel und schließlich auch der Kombinationen aus diesen drei Formen: Theater, Oper, Musical etc. ist die *Sukzession*. Die Mitteilung erfolgt nacheinander, Wort für Wort, Geste auf Geste. Sie *entfaltet sich im Medium der Zeit*. Hier liegt ein weiterer einschneidender Unterschied zu denjenigen Formen der visuellen Kommunikation, die sozusagen *in der Zeit erstarrt sind*. Ihnen ist auch die Architektur zuzurechnen.
Deutlich wird dieser Unterschied gerade an dem von Jencks so hoch bewerteten Ausdrucksmittel des Witzes und der Ironie in der Architektur. Witz und Ironie beziehen ihren Reiz immer aus der Aktualität, aus ihrem Eingebettetsein in die Zeit. Nichts ist trostloser als der Witz von gestern. Ein einmal *gebauter* Witz aber über-

dauert oft Jahrhunderte – nur daß ihn bereits nach fünf Jahren niemand mehr versteht.

Andererseits können Malerei, Photographie und Architektur durchaus Zeit, Bewegung, sogar Ereignisse und Geschichten darstellen, aber in notwendig anderer Form. Ein gerade in der Malerei lange Zeit beliebter Kunstgriff, Zeit sozusagen einzufangen, ist der des Tableaus. Ein spezieller Augenblick aus dem zeitlichen Ablauf des Geschehens, möglichst der dramatischste, wird herausgenommen, und dann werden Umfeld und Personen so *arrangiert*, daß sowohl das Vorher als auch das Nachher ablesbar, zumindest ahnbar wird. Das steigert sich dann bis zu Bildern z.b. von Breughel, die ganze Bildergeschichten sind, führt aber andererseits damit auch schon wieder von der architektonischen Kommunikation fort, die sich eher mit einem Stilleben vergleichen läßt. Der Ausdruck „Stilleben" bringt im übrigen sehr schön die Abwesenheit von Sprache wie auch von Bewegung zum Ausdruck. Ruhe, Statik, Gleichgewicht – entscheidende Voraussetzungen eines jeden Bauwerks, das nicht einstürzen soll – sind auch die Elemente eines Stillebens, was nicht heißt, daß dieses Gleichgewicht nicht ein *Gleichgewicht zwischen Spannungen* sein kann, vielleicht sogar sein soll.

Aus all dem darf nicht der Eindruck entstehen, daß statisch-visuelle Kommunikationsformen aufgrund ihrer spezifischen Beschränkungen in einen Status der Zweitrangigkeit abgeschoben werden können. Was ihnen auf der einen Seite fehlt, das Element der Sukzession, gewinnen sie gerade auf der anderen durch *Simultanität*.

Dazu noch einmal ein Beispiel aus der Malerei: Bildbeschreibungen gehören zu den Standardthemen des Kunstunterrichtes an den Schulen, und dies mit Recht, zwingen sie doch den Schüler – vielleicht zum ersten Mal – zu „sehen, was er sieht". Trotzdem wird selbst ein ausgebildeter Kunstwissenschaftler nie das Ideal (wenn es überhaupt eines ist) erreichen, durch seine verbale Beschreibung den visuellen Eindruck *ersetzen* zu können – genau so wenig übrigens, wie es möglich ist, jemanden das auditive Erlebnis eines Klavierkonzertes durch Worte zu vermitteln. Das ist das eine: Nicht-Austauschbarkeit. Kommunikative Medien sind nicht konvertibel (wie Währungen). Das andere ist eben der Zeitfaktor: Eine detailgenaue Bildbeschreibung zu hören oder zu lesen, kann Stunden dauern; ein Bild zu *sehen*, bedarf es nur Bruchteile von Sekunden – und ist trotzdem jeder Beschreibung unendlich überlegen. Die Gesamtheit der Informationen erfolgt *simultan*, nicht Wort für Wort hintereinander wie in der Sprache. Gleichzeitig mit dem Ganzen sind alle Teile präsent, selbst die geringsten; die Mitteilung baut sich nicht linear auf, in der Zeit, mit allen Möglichkeiten der Vor- und Rückblende, der langsamen Steigerung etc., sondern vertikal, also übereinander oder ineinander.

Für die Architektur bedeutet das: ein Gebäude kann sich zwar dem Betrachter langsam erschließen, aber es kann sich nur erschließen als etwas, was immer schon da war und weiter da sein wird, ein für allemal fixiert, in seiner Beziehung zu allen anderen Teilen und zum Ganzen endgültig definiert. Architektonische Kommunikation kommt durch *Integration* zustande, durch In-Beziehung-Setzen der Einzelaussagen zu einer Gesamtbotschaft – architektonische Kommunikation *ist* das jeweils spezifische Zusammensetzen der Elemente zu einem Ganzen.

Medium (II): Fläche – Raum

In neuerer Zeit taucht als Randerscheinung in der Architekturproduktion ein Phänomen auf, das ebenfalls mit dem Medium zu tun hat: Für viele bekannte Architekten ist das Medium architektonischer Kommunikation nicht mehr das fertige Bauwerk (und der Plan nur technisches Hilfsmittel zu dessen Realisation) – sondern die Zeichnung des Gebäudes. Gemeint ist damit nicht das architektonische Ausdrucksmittel der Skizze, die mit wenigen Strichen die wesentlichen Züge eines Entwurfes herausarbeitet und dabei gleichzeitig ein Stück Graphik/Kunst sein kann. Gemeint ist hier lediglich der Fall, wo graphische Techniken tatsächlich den architektonischen Entwurfsprozeß beeinflussen. Jede Entwurfs*zeichnung* läßt sich z.b. durch geschicktes Hinzufügen von Quadratrastern in ihrer *graphischen Wirkung* steigern, ohne daß dies auch zu einer Steigerung der *Qualität des Entwurfs* selber führt.

Das Medium der Graphik ist – wie bei der Malerei und der Photographie – die Fläche, die mittels Linien, Schraffuren, Rastern, Schattierungen, Kontrasten und Farben gestaltet wird. Das Medium der Architektur ist der Raum, aus dem mittels Steinen, Holz, Glas, Beton, Stahl und anderen Materialien eine bestimmte Form ausgegrenzt wird. Auch diese beiden Medien sind nicht konvertibel.

„Wenn der Architekt den geometrischen Querschnitt eines Gesimses aufzeichnet, so stellt er damit eine Daseinsform fest, die der Steinmetz plastisch aushauen soll. Die Zeichnung ist derart, daß der Steinmetz danach messen kann, und hat nicht den Zweck, die Form*wirkung* zu kennzeichnen. Diese tritt erst zutage, wenn der Steinmetz das Gesims ausgehauen hat und es, an seinem Orte angebracht, zu Gesicht kommt... Der Architekt hat also eine *Daseinsform* festgestellt, die als *Wirkungsform* ihren Wert abgeben soll. Stellt der Architekt die Daseinsform nicht nach Maßgabe der Wirkung fest, die sie an Ort und Stelle zu machen hat, so hat er nichts für das Auge geschaffen und hat die künstlerische Gestaltung noch nicht begonnen."
(5)

Vierte Differenzierung: Ausdruck – Funktion

Mit der vierten und letzten Differenzierung zwischen den Kommunikationsformen verlassen wir die Ebene der reinen Ausdrucksmedien oder besser, die Architektur verläßt sie und begründet damit gleichzeitig ihre spezielle Eigenständigkeit und Unverwechselbarkeit im Spektrum der Kommunikationsformen. Die „Funktion" von Sprache, Musik, Malerei, Film, Tanz und Pantomime etc. ist die Mitteilung, die Übermittlung von Botschaften unterschiedlicher Art – die Funktion von

Architektur hingegen hat ihre Wurzeln in anderen, nicht minder wichtigen menschlichen Bedürfnissen: Schutz vor Witterung, Lärm und Feinden, Schaffung von Abgeschlossenheit und Bereitstellung von Räumen für alle Bereiche menschlicher Tätigkeiten.

„Warum stellt die Architektur eine Herausforderung für die Semiotik dar? Weil die Objekte der Architektur scheinbar *nichts* mitteilen (oder zumindest nicht für die Kommunikation gedacht sind), sondern *funktionieren*. Niemand wird bezweifeln, daß ein Dach im Grunde zum Bedecken dient und ein Glas zur Aufnahme von Flüssigkeit, die man bequem trinken können soll. Diese Feststellung ist so unmittelbar und kategorisch, daß es befremdlich erschiene, etwas um jeden Preis als Kommunikationsakt ansehen zu wollen, was sich doch ebenso gut und ohne Probleme als *Funktionsmöglichkeit* begreifen läßt". (6) Soweit Umberto Eco zu dem zentralen Problem der architektonischen Kommunikation.

Dieser Gegensatz zwischen Funktion und Kommunikation läßt sich wiederum nur durch eine differenzierende Betrachtungsweise auflösen. Zum einen ist Gebäude nicht gleich Gebäude: Allgemeine Aussagen, sowohl in der einen Richtung, daß nämlich Architektur nie primär zum Zwecke der Kommunikation errichtet wird (was ist dann mit dem Triumphbogen, dem Obelisken etc.?), wie auch in der anderen Richtung, daß alle Architektur primär dem Zwecke der Kommunikation dient (was ist dann mit einer Garage, einem Werkstattgebäude, einem Umspannwerk?), helfen hier nicht weiter. Das Verhältnis zwischen Funktion und Kommunikation ist nicht für das gesamte Spektrum der Architektur gleichbleibend fixiert, sondern *gleitend*, und zwar in Abhängigkeit von der Bauaufgabe.

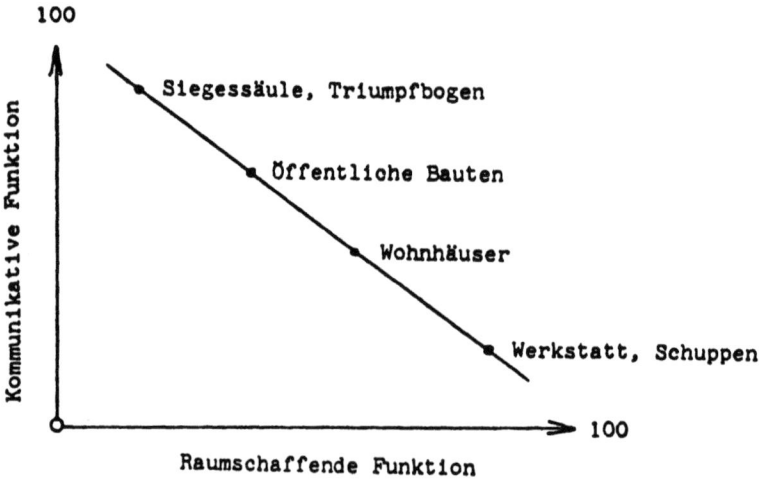

Oder besser gesagt: ist gleitend gewesen über lange Zeiten der Baugeschichte hin, eingebunden in eine sorgfältig abgestufte und ausdifferenzierte Bedeutungshierarchie der Bauaufgaben.
Zum anderen kann sich dieses Verhältnis, wie auch die Bedeutung selbst, im Laufe der Lebensdauer eines Gebäudes z.T. mehrfach ändern. Eco führt dazu die Begriffe „1. und 2. Funktion" (7) ein, wobei die erste Funktion den Zweck beschreibt, für den das Gebäude oder der Gegenstand hergestellt wurde, und die 2. Funktion den Komplex kommunikativer Bedeutungen, die sich an dieses Gebäude knüpfen lassen. Ihn interessiert dabei vor allem der historische Bedeutungswandel, den sowohl 1. als auch 2. Funktion durchlaufen. Eine mittelalterliche Burg z.b., als Festung eines Ritters (1. Funktion) gebaut und gleichzeitig für die umliegenden Bauern oft Symbol für Unterdrückung, Fron und Knechtschaft (2. Funktion), hat heute sowohl die erste Funktion verloren und ist z.b. zur Touristen-Attraktion, zum Ferienlager für Schüler oder einfach zum Merkzeichen einer Region geworden, als auch die negativ besetzte 2. Funktion, die sich in eine positive (Romantik, Nostalgie) umgewandelt hat.
So besteht die wesentliche kommunikative Funktion von Architektur gerade darin, den *unterschiedlichen* (Schuppen – Parlamentsgebäude) und *wechselnden* (Mittelalter – heute) Gebrauch des jeweiligen Gebäudes zu designieren, d.h. komplexe Phänomene sichtbar zu machen, nicht eindimensionale Funktionsschemata.

Die architektonische Botschaft

Wenn man als Gegenstand der architektonischen Kommunikation die Darstellung spezieller kultureller Phänomene (z.b. des Wohnens) definiert, kommen über die Funktion hinaus sowohl die *Menschen*, die damit befaßt sind, als auch die *Zeit*, d.h. der jeweilige technische, soziale und kulturelle Entwicklungsstand der Gesellschaft wie auch der Architektur mit ins Blickfeld.
Der dänische Sprachforscher R. Jakobson unterscheidet bei seinen Untersuchungen über die Sprache sechs verschiedene Ebenen der Mitteilung, die alle jeweils einen anderen Aspekt der Kommunikation zum Gegenstand haben: den referentiellen, den expressiven, den appellativen, den phatischen, den metasprachlichen und den poetischen Aspekt. (8) Anhand dieser verschiedenen Ebenen läßt sich auch die Komplexität der architektonischen Botschaft vollständig beschreiben. Vorab muß allerdings gesagt werden, daß kaum je ein Kommunikations-Aspekt so isoliert auftritt, wie er hier im Nacheinander behandelt wird. Das Charakteristikum der verbalen wie auch der architektonischen Mitteilung besteht ja gerade in dem gleichzeitigen Vorhandensein aller Kommunikations-Aspekte.

Der referentielle Aspekt
Hier, und nur hier, steht tatsächlich der sachliche Gegenstand der Nachricht im Mittelpunkt: „Morgen ist Markt"; oder: „Dieses Gebäude ist eine Schule" etc.

Jedes Gebäude vermittelt eine Vielzahl solcher Sachinformationen, z.B. über: Bautypus, Bauart, Konstruktionsform, eingesetzte Materialien, Größe, räumliche Organisationsform, städtebauliche Situation, Zuordnung der Funktionen etc. Das setzt sich auf der Detailebene fort. Wir können funktionale Elemente identifizieren, wie z.B. Fenster, Türen, Treppen, Dächer, Balkone; räumliche Elemente, wie Vorsprünge, Türmchen, Apsiden oder im Inneren Hallen oder Kammern; schließlich auch konstruktive Elemente, wie Stützen, Säulen, Balken, Knoten, Scheiben, Aussteifungen etc. – kurz: Elemente aus dem allgemeinen Katalog, dem Lexikon der Architektur, durch deren jeweils spezielle Auswahl und Anwendung die weiteren Facetten oder Ebenen der architektonischen Botschaft entstehen.

Der expressive Aspekt
Jede Äußerung drückt immer auch gleichzeitig die *Haltung des Senders* gegenüber dem Gegenstand der Aussage aus. So erfahren wir mit jedem Gebäude auch etwas über den Erbauer und die Art und Weise, wie er sich selbst durch das Gebäude darstellen möchte – man vergleiche den Einfamilienhausbau oder den differenzierten Ausdruck früherer Handwerker- oder Kaufmannshäuser mit der Belanglosigkeit der von anonymen Kapitalgesellschaften errichteten Sozialbauten von heute (die oft übrigens in einem krassen Gegensatz zu der Prachtentfaltung steht, die diese bei ihren eigenen Konzernzentralen an den Tag legen). So drücken Häuser immer auch die gesellschaftliche Stellung, die Macht und den sozialen Rang des Bauherrn in der Gemeinschaft aus, beziehungsweise – wie oft im Falle des Mietwohnungsbaues – die Ohnmacht derjenigen, die diesen Status nicht erreichen können.
Ein anderer Konflikt taucht dann auf, wenn die Einstellung zu der Bauaufgabe zwischen Bauherr und Architekt stark auseinanderklafft (z.B. Gefängnis). Das Ergebnis ist oft eine unübersehbare Schizophrenie der äußeren Erscheinungsform.
Bekanntlich hat es ja nicht an Versuchen gefehlt, den expressiven Aspekt der Architektur zu eliminieren und das Bauen durch ausgeklügelte Planungsmethoden, black-box-Verfahren und analytische Strukturmodelle zu objektivieren. Aber auch der Rückzug hinter endlose Kriterienkataloge, wie er lange Zeit z.B. im Schul- und Hochschulbau betrieben wurde, ist eine subjektive Setzung und impliziert eine Auffassung von Lehre und Lernen, die eher Assoziationen an Hühnerfarmen oder andere Fließbandproduktionen weckt.
Jede architektonische Äußerung hat also einen expressiven Anteil, sagt nicht nur etwas über das Gebäude, sondern auch über den Erbauer aus. Das heißt nicht, daß dies immer bewußt geschieht, die Bauten können dem Architekten durchaus „metaphorisch in den Hintern treten," (9) und die Zahl der Gebäude, die etwas gänzlich anderes ausdrücken als ihr Verfasser beabsichtigt hat, ist Legion.

Der appellative Aspekt
Im Gegensatz zum expressiven Aspekt werden appellative Maßnahmen fast immer bewußt gesteuert. Was man bei anderen bewirken will, ist bekanntlich oft klarer als die Wirkung, die man selbst unbewußt ausstrahlt. Beiden Aspekten gemeinsam

aber ist die emotionale Komponente der architektonischen Mitteilung, nur einmal auf den Sender, das andere Mal auf den Empfänger bezogen. Häuser können bewußt einladend oder abweisend gestaltet werden, bedrohlich oder zurückhaltend, machtvoll oder bescheiden. Sie können den Menschen klein machen durch überzogene Maßstäbe oder sich seinem Maßstab anpassen; sie können Verhalten vorprogrammieren durch strenge Wegeführungen oder Eigendynamik zulassen durch Offenheit. Gerade bei den hervorgehobenen Bauten der Architektur, bei Burgen, Schlössern, Palästen, ebenso heute bei den Hochhäusern der Konzerne, dominiert allerdings meistens die eindeutige Demonstration von Macht.

Der phatische Aspekt
Phatische Kommunikationsaspekte sind insofern bemerkenswert, als sie auf den ersten Blick kaum noch etwas mit dem zu tun haben, was man herkömmlich unter dem Begriff der Mitteilung versteht, und trotzdem weite Bereiche der Kommunikation beherrschen: das einfache Herstellen bzw. Aufrechterhalten von Kontakten mittels Sprache.
Diese Form der Kommunikation liegt z.B. vor, wenn eine Mutter mit ihrem Kleinkind redet, ohne daß dieses den Inhalt des Gesagten verstehen kann, trotzdem aber „intuitiv die Zusicherung der Geborgenheit aufnimmt: die Mutter ist da." (10) Die phatische Sprachfunktion „bestimmt auch weitgehend das, was als mehr oder minder standardisierter „small-talk" auf Parties oder in vielen anderen Alltagssituationen geäußert wird: Äußerungen, deren Daseinsberechtigung nicht in ihrem informativen, expressiven oder appellativen Gehalt besteht, sondern einzig in der Herstellung und Aufrechterhaltung einer Gemeinsamkeit." (11) Hayakawa bezeichnet einmal pointiert als „eine wichtige Funktion der Sprache das Vermeiden von Schweigen als eines Verhaltens, das als befremdlich, unhöflich oder gar als peinlich empfunden werden könnte." (12)
Auf den ersten Blick fällt es schwer, hier eine Gemeinsamkeit zu architektonischen Formen der Kommunikation herzustellen. Trotzdem entspricht der Wegfall der phatischen Funktion wahrscheinlich genau dem, was Alexander Mitscherlich mit der „Unwirtlichkeit unserer Städte" gemeint hat, dem Wegfall vertrauter städtischer Umgebung, normaler, wiedererkennbarer, leicht zu identifizierender räumlicher Situationen, in denen man sich ohne bewußte Anstrengung zurechtfindet und deshalb sicher fühlt. Jeder kennt das Gefühl der Vertrautheit, wenn er sich in den Straßen seines Quartiers bewegt (sofern dieses noch intakt ist): ein Gefühl, das relativ unabhängig ist von der Qualität der architektonischen Aussage des einzelnen Gebäudes, sofern nur ein gewisses Maß an Differenzierung vorhanden ist. Man geht als Tourist „bummeln", ohne (wenn man nicht gerade Architekt ist) überhaupt auf die spezielle Gestaltung der Häuser zu achten, ist aber trotzdem sehr sensibel für die räumliche Situation, für das Auftreten von Schweigen und Sprachlosigkeit, sprich: Verödung.
Das ist das eine. Das andere ist die Manie bestimmter Architekten, an jeder Stelle und mit jedem Haus eine neue optische Sensation zu bauen, eine Form der Kom-

munikation, die diesem elementaren Bedürfnis nach vertrauter Umwelt regelrecht entgegensteht. Es darf daher nicht verwundern, wenn der Stadtbewohner die Homogenität von Altstadtvierteln, wo jedes Haus mit geringen Variationen die gleiche Sprache spricht, sowohl der angestrengten Originalität als auch der gedankenlosen Monotonie von Neubauprojekten vorzieht. Die wichtige Rolle, die gerade das Konventionelle und die Konvention innerhalb der architektonischen Kommunikation spielen, erhält so mit dem phatischen Aspekt sein angemessenes Gewicht.

Der metasprachliche Aspekt
Die moderne Logik unterscheidet zwei Sprachebenen, die „Objektsprache" und die „Metasprache". Die Grammatik z.B. ist ein metasprachliches System, aber auch in der Umgangssprache gibt es häufig metasprachliche Situationen, z.B. „Wie meinen Sie das?" oder: „Ist das hier wörtlich zu verstehen?", d.h. Rückfragen und Auskünfte, in denen keine „Aussagen oder Fragen über die Objektwelt auftauchen, sondern über den Code." (13)
Auch dieser Kommunikationsaspekt spielt in der Architektur eine wichtige Rolle. Solange die Architekten ihre Gebäude innerhalb eines Baustils (z.B. der Renaissance) entwarfen, war das fertige Bauwerk immer auch eine Äußerung in Bezug auf diesen Stil: eine Interpretation, eine Modifizierung, eine Variation oder gar eine Abweichung. So etwas ging langsam vonstatten, damit es verständlich blieb, aber letztlich ist das Reden der Architekten über ihre Sprache und deren Anwendungsmöglichkeiten in spezifischen Situationen verantwortlich für die ganze Vielfalt und den Reichtum entwickelter Baustile. Dementsprechend gibt es Grammatiken ja nicht nur für die Sprache, sondern auch für die Architektur; genannt seien hier nur Vitruv, Vasari und Palladio.
Fehlt allerdings die Basis einer entwickelten Sprache, so besteht immer die Gefahr, daß die Beschäftigung der Architekten mit ihren formalen Ausdrucksmitteln zu einer Art Selbstzweck degeneriert, zu formalen Operationen im „luftleeren Raum" herabkommt, wie man sie gerade heute vielfach beobachten kann. Sie tragen dann nicht mehr zur Sprachentfaltung bei, sondern zu einer immer weiter fortschreitenden Sprachverwirrung.

Der poetische Aspekt
Wenn heute von architektonischer Botschaft gesprochen wird, so ist damit oft nur noch die ästhetische Botschaft gemeint. Es muß aber die Frage gestellt werden, ob nicht Ästhetik und Kommunikation überhaupt zwei Phänomene sind, die besser unabhängig voneinander behandelt werden, auch wenn sie dasselbe Objekt betreffen. Die argumentative Basis einer solchen These bildet die Erkenntnis, daß zwar jedes Kind seine Muttersprache lernt — aber nicht jedes Kind wird ein Schriftsteller. Insofern muß es möglich sein, über architektonische Kommunikation zu reden, ohne sich sofort im Dickicht ästhetischer Spekulationen zu verlieren. Umberto Eco vertritt einen ähnlichen Standpunkt: „Man möge (also) den Vorsatz einer heilsamen Askese darin sehen, daß die Kunst aus dem Bereich unserer Betrachtun-

gen ausgeklammert wurde, um sich vor Augen zu halten, daß ein Großteil der philosophischen Anstrengungen, die Zeichen zu bestimmen, gerade deshalb dunkel und dilettantisch bleibt, weil man es nie fertigbringt, vom Zeichen zu reden, ohne sogleich auf die Kunst zu kommen." (14)
Bemerkenswerterweise bezieht sich auch Jakobson, wenn er die poetische Funktion der Sprache einführt, gerade nicht auf die Unterscheidung zwischen Trivialliteratur und hoher Kunst (Dichtung, Lyrik), sondern auf die erstaunliche Feststellung, daß ein gut Teil alltäglicher Sprachäußerungen durch poetische Funktionsmechanismen der Sprache eine erhöhte Wirksamkeit erhält, einprägsamer wird. Bekannte Mechanismen sind die Alliteration (Milch macht müde Männer munter), der Stabreim (Haus und Hof, Mann und Maus, Kind und Kegel), der Endreim (weit und breit, Stein und Bein) und die Wiederholung (Auge um Auge, Zahn um Zahn). Sprachäußerungen sind offensichtlich einprägsamer, „wenn ihre sprachliche Form zugleich ein poetisch-ästhetisches Bedürfnis befriedigt." (15)
Ähnliches gilt mit Sicherheit auch für die Architektur. Eine begrenzte Wiederholung gleicher Elemente (ähnlich der Alliteration) kann ein Thema formulieren, eine endlose Wiederholung hingegen wird sehr schnell monoton; Symmetrie kann eine komplizierte Struktur begreifbar machen, sie kann aber auch banal sein, weil sie etwas schon Geordnetes noch weiter ordnet. Weiterhin kann Zentralisierung die Aufmerksamkeit auf einen Punkt lenken (z.B. den Altar einer Kirche), ein Raster mit der Ergänzung durch Plätze und Merkzeichen die Orientierung in der Stadt erleichtern, kurz: rein formale, noch keiner ästhetischen Wertung unterzogene Prinzipien, wie Addition, Reihung, Wiederholung, Raster, Symmetrie etc., üben eine Wirkung auf den Betrachter aus, erregen seine Aufmerksamkeit, sprechen ihn an, fördern die *Prägnanz* eines Gebäudes (auch ein häßliches Gebäude kann prägnant sein) und sind damit Bestandteil der kommunikativen Funktion von Architektur.

Zusammenfassung

Die architektonische Botschaft ist also in Wirklichkeit ein komplexes Bündel unterschiedlichster Mitteilungen. Ein Gebäude fällt uns auf, erregt unser Interesse, „spricht uns an" – oder entgeht unserer Aufmerksamkeit (poetischer Aspekt); wir erfahren etwas über die Zeit, in der es wahrscheinlich gebaut wurde, über den stilistischen Zusammenhang, in den es gehört, es sei denn, wir werden durch eine historisierende Architektur in die Irre geführt (metasprachlicher Aspekt); wir registrieren die Art und Weise seiner Einordnung in einen Kontext, in eine gegebene Situation, oder aber auch gerade sein Herausfallen aus diesem Kontext, den bewußten Bruch mit der Konvention (phatischer Aspekt); ein Gebäude spricht zu uns durch die Haltung, die es einnimmt (appellativer Aspekt); wir erfahren etwas über den Bauherrn und die Art und Weise seiner Selbstdarstellung (expressiver Aspekt); und schließlich erhalten wir eine Menge sachlicher Informationen auf den unterschiedlichsten Maßstabs- und Inhaltsebenen (referentieller Aspekt).

Zusammengenommen ist das sehr viel und sehr wenig zugleich. Sehr wenig, wenn man die Jencks'schen Ansprüche in Bezug auf metaphorische Bedeutung und Überhöhung der Architektur bedenkt; sehr viel, wenn man berücksichtigt, daß all diese Informationen und Einzelbotschaften eben nicht in sorgsam voneinander getrennten, einzelnen Kommunikations-Paketen übermittelt werden, sondern alle gleichzeitig und durch ein einziges Gebäude als *Integration* all dieser Einzelbotschaften zu einer Gesamtaussage.

Deshalb sind gelungene Botschaften (sprich: Gebäude) immer noch und immer wieder Glücksfälle in der Geschichte der Architektur – erst recht, wenn zum Problem der Komplexität das weitere Problem der *Störungen* hinzutritt, die im Durchgang durch eine Kommunikationskette auftreten können.

II Störungen

Grundlage der nachfolgenden Betrachtung ist das bekannte Kommunikationsmodell nach C.E. Shannon und W. Weaver, das für unsere Zwecke entsprechend modifiziert wurde. (16)

Unsere Aufmerksamkeit gilt dabei weniger den einzelnen Stationen der Kommunikationskette als vielmehr den Störungen, die jeweils beim Übergang von einer Station zur nächsten auftreten können und die jede für sich, oder auch alle zusammen, bewirken können, daß die Botschaft entweder nur verstümmelt oder überhaupt nicht beim Empfänger eintrifft.

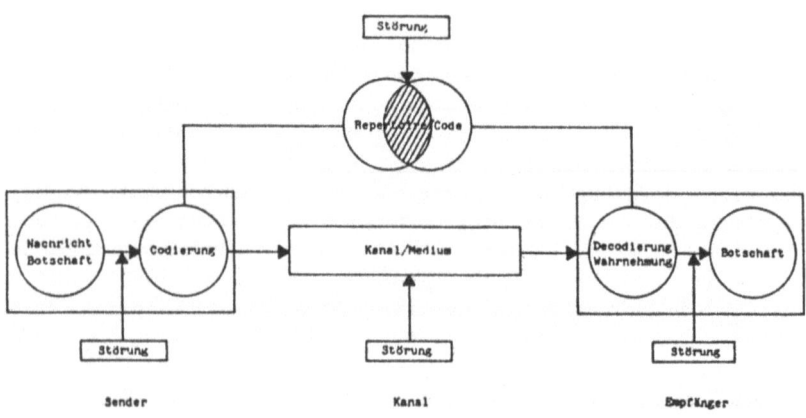

40

Erste Störung: mangelnde Codierung

Die berühmte Frage ‚in welchem Style sollen wir bauen?' zeigt, daß es Codierungsprobleme nicht erst seit dem Neuen Bauen gibt. Schon mehrfach in der Architekturgeschichte wurde das gesamte Formen-Repertoire vollständig umgewälzt und ausgetauscht, so z.b. beim Übergang von der Gotik zu Renaissance. Codes sind Festlegungen, *Konventionen*, Vereinbarungen zwischen den Kommunikationspartnern, wie z.b. das Morsealphabet; und deshalb erzeugt jede Code-Veränderung automatisch Verständigungsprobleme und Sprachverwirrung, bis durch Neu-Erlernen, Umstrukturierung des Wortschatzes und Änderung der Konventionen eine neue Anpassung erfolgt ist. Allerdings gingen solche Prozesse früher normalerweise langsam vor sich, sie zogen sich, mit Brüchen, Vor- und Rücksprüngen, über Jahrhunderte hin. Die Besonderheit unserer heutigen Situation hat ihren Grund deshalb nicht in der Tatsache einer erneuten Code-Änderung zu Beginn des Jahrhunderts, sondern in dem Tempo und in der Radikalität, mit der diese vollzogen wurde. Die mangelnde Rücksichtnahme des Neuen Bauens auf Verständigungsprobleme, seine vollständige Ignorierung der Konvention (natürlich wieder von Ausnahmen abgesehen), ist deshalb bereits Gegenstand umfangreicher Betrachtungen gewesen und ausführlich als eine der wesentlichen Ursachen für die kommunikativen Probleme moderner Architektur analysiert worden. In unserem Zusammenhang ist es interessanter zu sehen, welche Mittel und Wege heute eingeschlagen werden, um diese Störung zu überwinden.
Das ist zum einen die „direkte Stilreproduktion" (Jencks, 17) − in mancher Hinsicht die konsequenteste Reaktion: Wenn die moderne Architektur kommunikativ „versagt", weil sie (noch) keine neue Konvention erzeugt hat, warum nicht zurückgreifen auf früher vorhandene, funktionierende Codes? Das wäre einleuchtend, gäbe es nicht zwei entscheidende Probleme, nämlich erstens die Tatsache, daß dieses „früher" immer die gesamte Baugeschichte umgreift − auf welche funktionierende Sprache soll man also konkret zurückgreifen: den Klassizismus, den Barock, die Renaissance, die Gotik? −, zweitens die Tatsache der Gebundenheit dieser Codes an das jeweils herrschende Gesellschaftssystem, also z.B. den Feudalismus, den Absolutismus, das Großbürgertum des 19. Jahrhunderts. Die vollständig veränderte gesellschaftliche Realität des 20. Jahrhunderts kommt deshalb in diesen Vergangenheits-Codes überhaupt nicht vor, sie fehlt gänzlich in deren Sprachschatz und kann deshalb durch sie auch nicht zum Ausdruck gebracht werden.
Eine andere, allerdings verwandte Möglichkeit ist der Einsatz von Zitaten. Jencks demonstrierte diese Methode ausführlich an den Häusern amerikanischer Filmstars, (18) hält sie aber für generalisierbar. Noch funktionierende Kommunikations-Atome, also Zeichen, für die noch eine Konvention existiert, werden gesammelt und katalogartig zu einer Gesamtaussage zusammengestellt, die dann tatsächlich etwas Neues ergibt − ein Vorgehen, das schon im 19. Jahrhundert mit dem Eklektizismus praktiziert wurde und letztendlich dem Synkretismus ähnelt, wo man die „besten Elemente von verschiedenen Bauten kombiniert." (19)

Auch dieses Vorgehen hat eine bestimmte Berechtigung: „Es muß vermieden werden, daß die Architektur von den gegebenen Codes ganz absieht, weil es ohne Code, auf den man sich stützen kann, keine wirksame Kommunikation gibt, und weil es keine Information gibt, die sich nicht auf Redundanzstreifen stützt." (20) Zitate von Bekanntem sind solche Redundanzstreifen, die die Interpretation erleichtern, die Aussage stützen können – aber, und das ist die andere Seite, sie können sie nicht ersetzen! Genausowenig wie eine Aufeinanderfolge von Zitaten in einem Text den eigenen Gedankengang ersetzen kann.

Eine dritte Möglichkeit, ebenfalls durch Jencks unter dem Stichwort „Metapher" populär gemacht, ist der Rückgriff auf Zeichen, die ohne Code verständlich sind, „sprechende Architektur" im wahrsten Sinne des Wortes. Ein besonders drastisches Beispiel ist der Hamburgerstand als überdimensionales Sandwich, ein besonders gelungenes das Flughafengebäude von Saarinen, das die Gestalt eines Vogels mit ausgebreiteten Schwingen hat. (21) Wo aber soll das hinführen? Soll in Zukunft jeder Bahnhof als über dimensionaler D-Zug, jede Bank als riesige Registrierkasse und jedes Hotel als Phallus gestaltet werden (ein Beispiel, das er anführt), wenn es zufällig ein Stundenhotel ist?

Ohne Zweifel fände damit mangels entwickelter Ausdrucksformen eine *Regression* auf die primitive Form der Bildersprache statt, verbunden mit einer katastrophalen Beschränkung der Kommunikation auf simpelste Aussagen (man vergleiche die Komplexität der architektonischen Botschaft). Jencks selbst meldet hier Zweifel an: „In der Architektur bedeutet die Benennung einer Metapher oft ihre Vernichtung, wie die Analyse eines Witzes diesen zerstört. Wenn Würstchenstände die Form von Würstchen haben, lassen sie der Phantasie wenig Spielraum, und alle anderen Metaphern werden unterdrückt." (22) Deshalb zieht er die Form der „angedeuteten Metapher" vor, die eine Vielzahl unterschwelliger Bilderwelten aktivieren kann, und nennt als herausragendes Beispiel die Wallfahrtskirche in Ronchamp von Le Corbusier. Es läßt sich allerdings nicht recht der Vorteil erkennen, der darin liegen soll, dieses hervorragende Gebäude als Ente, als Schiff, als betende Hände etc. (23) interpretieren zu können. So etwas mag interessant und aufschlußreich sein, vor allem in Hinblick auf die Psyche des Betrachters, gleichzeitig wird aber damit endgültig die Ebene sprachlicher Ausdrucksformen verlassen und der schwankende Boden *individueller Assoziationen* betreten, denen gerade die allgemeine Verbindlichkeit, Voraussetzung jedes funktionierenden Codes, fehlt.

Zweite Störung: unterschiedliche Repertoires

Jeder Mensch spricht ein wenig anders als andere, hat seinen individuellen Wortschatz, ebenso wie die gespeicherte Bilderwelt eines jeden Individuums letztlich einzigartig ist. So entwirft auch kein Architekt genauso wie der andere, selbst in den Fällen, wo er sich eifrigst um die Nachahmung eines berühmten Vorbildes bemüht. Diese Gesamtheit von Sprachbesitz und Sprachverhalten eines Individuums bezeichnet man als seinen *Ideolekt* (persönliche Handschrift). Ideolekte spielen besonders in solchen Zeiten eine dominierende Rolle, wo die individuellen Anstrengungen von Einzelpersönlichkeiten (man denke an Stirling, Rossi, Moore etc.) die einzige Form der Kommunikation darstellen und Sprache mangels funktionierender Codes nicht mehr ist als die Summe der einzelnen, sehr heterogenen Ideolekte. Wenn dann allmählich Schulen entstehen, wie z.b. heute der Rationalismus, kann man von *Soziolekten* (Gruppensprachen) reden, innerhalb derer bereits ein gewisser, konventionalisierter Code existiert, verständlich allerdings nur für die Mitglieder dieser Gruppe.

Schließlich existieren immer auch regionale, geographisch bedingte sprachliche Subsysteme, die *Dialekte* (man vergleiche die französische mit der norddeutschen Backsteingotik etc.). Schon seit der Postulierung des Internationalen Stils, besonders aber seit der zunehmenden Internationalisierung der Kommunikation *über* Architektur (Architekturzeitschriften) hat diese Form der Sprachdifferenzierung allerdings mehr und mehr an Bedeutung verloren und führt im Moment ein bedauerliches Schattendasein im Rahmen der Regionalismus-Debatte.

Zweierlei bleibt hier festzuhalten: Die *Heterogenität der Sprachsysteme* ist ein durchaus normales Charakteristikum jeder lebendigen Sprache. Eine absolute Übereinstimmung der Repertoires von Sender und Empfänger zu verlangen, ist unsinnig. Aber Kommunikation ist andererseits nur so lange möglich, wie eine genügend große Schnittmenge gleicher oder ähnlicher Elemente existiert. Wird der Durchschnitt zu klein, bricht die Kommunikation zusammen und zwei eigenständige Sprachen, die des Senders und die des Empfängers, entstehen.

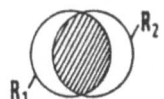

Idealisierter Zustand   "Normaler" Zustand   Kommunikationsloser Zustand

Das Letzte entspricht nun ziemlich exakt dem Zustand der modernen Architektur, dem Auseinanderfallen von Architekten-Code und Bevölkerungs-Code. An der Siedlung Pessac von Le Corbusier, wo die Bewohner dessen puristische Architektur vollständig ummodelten, ist das zum Beispiel paradigmatisch dargestellt worden.

Diese Situation ist auch der Ausgangspunkt für die Überlegungen von Jencks: „Da eine unüberbrückbare Kluft zwischen der Elite und den populären Codes besteht, zwischen den professionellen und den traditionellen Wertvorstellungen, der modernen und der bodenständigen Sprache, und es keinen Weg gibt, diese Kluft zu schließen, erscheint es für die Architektur wünschenswert, die Schizophrenie zu erkennen und ihre Bauten auf zwei Ebenen zu codieren." (24) Oder anders gesagt: „Die Diskontinuität der Geschmackskulturen ist es, die sowohl die theoretische Basis als auch die ‚Doppelcodierung' der Postmoderne erzeugt." (25)

Jencks akzeptiert also die Divergenz zwischen Elite und der Masse der Bevölkerung und schlägt vor, dann doch jedem das Seine zu geben (am Beispiel einer griechischen Tempelfront): „Architekten können die darin enthaltenen Metaphern und die subtile Bedeutung der Säulentrommeln (Anm. d.V.) ablesen, während das Publikum die expliziten Metaphern und Aussagen des Bildhauers erfaßt (im Giebelfries, Anm. d.V.)." (26) Diese Nonchalance ist geradezu umwerfend und, nebenbei gesagt, stock-reaktionär, wie ja übrigens viele Produkte postmoderner Architektur. Anstatt nach Wegen zu suchen, dieses berohliche Auseinanderklaffen der Codes von Architekten und Bevölkerung zu überwinden oder jedenfalls zu verringern und so die unfruchtbare Abkapselung elitärer Cliquen rückgängig zu machen, schlägt Jencks lediglich vor, dem Volk zur Befriedigung seiner primitiveren Bedürfnisse ab und zu doch auch einmal ein paar visuelle Brocken hinzuwerfen.

Angesichts solcher Alternativen ist man geneigt, lieber noch ein paar Jahre der Sprachverwirrung und Verständigungsschwierigkeiten inkauf zu nehmen und den konventionellen Weg vorzuziehen, auf dem wahrscheinlich jede neue Sprache entsteht: den mühsamen und langwierigen Prozeß der ringförmigen Ausbreitung von Konventionen über die Stufen Ideolekt, Soziolekt, Dialekt – bis sich aus der Summe der Überschneidungen und Schnittmengen allmählich eine neue Sprache herauskristallisiert hat.

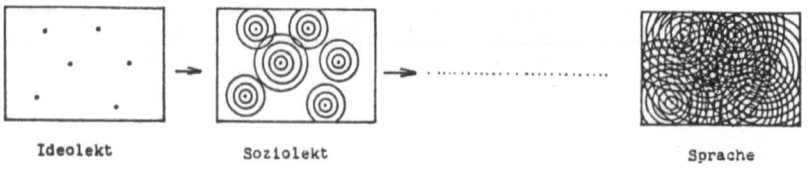

Ideolekt   Soziolekt   Sprache

Dritte Störung: mangelnde Redundanz

Grundsätzlich wird jede Nachricht durch das Übertragungsmedium modifiziert, und oft treten Verluste ein. Selbst allen Triumphen der Hifi-Technik ist es bisher nicht gelungen, den Konzertbesuch zu ersetzen. Andererseits wird Kommunikation nicht sofort unmöglich, wenn nicht alle Informationen übertragen werden. Dies führt zum Begriff der Redundanz. Es ist kein Zufall, daß gerade die gesprochene Sprache, letztlich aber auch die meisten anderen Kommunikationsformen, ein hohes Maß an Redundanz besitzen.

Ein Grund hierfür ist eben, daß dadurch „Störungen" vermieden werden. Fallen einzelne oder ganze Teile der Information durch Übermittlungsprobleme aus, so sind immer noch genügend andere vorhanden, um die Botschaft zu transportieren. Der andere, wesentlichere Grund aber liegt in dem fundamentalen Unterschied

zwischen reiner Information und vollständiger kommunikativer Botschaft, zwischen „referentiellem", auf Zweck und Funktion gerichtetem Aspekt und dem ganzen Spektrum weiterer Kommunikations-Aspekte, wie wir sie in Teil I beschrieben haben.
Redundanz ist notwendig, um die ganze Fülle kommunikativer Schattierungen, emotionaler, formaler, stilistischer Ober-, Unter- und Zwischentöne zu transportieren, die jede Information sozusagen umhüllen und ergänzen, die in manchen Fällen sogar wesentlicher sind als die eigentliche Sachinformation. „Ein Kerl, der sich eines Mädchens wegen, bei dem er nicht schlafen konnte, totschießt" – so umschreibt ein Offizier, dem der ganze „Werther"-Rummel Ende des 18. Jahrhunderts auf die Nerven ging, kurz und lakonisch den Inhalt von Goethes berühmtem Sturm-und-Drang-Roman. (27) Sicherlich ist das einerseits eine verblüffend präzise Kurzfassung, andererseits aber hat diese kaum etwas oder gar nichts mit dem kommunikativen Gehalt des Buches zu tun. Ähnliches passiert, wenn man die Hymne „Freude, schöner Götterfunken" mit einem Finger auf dem Keyboard nachspielt: die „nackte" Information bleibt erhalten (und jeder kann sie auch entschlüsseln), aber die Botschaft ist weg!
Auf die Architektur bezogen, hat es leider nicht an Versuchen gefehlt, in ähnlicher Weise Redundanz auszumerzen. Es begann mit Adolf Loos und seiner Verteufelung des Ornaments und endete in dem platten Funktionalismus der 50er und 60er Jahre, der tatsächlich bemüht war, jedes überflüssige, über die reine Funktion oder den referentiellen Aspekt hinausgehende Detail zu eliminieren und eine Art Telegrammstil der Architektur zu entwickeln. (Noch bedaulicher ist, daß es ihm in weiten Teilen gelungen ist.)
Es gibt Parallelen zu dieser Entwicklung auf dem Gebiet der Malerei, die H.D. Junker unter dem Stichwort „Reduktion der ästhetischen Struktur" (28) beschreibt, aber auch in der Literatur und der Musik. Entscheidend hierbei ist, daß über die Reduktion der Ausdrucksformen gleichzeitig eine *Reduktion der Inhalte* erfolgt. Die extreme Begrenzung des Repertoires führt *mit Notwendigkeit* zur Vergröberung und Simplifizierung der inhaltlichen Aussage, zum Wegfiltern differenzierender Nebenbedeutungen, zu Informations- und Bedeutungsarmut.
Redundanz also, als Gegenteil von Reduktion, ist ein lebenswichtiger Bestandteil jeder entwickelten Sprache, das Vorhandensein von 2, 3, 5, 10 Ausdrücken mit jeweils spezifischer Nebenbedeutung für die gleiche Referenz (Zweck, Funktion) ist notwendige Voraussetzung sprachlicher Differenzierungsmöglichkeiten. Dies impliziert allerdings eine andere Form der Doppel- oder Vielfach-Codierung als jene, die Jencks postuliert: Nicht eine die angebliche Schizophrenie zementierende Doppel-Codierung in elitäre und populäre Codes, sondern das neue Finden und Erfinden vielfältiger und differenzierender Ausdrucksformen für die gleiche „nackte" Information oder Funktion, die Ausbildung umfangreicher Repertoires z.B. für das Wohnen, die der Komplexität dieses wichtigen Bereiches menschlicher Lebenstätigkeit endlich wieder gerecht werden und sich nicht in der Demonstration von übereinander gestapelten Zellen erschöpfen.

Vierte Störung: dynamische Wahrnehmung/fehlerhafte Decodierung

Codierung und Decodierung hängen naturgemäß eng miteinander zusammen, sind – so sollte man meinen – zwei Seiten derselben Medaille. Aber im Rahmen einer Kommunikationskette schiebt sich zwischen Sendung und Empfang einer Botschaft ein Element ein, das bislang im Rahmen der Kommunikationsforschung kaum Beachtung gefunden hat, obwohl es eine entscheidende Rolle bei der Herstellung jeder erfolgreichen Kommunikation spielt: unsere Wahrnehmung. J. Gibson hat in seinem Buch „Die Sinne und der Prozeß der Wahrnehmung" (29) grundlegend deutlich gemacht, daß unser Wahrnehmungsapparat nicht mit Geräten wie einer Kamera oder einem Tonband zu vergleichen ist, welche im Rahmen ihrer technischen Ausstattung und unter Berücksichtigung des „Rauschens" Informationen passiv speichern oder weitergeben, sondern daß unsere Wahrnehmung ständig Informationen *aktiv sammelt und selbsttätig verändert*, somit also auch aktiven Einfluß auf jeden Kommunikationsprozeß nimmt.

Wahrnehmung und Konvention

Wahrnehmung ist beeinflußbar: durch Sozialisation, durch Lernen, durch Erfahrungen, durch neue Erkenntnisse. Pointiert äußert Norberg-Schulz: „Wir nehmen die Summe unserer eigenen Erfahrungen wahr." (30) Jeder kennt die Schwierigkeiten, Gesichter fremder Rassen (z.B. Ostasiaten) auseinanderzuhalten, in ihnen die gleichen Komplexe individueller Charakterzüge wahrzunehmen, wie es uns bei Angehörigen unserer eigenen Rasse mühelos gelingt – obwohl die Differenzierung der Gesichtszüge in gleicher Weise vorhanden ist. Ebenso ist eine Bauausführungszeichnung für einen Architekten unmittelbar lesbar, während der Laie nur ein Gewirr von Strichen, Zahlen und Symbolen wahrnimmt. Schließlich verändert sich unsere Wahrnehmung eines Menschen in dem Maße, wie wir ihn näher kennenlernen. Wahrnehmung und Wissen oder Lernen sind also unlösbar miteinander verbunden. Das erklärt die entscheidende Rolle, die die Konvention, also erlerntes oder codifiziertes Wissen, im Rahmen der Kommunikation spielt. Was eine Kirche ist, kann man nicht sehen, sondern nur lernen. Was man sieht, ist lediglich ein spezifisches Ojekt der Wahrnehmungswelt – seine Bedeutung erhält es erst durch die Konvention.

Wahrnehmung ist dynamisch

Wir sehen einen runden Tisch, obwohl die Figur, die sich auf unserer Netzhaut abbildet (sofern wir nicht direkt von oben schauen) eine Ellipse ist; wir sehen quadratische Fenster, wenn wir eine Fassade hinaufschauen, obwohl sich auf unserer Netzhaut ein Trapez abbildet etc. Allen diesen Phänomenen ist gemeinsam, daß zwischen der physikalisch meßbaren Realität oder dem Reiz, wie er sich auf unserer Netzhaut abbildet, und unserer Wahrnehmung eine erstaunliche Diskrepanz besteht – hervorgerufen durch einen aktiven Verarbeitungsvorgang, der automatisch und unbewußt abläuft.

Diese Dynamik zeigt sich bei der architektonischen Kommunikation in einer zusätzlichen Form. Immer nämlich, wenn in unserem Gesichtsfeld ein Gegenstand erscheint, der uns unbekannt ist, setzt der Wahrnehmungsapparat sofort und eigenständig ein dynamisches Such- und Vergleichsprogramm in Gang, und zwar nach dem Schema „sieht aus wie". Je schwieriger die Identifizierung fällt, um so weiter entfernen sich die dabei auftretenden Assoziationen von dem Bereich der Gegenstandswelt, aus dem das Objekt ursprünglich stammt. So entstehen dann Ausdrücke wie „Kiste", „Schuhkarton", „Pappschachtel", „Bunker" für Produkte moderner Architektur, die sich jeder näherliegenden Identifizierung verweigern. Was Jencks also als positives Merkmal von Gebäuden betrachtet: das Auftauchen weit voneinander entfernter Assoziationen, macht im Gegenteil gerade das Ausmaß der Sprachverwirrung deutlich, die Unfähigkeit, unsere Wahrnehmung zu einer identifizierbaren Botschaft werden zu lassen. Ein barockes Wohnhaus sieht aus wie – ein barockes Wohnhaus, nicht wie ein sitzendes Huhn. Ein griechischer Tempel sieht aus wie – ein griechischer Tempel, nicht wie ein liegendes Xylophon.

Wahrnehmung ist ganzheitlich
Der berühmte Hauptsatz der Gestaltungspsychologie: „Das Ganze ist anders als die Summe seiner Teile" hat in seiner ideologisierten Fassung: „Das Ganze ist *mehr* als die Summe seiner Teile" viel Verwirrung und Unheil angerichtet und bedarf, um für unsere Zwecke verwendet zu werden, einer Klarstellung. „Richtig ist dieser Satz nur in folgender Bedeutung: Das Erlebnis ist als Ganzes nicht gleich der Summe der Erlebnisse, die den Teilreizen, wenn sie *getrennt* voneinander einwirken, zukommen. So ist die, verglichen mit dem Reizgebilde, enorm verkürzt erscheinende Strecke zwischen den nach einwärts gekehrten Winkelschenkeln bei Müller-Leyers Winkelfigur nicht gleich dem Erleben einer gleichlangen geraden Linie plus dem Erlebnis zweier allein für sich gebotener Winkelschenkel, d.h. die wahrgenommene Täuschungswirkung läßt sich nicht additiv oder summativ aus den Erlebnissen zusammensetzen, die den isoliert für sich einwirkenden Reizfaktoren zukommen." (31) So präzisiert, liefert der Satz dann allerdings eine eindeutige Grundlage für die Beschreibung und Erklärung vieler verblüffender Wahrnehmungsphänomene. Auch daß Farben ihren Ton verändern, wenn sie mit anderen Farben kombiniert werden, ohne daß hierfür eine physikalische Ursache vorliegt, gehört zu diesen Phänomenen. Jeder kennt die unzähligen Beispiele aus dem Gebiet der optischen Täuschungen aus vielfachen Veröffentlichungen.

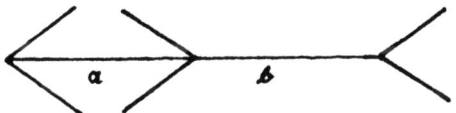

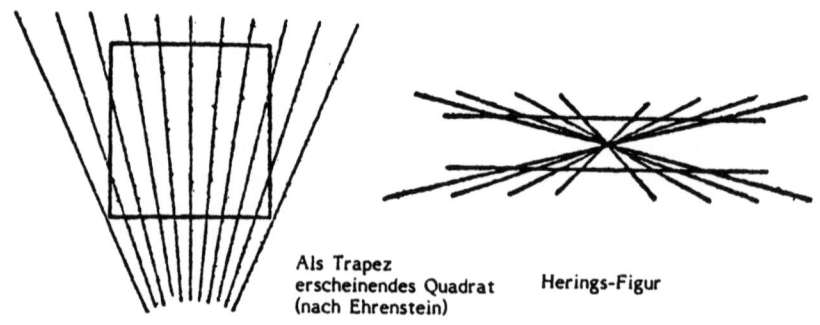

Als Trapez erscheinendes Quadrat (nach Ehrenstein)

Herings-Figur

Aber die Beeinflussung unserer Wahrnehmung durch das jeweilige Umwelt-Ganze überspringt mühelos auch die Grenzen der einzelnen Sinnesgebiete. Wein aus Kaffeetassen schmeckt ungleich schlechter als aus Kristallglas; bei drei sehr unterschiedlich großen Paketen mit gleichem Gewicht sind wir erstaunt über die Leichtigkeit des größten (die Verpackungsindustrie macht sich diesen Trick zunutze). Und schließlich gehört zum Umwelt-Ganzen, das in einer Reiz-Situation anwesend ist, auch das gesamte Wissen, die Sozialisation und die Summe der Erfahrungen des Betrachters. Experimente haben ergeben, „daß wir dazu neigen, die Größe von Gegenständen, die wir für wertvoll halten, z.B. Münzen, zu überschätzen; und ein anderes Experiment zeigt, daß dieselben Münzen, bezogen auf neutrale Vergleichsobjekte, armen Kindern größer vorkommen als reichen." (33) Vorurteile beeinflussen unsere Wahrnehmung, lassen unbekannte Speisen unappetitlich, schlecht beleumdete Menschen unsympathisch, Ausländer oder Minoritäten als bedrohlich, gefährlich oder minderwertig erscheinen.

Auch unsere Wahrnehmung von Architektur erscheint im Rahmen einer solchen Betrachtungsweise in einem neuen Licht. Wir stehen heute fassungslos vor der Tatsache der maßlosen Zerstörung wertvoller Altbausubstanz in den 50er und 60er Jahren in Deutschland, die die Zerstörungen durch Kriegseinwirkungen bei weitem übertrifft. Der Abriß herrlicher alter Villen, unzähliger historischer Wohnhäuser, ja ganzer intakter Stadtviertel und die nachfolgende Bebauung mit jener unsäglichen Container-Architektur, die gleichzeitig mit dem flachen, kistenförmigen Bungalow zum ästhetischen Ideal wurde – all dies läßt sich durch eine architekturinterne Betrachtungsweise in keiner Weise erklären, geschweige denn rechtfertigen. Nur eine ganzheitliche Erfassung der Einflußfaktoren jener Zeit, zu der ganz wesentlich die allgemeine Bewußtseinslage der Bevölkerung und ihr dringender Wunsch gehörte, das Alte, das sich als so brüchig erwiesen hatte, endgültig hinter sich zu lassen, und alles Neue, Moderne als positiv wahrzunehmen – nur eine solche ganzheitliche Betrachtungsweise, die *jede Wahrnehmung als Komplexqualität aus der Summe aller Einflußfaktoren* definiert, kann die weitgehende Zustimmung der Bevölkerung (zum damaligen Zeitpunkt) zu dieser Art von Architektur verständlich machen.

Andererseits: wären jene Wohnsiedlungen nicht nur in Bezug auf ihren technischen Komfort, sondern in einem umfassenderen Sinne von Wohn-, Umwelt- und Lebensqualität tatsächlich den alten Häusern überlegen, anstatt im Gegenteil zu klein, zu laut, zu niedrig, zu kahl, banal und triste zu sein – kein Mensch würde sie tatsächlich als seelenlose Betonklötze *wahrnehmen*, wie dies heute (dreißig Jahre später) *unterschiedslos* geschieht. Wenn aber unsere Wahrnehmung in dieser Art und Weise komplex ist, immer unser Gesamtwissen mitenthält und durch dieses beeinflußt wird, müssen sich natürlicherweise auch all jene Bestrebungen als fruchtlos erweisen, die Veränderungen und Korrekturen nur an der äußeren Erscheinungsform der Häuser vornehmen und *dies als Sprache der Architektur mißverstehen*: wie unsere Wahrnehmung umfaßt auch die Sprache der Architektur immer die Gesamtheit eines Gebäudes – seine Funktion, seine Konstruktion, seine Ausstattung, seine Materialien, seine räumliche Konzeption und – seine formalen Ausdrucksmittel. Oder besser noch: *weil* unser Decodierungsinstrument, die Wahrnehmung, komplex funktioniert, *muß* die architektonische Kommunikation in adäquater Weise der Komplexität ihres Gegenstandes gerecht werden.

Zusammenfassung: Die architektonische Kommunikation

Wir haben gesehen, daß ein entscheidendes Kennzeichen der Architektur als Teilbereich der visuellen Kommunikation die Simultanität der Botschaft ist. Ein Gebäude, das in einer funktionierenden Sprache entworfen ist, z.B. ein barockes Haus, übermittelt seine gesamte Botschaft (also Aussagen über Funktion, Konstruktion, Material, räumliche Organisationsform; Intentionen des Erbauers, Grad der Konventionalität, stilistische und formale Mittel und Einflüsse) *gleichzeitig*, ist also die *Integration*, die Bündelung all dieser Botschaften zu einer unlösbaren Einheit, ist dadurch – wie wir weiter gesehen haben – etwas anderes als die Summe seiner einzelnen Elemente. Und wird dadurch etwas Eigenständiges, Unverwechselbares, Codifizierbares, wird *Sprache*.
Die Sprache der Architektur ist damit unmittelbar gebunden an Faktoren, die von ihr nicht beeinflußbar sind („abhängig von äußeren Codes", 34). Funktionen ändern sich, neue Materialien tauchen auf und revolutionieren die gesamten konstruktiven Bedingungen, Gesellschaftsformen wandeln sich und damit auch die Intentionen und Motivationen der Erbauer.
Architektonische Sprachen oder Stile sind erstaunlich flexibel, haben aber im Gegensatz zur gesprochenen Sprache, die sich immer wieder neu anpaßt und regeneriert, Grenzen ihrer Kapazität. Werden diese Grenzen durch zu viele und zu einschneidende Veränderungen gesprengt, kann eine Integration nach altem Muster nicht mehr gelingen. Das Sprachsystem bricht zusammen.
Weder die Regression auf eine primitive Bildersprache noch das verzweifelte Festhalten an oder Wiedererwecken von veralteten Sprachen und erst recht nicht die Übertünchung der Sprachlosigkeit durch formale Sensationen sind mögliche Aus-

wege aus einer solchen Situation. Kein genialer Kraftakt kann eine neue Sprache aus dem Boden stampfen — sie kann sich nur in einem langwierigen und mühseligen Integrationsprozeß neu entwickeln.

Und sie kann es nur, *wenn der Architekt mitspricht*, wenn er sich nicht zum Erfüllungsgehilfen, zum reinen Werkzeug und Ausführungsorgan der veränderten materiellen und gesellschaftlichen Rahmenbedingungen degradieren läßt, wie es in den letzten zwanzig, dreißig Jahren in so erschreckendem Ausmaß geschehen ist.

In gewissem Sinne ist die funktionalistische Architektur der Nachkriegszeit ja keineswegs sprachlos, sondern bringt im Gegenteil erstaunlich exakt die zunehmende Entfremdung und Isolation des modernen Menschen innerhalb einer inhumanen Massenzivilisation zum Ausdruck. Aber was hier spricht, ist nicht die Sprache der Architektur, sondern die Sprache der Börsenmakler, Banken und Bodenspekulanten. Dieser Rückzug aus der Architektur, die Degradierung zu einer beliebigen technischen Disziplin, wie Straßenbau oder Informatik, die Aufgabe der „Autonomie der Architektur", um ein neueres Schlagwort aufzugreifen, der Verzicht auf das Mitreden, Gegenreden, Verändern — all dies trug ebenfalls zu dem sprachlichen Vakuum der Nachkriegsarchitektur bei.

Architektur, wo sie Sprache und eigenständiger Ausdruck sein will und nicht bloß Technik und Sprachrohr für andere, muß über den bloßen Nachvollzug von externen oder auch internen Anforderungskatalogen hinausgehen, diese ständig überprüfen und *aktiv* zu verändern suchen. Sie muß schließlich immer neue und weiterentwickelte Integrationsmodelle anbieten, die nicht nur beschwichtigen, wie es heute im Rahmen der Nostalgiewelle weitgehend geschieht, sondern die in der Lage sind, auch die *Hoffnungen und neuen Möglichkeiten* innerhalb der Komplexität und Widersprüchlichkeit unserer heutigen Realität *sichtbar* zu machen. Wo ihr dies gelingt, braucht man sich über fehlende Codes oder kurzfristige Fremdartigkeit des Ausdrucks keine großen Sorgen zu machen. Menschen lernen schnell.

Literatur

(1) Ch. Jencks, Die Sprache der Postmodernen Architektur, Stuttgart 1978, S. 6.
(2) A.a.O., S. 7.
(3) W. Pehnt, Reden – aber über was?, in: Jahrbuch für Architektur, Braunschweig/Wiesbaden 1986.
(4) S. Maser, Grundlagen der allgemeinen Kommunikationstheorie, Stuttgart 1971, S. 9.
(5) A. Hildebrand, Das Problem der Form in der bildenden Kunst, in: K. Bühler, Das Gestaltprinzip im Leben des Menschen und der Tiere, Stuttgart 1960, S. 7.
(6) U. Eco, Einführung in die Semiotik, München 1972, S. 295.
(7) A.a.O., S. 312
(8) R. Jakobson, Linguistik und Poetik, in: J. Ihwe, Literaturwissenschaft und Linguistik, Bd. 1, Frankfurt a.M. 1972.
(9) Ch. Jencks, a.a.O., S. 52.
(10) H. Pelz, Linguistik für Anfänger, Hamburg 1975, S. 27.
(11) A.a.O., S. 28.
(12) Ebenda.
(13) A.a.O., S. 29.
(14) U. Eco, Zeichen. Einführung in einen Begriff und seine Geschichte, Frankfurt a.M. 1977, S. 23.
(15) H. Pelz, a.a.O., S. 31.
(16) S. Maser, a.a.O., S. 11.
(17) Ch. Jencks, a.a.O., S. 90.
(18) Ch. Jencks, a.a.O., S. 56f.
(19) Ch. Jencks, a.a.O., S. 69.
(20) U. Eco, a.a.O., S. 338.
(21) Ch. Jencks, a.a.O., S. 46f.
(22) Ch. Jencks, a.a.O., S. 46.
(23) Ch. Jencks, a.a.O., S. 48f.
(24) Ch. Jencks, a.a.O., S. 130, 131.
(25) Ch. Jencks, a.a.O., S. 6.
(26) Ch. Jencks, a.a.O., S. 6.
(27) R. Friedenthal, Goethe – sein Leben und seine Zeit, München 1968, S. 161.
(28) H.D. Junker, Die Reduktion der ästhetischen Struktur, in: Visuelle Kommunikation, Köln, ⁶1975.
(29) J.J. Gibson, Die Sinne und der Prozeß der Wahrnehmung, Bern/Stuttgart/Wien 1973.
(30) Ch. Norberg-Schulz, Logik der Baukunst, Braunschweig 1980, S. 34.
(31) W. Ehrenstein, Probleme der ganzheitspsychologischen Wahrnehmungslehre, Leipzig 1947, S. 22.
(32) A.a.O., S. 151ff.
(33) Ch. Norberg-Schulz, a.a.O., S. 27.
(34) U. Eco, a.a.O., S. 338f.

O.M. Ungers: *Haus im Haus.*
Deutsches Architekturmuseum Frankfurt a.M., 1979–1984.
Foto: Waltraud Krase

Rolf Gruber

Sichtbeschränkungen

Zur Überwindung der baukulturellen Orientierungskrise

1 Nabelschau

Bilder, die die Welt bedeuten

Mit der Ausdruckskraft sprachlicher Sinnbilder ist es in der Architektur nicht getan – hier müssen schon richtige Bilder her, und zwar mindestens zwei davon: denn was wäre schon eine typische Vortragsveranstaltung ohne die obligate Doppelprojektion? Der Bilder Fülle entschädigt für das Wort, hilflos und schwach – eine Maxime auch so mancher Fachzeitschrift. Bilder beherrschen die Vorstellung – das gilt besonders in der Architektur.

Die Quersumme dessen, was in dieser sprachdurchsetzten Bildwelt („Bild-Sprach-Gemisch", so der naserümpfende Soziologenausdruck) gehandelt wird, steckt den Horizont ab, die Vorstellungswelt, in der und durch die Architektur entsteht. Vorstellung und Ausführung, Bild und Tat sind miteinander verknüpft, Wissen und Machen stehen in einem innigen Zusammenhang. Der amerikanische Ökonom Boulding hat nachgewiesen, daß das Verhalten von Individuen wie das von Institutionen durch deren Vorstellung von der Welt bestimmt wird. Seinem Buch gab er den Titel „The Image" (1), und in diesem Sinnbild, diesem Abbild der Realität sah Boulding den Wissenscode (eine Art „gesellschaftlicher DNS"), der als treibende Kraft hinter den äußerlich beobachtbaren Handlungen steht.

Hier soll speziell die Rede sein von den Leitbildern, die die Bau-Welt (be)deuten, von dem „genetischen Code" der Architekturproduktion. Diese „Erbmasse" findet sich, getreu dem biologischen Vorbild, an zentraler Stelle, im Allerheiligsten der Zeitschriften-, Bücher- und Diasammlungen einer jeden „architektonischen Brutstätte". In applaudierenden Hochglanzveröffentlichungen oder komprimiert auf Kleinbildformat eröffnet sich hier jedem staunenden Eindringling ein Miniaturabbild der Welt, so wie sie die Architekten sehen. Hat sich das Auge an den Glanz dieser ästhetischen Wunderwelt erst einmal gewöhnt, kommt der unvoreingenommene Betrachter zu bemerkenswerten Entdeckungen: Die in diesen Bildern widergespiegelte Welt besteht offensichtlich aus nichts anderem als einem Sammelsurium von Gegenständen und Gebäuden – der „Genotyp" dieses beruflichen Organis-

mus ist der „Bautyp", formales Kürzel der lebendigen, sich verändernden Welt. Menschen werden in diesen Bildern so gut wie ausgeschlossen: ob Stirling, Rossi, Botta, Meier oder Graves – Alltag findet in den Veröffentlichungszeichnungen nicht statt; die Abstraktion ihrer Darstellung ist nicht selten gesteigert bis zur Reduktion aufs reine Objekt! Kein Umfeld, kein Lebenszeichen, ja oft nicht einmal der städtebauliche Kontext! Isolierte Objekte, wie geschaffen zur Ausstellung in einem Architekturmuseum – weiße Wände, Spotlight, Architektur und sonst nichts! – Bitte nicht berühren!
Die vielbeschworene Kreativität des Berufsstandes dient zuallererst den Interessen des ästhetisch genießerischen Auges. Die außerhalb des Museums liegende Alltagswelt und ihre Bedingungen werden nicht dargestellt – und nicht bedacht?

*Aus den Augen, aus dem Sinn –
Alltag als Stiefkind des kreativen Bewußtseins?*

Wenn der Mensch (Architekt) nur sieht, was er weiß, und nur handelt, wo er Vorstellungen entwickelt hat, muß es bedenklich stimmen, wenn im planenden Bewußtsein die Abbildung der menschlichen Bedingungen des Alltagslebens fehlt, in das Architektur doch ordnend eingreift und für das Architektur doch wohl letztlich geschaffen wird.
Ein Blick auf die Anfänge in der Ausbildung. Schon im Studium wird mit Begriffen hantiert, die den Zu-griff zur Realität geben, der auf möglichst kurzem und verläßlichem Weg zur Planung von Gebäuden führt. Einer der gebräuchlichsten ist der der „Funktion". Was versteht man darunter? Was vollzieht sich in der Vorstellung von Architekten, wenn sie diesen Begriff anwenden? Im Sprachgebrauch der Profis „funktioniert" etwas, wenn es den meist aus persönlicher Anschauung bekannten Handlungsmustern entspricht oder sie ermöglicht. Diese Normal- oder Durchschnittshandlungen sind Abstraktionen von Handlungsverkettungen aus dem Alltagsleben – sie werden im geistigen Auge des Planenden letztlich reduziert auf eine Art Bewegung und in vielen Fällen weiterhin verkürzt auf die Einrichtungsgegenstände, die bei diesen Bewegungen eine Rolle spielen. Ergebnis: „Raumzuschnitt nach Stellflächenbedarf". In einer weiteren Stufe der Wirklichkeitsentfernung erscheinen dann nur noch Regeln, Vorschriften und Normen zur Anordnung von Gegenständen, Ausbildung von „Funktionsräumen", Raumtypen und ganzen „Baumassen". Terminologie und Denken verfangen sich in einer auf Gegenstände verkürzten Welt – ihr Abbild gerät unter dem technisierenden Blick zu einer mechanischen Abstraktion.
Die Aufgabe, bauliche Strukturen für die alltäglichen Lebenszusammenhänge zu entwerfen, vereinfacht sich damit auf den Umgang mit Standards der Anordnung von objekthaften Repräsentanten dieser Zusammenhänge. Es bleibt ein Surrogat von physischen Mustern, das nach architekturästhetischen Gesichtspunkten gestaltet wird, nach Regeln des Arrangements von Objekten. Damit entsteht gleich-

zeitig so etwas wie ein „Gefühl" für diese Objekte sowie ein ganzes Paket berufsspezifischer Bedeutungen:
„In vieler Hinsicht gleicht das Studium der Architektur dem Erlernen einer Sprache. Die Regeln (z.B. ‚Gruppieren der Nasszellen um einen gemeinsamen Installationskern', ‚Betonung der Konstruktion' etc.) werden in einer Ausbildung von 4 bis 5 Jahren internalisiert und erscheinen schließlich als die einzig möglichen Regeln. Sie werden als Entwurfshilfen und als Maßstäbe zur Bewertung auch anderer Architektur benutzt." (2)
Unterstützt und legitimiert von Architekturtheorie, -kritik und -geschichte entsteht ein sich selbst perpetuierendes System objektbezogenen Denkens und Verhaltens.
Das kreative Bewußtsein verfügt offensichtlich über kein entwickeltes Bild vom Alltag (weder wie er ist, noch wie er sein könnte) und über keine diesbezügliche Perspektive gestalterischer Arbeit. Eine ganzheitliche Beurteilung der Form aus der Sicht und zum Vorteil von Lebenszusammenhängen wird behindert durch eine besondere *Sichtbeschränkung der Wahrnehmung, die das Interesse an der Inszenierung des Alltäglichen auf die Aspekte seiner dekorativen Ausformung reduziert.* Man identifiziert sich zunächst mit einem „Bühnenbild", nicht mit dem „Stück" oder dem Alltagsschicksal der agierenden Personen. Die Kulisse beherrscht die Szene und hält das kreative Auge des professionellen Publikums in Spannung – das Drama des alltäglichen Lebens tritt in den Hintergrund.

Sichtbeschränkung auf die Form –
Mittel sozialer Abgrenzung

Alltag zeichnet sich im Blickfeld des Planers nur in schematischen Umrissen ab. Architektenbiografien sind es, die in nicht unerheblichem Maß diese Sichtbeschränkung fördern. Architektur und Architekt werden hier samt der dazugehörigen Philosophie Seite an Seite präsentiert; gerade so, als ob „Meister und Werk" eine schlüssige, sich selbst erklärende Einheit bilden könnten. In diesen polierten Darstellungen sind andere vorhandene und prägende gesellschaftliche Kräfte der Gebäudeproduktion aus dem Blickfeld gestrichen. Architektur erscheint als weitgehend alleinbestimmtes Werk „großer Meister". Das Interesse wird auf Architektur als Ausdrucksmittel (des Architekten) gelenkt, auf die Form als Symbol architektonischer Grundauffassungen, auf den Schöpfer und seine Welt. Dieses Muskelspiel genialer Omnipotenz muß hohen Motivationswert für eine nach Orientierung suchende Leserschaft haben, besonders für Studenten und Berufsanfänger:
„Soweit dieses Vorbilder für die Lösung eigener Probleme nicht liefern kann, erlaubt es zumindest, von ähnlichen bedeutenden Lösungen und Karrieren zu träumen." (3)
Am Genie-Ideal läßt es sich gut wärmen, besonders dann, wenn man selbst in der „Kälte von Abhängigkeiten" des beruflichen Mittelmaßes steht. Die Stars des Ar-

chitekturgeschehens in Zusammenarbeit mit ihren Kritikern halten zunächst einmal ihre eigenen Berufskollegen im Bann – und auf Distanz. Sie geben „ihr Bestes", um die Reize hoch, das Interesse lebendig und den Abstand zum Durchschnitt groß zu halten. Diese „Abgrenzung nach innen" erzeugt eine Hierarchie und eine besondere Art des Zusammenhaltes der Architektengruppe. Die aus ihrer Alltagsbindung losgelöste Form dient in der Berufswelt als Instrument eigener sozialer Abgrenzung. Sie wird zur Zwinge einer Doppelbindung, die Elite- und Durchschnittsarchitekten aufeinander hierarchisch bezieht und sie in ihrem Verhalten aufeinander abstimmt – die einen durch Bewunderung und Nachahmung, die anderen durch erfinderische Geschäftigkeit, die versucht, kulturelle Verfolger abzuschütteln.

Hinter dieser Blickbeschränkung auf die losgelöste Form steht der Machtaspekt. Hollein bringt diesen elitären Anspruch auf die Führungsposition in Sachen Umweltgestaltung (auch über die Grenzen der eigenen Berufswelt hinaus) unmißverständlich zum Ausdruck:
„Architektur ist nicht Befriedigung der Bedürfnisse der Mittelmäßigen, ist nicht Umgebung für kleinliches Glück der Massen. Architektur wird gemacht von denen, die auf der höchsten Stufe der Kultur und Zivilisation, an der Spitze der Entwicklung ihrer Epoche stehen. Architektur ist eine Angelegenheit der Eliten.
Form in der Architektur ist vom einzelnen bestimmte, gebaute Form.
Heute, zum ersten Male in der Geschichte der Menschheit, zu diesem Zeitpunkt, an dem uns eine ungeheuer fortgeschrittene Wissenschaft und perfektionierte Technologie alle Mittel bietet, bauen wir was und wie wir wollen, machen eine Architektur, die nicht durch die Technik bestimmt wird, sondern sich der Technik bedient, reine, absolute Architektur." (4)
Der Wunsch nach möglichst unumschränkter Gestaltungsmacht wird legitimiert durch eine soziale Abgrenzung nun auch nach außen: ein Anwalt des guten (sprich: des eigenen, elitär entwickelten) Geschmacks, begreift sich der Architekt als Erzieher, Former und Verfeinerer der Gefühlswelt seiner Zeit. Hier im emotionalen Bereich, ganz oben, sieht er, als Mitglied der kulturellen Elite Zeichen setzend für die emotionale Orientierung der Zeit, seine Aufgabe und wahre Domäne. Spektakuläre Leitbauten führen das dem staunenden Publikum immer wieder vor Augen.
Das Omnipotenzverlangen hinter dieser Selbsteinschätzung, die Ignoranzgebärde, die die Bilder des Alltags aus dem Blickfeld des beruflichen Interesses fegt, wird noch deutlicher, stellt man die Worte Holleins einmal Äußerungen aus den technischen Disziplinen gegenüber, die offensichtlich ihre Arbeit als in viel stärkerem Maße gesellschaftlich eingebunden begreifen:
„Nie zuvor stand das Ingenieurwesen vor einer aufregenderen Herausforderung, waren seine Perspektiven fesselnder als heute, in einer Zeit, in der begrenzte Ressourcen und Umweltbelastungen dem gesellschaftlichen Wunsch nach verbesserter Lebensqualität entgegenstehen. Nie zuvor war die Rolle des Ingenieurs anspruchsvoller.

Das Ingenieurwesen befaßt sich mit der Entwicklung und Anwendung wissenschaftlicher Kenntnisse und Technologien, um den Bedürfnissen einer komplexen Gesellschaft nachzukommen – und zwar mit Mitteln, die die von dieser Gesellschaft gesetzten Bedingungen berücksichtigen. Die Umformung des physikalischen und chemischen Verhaltens von Stoffen in effiziente Systeme, die Energie, Transport, Kommunikation, Lebensmittel, Sicherheit und andere Bedürfnisse der Gesellschaft abdecken, ist eindeutig die zentrale Tätigkeit des Ingenieurwesens, und diese Tätigkeit muß innerhalb des sozialen Kontextes ausgeführt werden, immer den physischen, ökonomischen, politischen und legalen Bedingungen und dem kulturellen Wertesystem der Gesellschaft unterworfen." (5)
Diese umsichtige Betrachtung geht von der breiten gesellschaftlichen Verflechtung, Abhängigkeit und Verantwortlichkeit der eigenen Tätigkeit aus – sie leitet über die aufmerksame Beobachtung gesellschaftlicher Veränderungen und Lernprozesse die Orientierung für das eigene Handeln ab. Diese grundsätzliche Offenheit und Reaktionsbereitschaft einem Kontext gegenüber steht in deutlichem Gegensatz zur selbstbezogenen Haltung der holleinschen Architekturposition, der es vor allem anderen um die Verankerung eigener elitärer Vorstellungen geht – um eine eigenbestimmte Orientierung des Handelns nicht mit, sondern im Unterschied zu anderen Gruppen in der Gesellschaft. Dieses Selbstdarstellungsverlangen wird nachträglich rationalisiert und verklärt mit einer erzieherischen Attitüde: der Hoffnung auf „Verbesserung und Bekehrung" alltäglicher Lebensweisen. Solch selbstbezogene Hoffnung hat auch Pate gestanden, „als die Theoretiker des Neuen Bauens Lebensstile und Lebensformen im ganzen dem Diktat ihrer Gestaltungsaufgaben unterworfen sehen wollten. Aber Totalitäten wie diese entziehen sich dem planerischen Zugriff." (6)
Durch diese Sichtbeschränkung wird aus realistischer Selbsteinschätzung leicht eine Selbstüberschätzung, aus der heraus man dann glauben macht, man könne mit gestalterisch missionarischem Eifer, sozusagen im Windschatten eigener ästhetischer Visionen, allein der Probleme des Alltags Herr werden. Le Corbusier z.B. schrieb seiner Vorstellung vom Künstleratelier als idealem Umfeld geistiger Entfaltung eine derart hohe Allgemeingültigkeit zu, daß er sie immer wieder ins Spiel brachte, auch dort, wo es sich, wie z.B. in Weißenhof, in keiner Weise um Künstlerwohnungen handelte. Im Hintergrund steht hier die Kraft eines Glaubens, der nicht nur der eigenen Ästhetik die Weihe des „guten Geschmacks schlechthin" verleiht, sondern auch den zunächst nur die eigene soziale Identität definierenden Lebensstil als „Fortschritt schlechthin" preist.
Der französische Soziologe Bourdieu hat gezeigt, daß zwischen unterschiedlichen Geschmackskulturen und den Klassenunterschieden eine Beziehung besteht, bzw. daß es klassengemäße Gehühlsmuster gibt, die die Identität ihrer Migleider formen und u.a. auch dazu dienen, sich von anderen abzusetzen, um sich ihnen gegenüber darzustellen. Dies gilt auch für die kulturelle Elite (der die Architekten angehören). Im Gegensatz zu anderen Gruppen verfügt diese Elite über Möglichkeiten und

Einfluß (Zugang zu den Medien), um so etwas wie „Stil" und emotionale Orientierung zu entwickeln und zu verbreiten. Sie weiß ihren Hervorbringungen die Autorität einer offiziellen Kultur zu geben, mit der sie der ökonomischen Elite und der Mittelklasse gegenüber eine kulturelle Führungsposition behaupten kann. Dies Bestreben nach Verankerung und Sicherung der Symbole eigener sozialer Identität beherrschte die Moderne und beherrscht die Postmoderne, wenn auch mit gegensätzlicher Ausrichtung: in den hoffnungsvolleren Zeiten grenzte sich die elitäre Moderne durch den gemeinsamen Fluchtpunkt „Zukunft" und deren Symbolik ab. In der weniger aussichtsreichen Gegenwart, in der nun die Postmoderne steht, wird die emotionale Ausrichtung in die Vergangenheit gelenkt, wodurch ein Streufeld unterschiedlicher Positionen entsteht, deren gemeinsamer Nenner aber immer noch dieses Abgrenzungsverhalten ist. Der Blick für die Belange des Alltags bleibt weiterhin getrübt, die Realitätswahrnehmung außerhalb der eigenen Fachinteressen beschränkt. Doch gerade diese Perspektiven zu öffnen, ist Voraussetzung für eine kompetentere Arbeit in Sachen Umweltgestaltung. Eine angemessenere Wahrnehmung der Zusammenhänge, in denen die eigene Tätigkeit steht, erfordert die Überwindung der selbstbezogenen Sicht − eine Distanzierung und Erweiterung des Blickfeldes.

2 Ein Blick über den Tellerrand

Zur Distanzierung von einem architekturzentrierten Weltbild

Das Architekturmuseum − kultureller Nabel der Berufswelt: im Fokus des Interesses liegt das Objekt, liegen seine Form, Gestalt und Bedeutung im Kontext der Architekturentwicklung. Hinter den Mauern dieses Museums stehen nicht nur die Ausstellungsobjekte: hier hält sich auch der Geist architekturzentrierten Denkens. „Form in der Architektur ist vom einzelnen bestimmte, gebaute Form. Heute . . . bauen wir wie und was wir wollen, machen wir . . . reine, absolute Architektur", so die zitierte Aussage Holleins. Höchst befriedigend diese Perspektive, die sich einer sehr elementaren menschlichen Eigenliebe verdankt. Bereits im Mittelalter war es diese Eigenliebe, die die Menschen glauben machte, sie stünden auf Erden im Mittelpunkt des Universums − denn wie für jedermann ersichtlich, kreiste doch die Sonne um die Erde und nicht umgekehrt. Das alte geozentrische Weltbild stützte sich auf diese Art des primären Welterlebens. Schon im Spätmittelalter hieß es dann von dieser Vorstellung Abstand nehmen; man hatte ein erweitertes, ein heliozentrisches Bild zu installieren; der Mensch sah sich aus dem Zentrum der Welt in eine Randposition verdrängt und in einen größeren Zusammenhang gestellt. Diese neue, realitätsgerechtere Weltsicht war möglich geworden dank einer Distanzleistung − einer Distanzierung vom unmittelbar selbstbezogenen Denken und Erleben. Sie bewirkte zwar eine emotionale Entzauberung der Welt, eine Ernüchterung, bot aber im Gegenzug eine zuverlässigere Abbildung der Realität. Auch als

Orientierungsmodell war sie besser geeignet, denn mit ihr wuchs die Fähigkeit, physikalische Ereignisse erklären und damit auch steuern zu können. Das höhere Maß an Orientierung im Kräftefeld der Natur sicherte auch eine größere Kontrolle über die Naturkräfte.

Der Soziologe Elias beschreibt die erste selbstbezogene Weltsicht als eine Haltung, bei der der Phantasiegehalt im Denken und in der Wahrnehmung so hoch ist, daß die „Struktureigentümlichkeiten des Wahrnehmenden über die des Wahrgenommenen dominieren"; das geschaffene Abbild der Welt ist durch Wunschdenken gefärbt und wenig realistisch. Elias führt dieses Argument weiter auf unsere heutige Situation, in der unser Verständnis der sozialen Welt in ähnlicher Weise engagiert, d.h. von selbstbezogenem Wunschdenken durchsetzt ist wie die mittelalterliche Auffassung von der natürlichen Welt – die Orientierung im sozialen Kräftefeld heute ist so hilflos wie seinerzeit die im Kräftefeld der Natur. Dies in einer Situation, in der sich gerade durch die umfangreiche Arbeitsteilung (als Folge der Zunahme der Naturkontrollen) die Autonomie individueller Lebensbewältigung verringert hat und die Abhängigkeiten der Menschen voneinander, ihre wechselseitig aufeinander ausgeübten Zwänge gewachsen sind.

„Was wir als gesellschaftliche Zwänge bezeichnen, sind die Zwänge, die viele Menschen entsprechend ihrer gegenseitigen Abhängigkeit aufeinander ausüben. Aber dieser einfache Gedankengang scheint für viele Menschen heute noch kaum weniger schwer nachvollziehbar zu sein als ehedem der Gedanke, daß die Erde nur ein Sonnenplanet unter anderen ist." (7)

Die zunehmenden internationalen Markverflechtungen mit ihren Konflikten legen davon ebenso Zeugnis ab wie die Entwicklung im Bereich der Gebäudeproduktion und -nutzung. In beiden Fällen sind immer mehr Menschen in der Bewältigung ihres Alltagslebens miteinander verflochten, sind immer mehr Menschen in Entscheidungsprozesse aktiv oder passiv eingebunden, von diesen betroffen und damit von ihnen abhängig. Die daraus folgenden Zwänge lassen sich in der Architektur nur erkennen von einer zum alten beruflichen Engagement distanzierten Position aus. Einer solchen Distanzleistung stehen heute jedoch Widerstände entgegen:

„Die Verstrickung interner Auseinandersetzungen um Chancen der Arbeit, um Anteile an Macht bei der Gestaltung von Städten und Häusern sind offensichtlich noch zu heftig, um zu angemessener Distanz zur eigenen Arbeit zu finden." (8)

Erst ein erweitertes berufliches Weltbild könnte eine Neuorientierung ermöglichen, die eine höhere Baukultur zu erreichen sucht – eine Verfeinerung der Produktionsprozesse weniger im technisch-formalen als im sozialen Sinn. Voraussetzung dafür ist die Loslösung von jenem selbstbezogenen Engagement und Abgrenzungsverhalten, wie es das Genie- und Künstlerideal impliziert. Das Management komplexer räumlicher und sozialer Veränderungen benötigt ein realitätszugewandtes Erkennen und Fördern mehr als ein genialisches Schöpfertum – es bedarf einer Erweiterung des beruflichen Selbstverständnisses, um die Probleme in der Planung mitberücksichtigen zu können, die sich aus den Interessenverflechtungen der mit dem Bau verbundenen Menschen ergeben.

Diese Bereitschaft zur Realitätszuwendung muß deshalb auch und gerade von der Architekturtheorie gefordert werden.

„Architekturgeschichte wird zunächst einmal als eine Folge großer Namen vermittelt: wer wem folgte und wie eine Generation von ihren Vorgängern lernte – Wright von Sullivan, Gropius und Mies von Behrens, Johnson von Mies, Venturi und Moore von Kahn etc. Herausgestellt werden die persönlichen Beiträge dieser Männer. In anderen Disziplinen, etwa in der Chemie, in Physik, Mathematik oder Psychologie, werden die Gründerväter und die herausragenden Praktiker ebenfalls erwähnt, doch liegt die Betonung hier auf der graduellen, logischen Entwicklung des Wissens.

Meinungsverschiedenheiten oder unhaltbare ältere Theorien werden nur am Rande erwähnt oder ignoriert. In der Kunst oder der Architektur als Kunst ist dies unmöglich." (9)

Die Aufmerksamkeit der Theorie muß daher, im Sinne einer Erweiterung des beruflichen Selbstverständnisses, weniger den einzelnen Leistungen als den allgemeinen methodischen Ansätzen gelten. Im folgenden werden deshalb solche Arbeiten untersucht, deren Ziel es ist, zu einer allgemein verbindlichen architektonischen Theorie zu gelangen. Es geht um die Arbeiten von William Hubbard („Architektur und Konvention"), Christopher Alexander („Der zeitlose Weg") und Glenn Robert Lym („Psychologie des Bauens"). Unterscheiden sie sich auch in Ansatz und Fragestellung, so ist ihnen doch der Versuch gemein, den weiteren Kontext des Alltags, in dem Architektur steht und entsteht, mit ins Blickfeld zu rücken. Ihr gemeinsames Ziel ist es, Orientierungshilfen für die Planung und Produktion von Gebäuden zu liefern. Und gerade in dieser Hinsicht ist auch hier der Wirklichkeitsgehalt, das Niveau der Realitätswahrnehmung, der kritische Faktor – denn ein von Wunschvorstellungen durchsetztes theoretisches Modell ist für die Orientierung relativ unbrauchbar. Ist in der „geografischen Realität" die Verläßlichkeit und Abbildungstreue des Kartenmaterials für die Orientierung von größter Wichtigkeit, empfiehlt es sich für die Architektur, zur Orientierung in der sozialen Realität, mythische Wunschvorstellungen zu überwinden und sich um eine der Wirklichkeit angemessenere Abbildung des sozialen Kräftefeldes, in dem man agiert, zu bemühen. Daher sollen die besprochenen Arbeiten besonders hinsichtlich der Art ihrer Abbildung der sozialen Realität beleuchtet werden. Über die Diskussion ihrer Defizite werden schließlich Vorstellungen anvisiert, die in einer ganzheitlicheren Sicht räumliche und soziale Phänomene in einen Wirkungs- und Erklärungszusammenhang stellen.

Verbindliche Ansichten.
William Hubbards „Architektur und Konvention"

Zugegeben, die Vorstellung einer „architektonischen Gerichtsbarkeit" hat ihre Reize: warum nicht in das Museum der Architektur noch einen „baukulturellen

Gerichtssaal" einplanen, in dem wir (die Kritiker), gestützt auf ein abgesichertes konventionelles Regelwerk, „architektonische Formsprechung" ausüben? Wir, schön oben auf der Richterbank, das bauende Fußvolk weiter unten im Saale, den Kontakt zum Rest der Welt über die neugierige Presse in den Fluren weiter draußen. Alles was wir noch dazu brauchen, sind jene verbindlichen Verfahrensregeln zur Gestaltung, die uns helfen, „den naiven Praktiker in der Bahn zu halten" und „die Menschen, die ja an Architektur glauben wollen", zu überzeugen.

Hubbard ist auf der Suche nach einem Orientierungsmaßstab für Architektur – nach einem Modell für eine Konvention in der Architektur. Er findet dieses Modell in der Rechtsprechung mit ihren allgemeinverbindlichen Aussagen und versucht, deren Verfahrensregeln, von der Position des Kritikers aus, auf das Architekturgeschehen zu übertragen. Die Ausübung eines solchen kulturrichterlichen (Wunsch-) Amtes wird nun gerade durch die fehlende Legitimationsbasis baukultureller Verbindlichkeiten behindert. Und genau hier entdeckt Hubbard das zentrale Problem (bau-)künstlerischen Schaffens:

„... denn in der schöpferischen Arbeit rückt die Frage, wie wir die Phänomene haben wollen, in den Brennpunkt. Mehr als auf anderen Gebieten menschlicher Bemühungen kann ein Künstler sein Werk fast wörtlich „alles mögliche" sein lassen. Jeder Künstler weiß das und stellt sich die Frage: Wie soll ich mich entscheiden? Was soll ich machen und was nicht? Diese Frage ist die Crux jeder schöpferischen Arbeit." (10)

Die von den baukünstlerischen Bewegungen zur Überwindung dieser Legitimationskrise bislang aufgebotenen Lösungen können Hubbards Bedürfnis nach allgemeingültig-kulturellen Verbindlichkeiten offensichtlich nicht genügen. Die Moderne habe auf die Funktion als die „unverdorbene und unabdingbare bewegende Kraft" gesetzt; sie habe Architektur „kanalgleich aus dem Bett der Fakten fließen lassen" und mit dem „Reiz des Unabdingbaren" gespielt. Dieser Reiz sei jedoch zu schwach gewesen, um wirklich überzeugende Anziehungskraft auf das Publikum auszuüben. Auch die sich als Alternative zur Moderne begreifende Postmoderne könne es nicht bewerkstelligen, „ihre Formen so zu wollen, wie sie sind":

„Wenn wir uns postmoderne Bauwerke ansehen, wird uns so bewußt, wie leicht die Gestaltung auch hätte anders sein können, daß wir uns beschwindelt fühlen; das Arrangement wirkt gekünstelt, und wir sind unzufrieden." (11)

Hubbard weiß um Besseres: ein überzeugendes Arrangement zeichne sich „durch die wirkungsvolle Übereinstimmung seiner Form mit unseren Erwartungen" und ohne verbale Rationalisierung des „Warum" aus. Eine überzeugende Architektur habe sich „aktiv mit den Vorstellungen und Erwartungen der Menschen" auseinanderzusetzen. Ein Architekt, so Hubbard weiter, müsse die Fähigkeit besitzen, sein Publikum anzusprechen, den Stoff, den „er bearbeiten und formen müßte, wäre das Empfindungsvermögen und die Erwartung seines Publikums". Er würde mit ihnen spielen – auf ihnen spielen wie „der Schauspieler auf den Erwartungen seiner Zuschauer". Und gerade dies sei die Domäne des Konventionellen, früher bevorzugtes Arbeitsgebiet der Künstler. Dies sei nun aber verlorengegangen und damit auch die Fähigkeit, überzeugende Formen mit Anziehungskraft zu schaffen. Was Hubbard der Moderne und Postmoderne vorwirft, ist dieser Mangel an Auseinandersetzung mit dem Publikum: die Moderne habe mit dem Reiz des Unabdingbaren gespielt und es von daher versäumt zu begreifen, daß Architektur den Menschen überzeugen muß. Die elitären und populistischen Lager der Postmoderne würden die Auseinandersetzung mit dem Publikum ebenfalls meiden – erstere weil sie das Qualitätsideal der „inneren Stimmigkeit", die entwurfliche Integrität postulierten und ihnen der Drang fehle, das Publikum von dieser Stimmigkeit zu überzeugen – letztere weil sie versuchten, „dem Publikum" (einfach) alles zu geben, was es erwartet.

Das Terrain des Konventionellen nun wiederzugewinnen, ist Hubbards erklärtes Ziel. Wer jetzt erwartet hätte, Hubbard würde die Gründe erforschen, *weshalb* die Domäne des Konventionellen verlorengegangen ist, bzw. welche Umstände die Architekten der Moderne und Postmoderne davon abhielten, den „Reiz des Konventionellen" auszuspielen, sieht sich enttäuscht. Hubbard entzieht sich der Untersuchung gesellschaftlicher Rahmenbedingungen, über die wohl allein das wiederzugewinnen wäre, was mit und in ihnen auch verlorenging. Ohne Interesse an dieser analytischen Arbeit, gerade so als ob es allein eine Sache der Architekten und ihres kulturellen Rüstzeuges sei, begibt er sich ohne Umschweife auf den Weg in Richtung Ideal. Er sucht nach „passenden Modellen" für Verfahrensregeln (des Entwerfens), die die populäre Anziehungskraft der Architektur wieder sicherstellen könnten.

Zunächst werden einige Beispiele, die als Modelle einer Konvention dienen könnten, diskutiert und verworfen (der szenografische Stil des späten 19. Jahrhunderts, die Spiele, die Typografie). Hubbard kommt zu dem Schluß:
„Wir werden nur dann gegenüber den Dingen, die wir schaffen, Überzeugung empfinden, wenn wir in diesen Schöpfungen ständig neue Gründe entdecken können, sie so zu wollen, wie sie sind." (12)
Diese Forderung erfüllend, entdeckt er schließlich die Rechtsprechung als passendes Modell für die Bildung einer Konvention in der Architektur. Aus der Urteilsfindung angelsächsischer Richter, die, fortschreitend zu immer höherer Komplexität, die Veränderungen gesellschaftlicher Wertvorstellungen berücksichtigt, entnimmt er einige Verfahrensregeln, die er auf die Architektur angewandt wissen will und mit „denen ein Architekt erreichen kann, daß seine Bauten uns zur Auseinandersetzung zwingen und in uns dieses Gefühl der Überzeugung schaffen." (13)
Der kulturell autoritäre Anspruch Hubbards versucht, die seine ganze Arbeit durchziehende Unklarheit zu verdecken, *wen* es denn zu überzeugen gelte, *wer* dieses Publikum sei und um *wessen* Erwartung es denn eigentlich gehe – mal sind es „wir", ein anderes mal „die öffentliche Meinung" oder „die Menschen in ihren Gemeinsamtkeiten". Bei genauerem Hinsehen wird dann allerdings deutlich, daß mit diesem „wir" die Gruppe der Architekturkritiker angesprochen ist.
„Was wir erreichen wollen, ist die Fähigkeit, als *freie Kritiker* unserer eigenen Handlungen aufzutreten und diese Handlungen nach *unseren Reaktionen* auf die

Konsequenzen zu beurteilen, die die Handlungen wahrscheinlich nach sich ziehen." (14)
An anderer Stelle meint er, Architekten könnten nicht vor der Erkenntnis fliehen, daß ihre Arbeit nun mal nur mit der Duldung „der Menschen", i.e. der Kritiker, existiert. Wie wahr! So drängt sich der Verdacht auf, daß Hubbard wenig Interesse zeigt, gerade die außerhalb der Architektur liegenden Einflüsse in seine Überlegungen miteinzubeziehen – es werden im Gegenteil Einflüsse des Umfeldes auf die schöpferische Arbeit „bewußt" ausgeklammert. Hubbard zur Arbeit des Künstlers allgemein:
„Und obwohl Mäzenatentum, Verkaufsmöglichkeiten und momentane Umstände auf das, was schließlich die leeren Flächen füllen wird, einen Einfluß ausüben, kann doch keiner dieser Faktoren jemals eine vollständige Antwort auf die Frage geben, wie soll ich entscheiden, was zu tun ist und was nicht?" (15)
Aber gerade Einflüsse und „momentane Umstände" dieser Art sind es, die „das Publikum" außerhalb der kulturellen Elite repräsentieren könnten. Einflüsse, mit denen er sich, im Sinne seiner konventionellen Architektur, auseinanderzusetzen vorgab.
Der Realitätsgehalt seines Orientierungsmodells ist insofern eingeschränkt, als es die Bedeutung der Form nur im sozialen Kontext der Architekturkritiker diskutiert – sein Modell hat nur Orientierungswert und Gültigkeit innerhalb dieser ausgegrenzten kulturell elitären Welt. Der von Hubbard gezogene Horizont seiner Betrachtung des Alltags beschränkt sich auf der Produktionsseite auf die Welt eines autonomen Künstlers und auf der Nutzungsseite auf die Welt eines autonomen Kritikers. Im Verbund sind beide damit beschäftigt, ein nach außen hin schlüssiges, überzeugendes und möglichst unangreifbares System kultureller Konventionen zu erarbeiten, verkündet und verordnet „im Namen des Volkes", dessen Interessen nicht mit ins Bild kommen.

Harmonische Aussichten.
Christopher Alexanders „Der Zeitlose Weg"

„Der Reiz des Konventionellen" – wie muß er verblassen angesichts „des Feuers", der „wilden Freiheit", dieser „Leidenschaft", die uns überkommt, wenn wir uns „ganz lebendig fühlen"! Mit der emotionalen Kraft dieser leuchtenden Qualitäten bestrahlt Alexander als „Guru" einer „Bau- und Lebens-Power" die Schar seiner Anhänger. Kulturelle Verbindlichkeiten oder Absprachen sowie platte Rechtfertigungen sind seine Sache nicht – er greift in seiner Architektur- und Lebensphilosophie gleich zu den zeitlosen, emotional ja ungleich wirkungsvolleren Werten. Es ist eine *besondere* Qualität, die er seiner glaubenswilligen Architektengemeinde als Orientierung vorsetzt.
Er bedarf der Proselyten um so mehr, als diese Qualität sich nicht durch platte Worte erschließen läßt: sie will erfühlt und erlebt sein:

„Es gibt eine zentrale Qualität, die das Basiskriterium für das Leben und den Geist des Menschen stellt, wie für eine Stadt, ein Gebäude oder eine Wildnis. Diese Qualität ist objektiv und präzise, doch sie läßt sich nicht benennen." (16)
Läßt sich nun ihr Inhalt, wie die Bezeichnung „Qualität ohne Namen" schon andeutet, nur schwer darstellen: „Worte vermögen sie nur nicht zu fassen, weil sie präziser ist als jedes Wort . . .", so darf man sich diese Qualität doch als das vorstellen, was sich gemeinhin im Hochgefühl von Glück erfahren läßt. „Sie hat etwas von einer verschlafenen Anmut – sie ist eine subtile Art der Freiheit von inneren Widersprüchen." (17) Sie ist das Letzte und Höchste, das Lebendige, die Quelle des Lebens – letztlich das Göttliche (in der Widmung des „Zeitlosen Weges" kann man lesen: „Für Dich, Geist keines Geistes, in dem der zeitlose Weg geboren wurde"), das sich in alltäglichen Banalitäten entfalten kann, so z.B. beim nachmittäglichen Teetrinken:
„. . . gemütlich in den Polstern sitzen zu können, um Tee zu trinken, zu lesen, zu träumen." (18)
„Alle Menschen, Dinge und Plätze, die über die Qualität ohne Namen verfügen, transzendieren die Zeit. Sie sind ewig in der literarischen Bedeutung des Wortes . . . sie sind so stark, so ausgeglichen, so sehr mit sich im Einklang, daß sie kaum gefährdet, fast unvergänglich sind. Andere wiederum erreichen diese Qualität nur für Augenblicke, danach fallen sie wieder in sich zurück, überlassen sich ihren inneren Widersprüchen." (19)
Mensch und Ding sind also lebendig, in ihnen kann sich die Qualität ohne Namen entfalten, wenn sie im Einklang mit ihren inneren Kräften stehen. Diese harmonistische Grundauffassung durchzieht alle weiteren Abhandlungen seiner architektonischen Glaubenslehre. Sie führt ihn schließlich zu dem Gegensatzpaar „Einklang – Widersprüchlichkeit" als Orientierungsschema. Mit diesem fast überweltlichen Kriterium präsentiert sich dann alles „schwarz-weiß", aufgeteilt in „gut und schlecht":
„In Wirklichkeit ist aber der Unterschied zwischen guten und schlechten Gebäuden und Städten eine objektive Tatsache. Er ist genauso eine Tatsache wie der Unterschied zwischen Gesundheit und Krankheit, Ganzheitlichkeit und Zerrissenheit, Selbsterhaltung und Selbstzerstörung." (20)
Den „Zeitlosen Weg" bezeichnet Alexander als einen natürlichen Prozess, in dem sich die „Qualität ohne Namen" entfaltet. Ein Haus oder eine Stadt erhält dadurch diejenige Ordnung, die „direkt aus dem inneren Wesen des Volkes, der Tiere und Pflanzen entspringt". Sie stellt sich ein, wenn die Menschen sich frei fühlen und wenn „alle unsere Kräfte sich frei in uns bewegen können."
Die Größe, die die „Qualität ohne Namen" transportiert und die ihr zur Entfaltung verhelfen soll, ist das „Pattern". Alexander konstruiert sich damit einen Begriff, der die „Abhängigkeiten zwischen Raum und Handlung in einer klaren und unzweideutigen Weise klärt", – also die Mensch-Umwelt-Beziehung beschreibt.
„Genaugenommen ist das Pattern im Raum die Vorbedingung, Voraussetzung für das Handlungs-Pattern. Denn es stiftet das Medium. In diesem Sinne spielt es eine

fundamentale Rolle. Es erlaubt, daß sich das Handlungs-Pattern im und durch den Raum immer und immer wieder wiederholen kann, und es ist deshalb eines der Dinge, die einem Gebäude oder einer Stadt ihren Charakter verleihen." (21)
Und:
„Die konkreten Muster, aus denen ein Gebäude oder eine Stadt gemacht ist, können lebendig oder tot sein. Insofern als sie lebendig sind, lassen sie unsere inneren Kräfte frei und befreien uns; aber wenn sie tot sind, halten sie uns in innerem Konflikt gefangen." (22)
Diese Leben spendenden Patterns sind also Hybrid-Konzepte mit sozialen und physischen Anteilen. Sie werden von Alexander zu einer Sprache verbunden, der kulturell getragenen Pattern-Sprache. Diese sei, behauptet er, bedauerlicherweise mit dem Beginn der Industrialisierung zerstört worden, und zwar im wesentlichen durch die arbeitsteilige Spezialisierung, die die lebendig praktizierte und von allen geteilte Patternsprache in die Hände weniger Spezialisten legte.
An dieser Stelle ist es, ähnlich wie bei Hubbard, interessant zu beobachten, welche Schlüsse daraus von Alexander gezogen werden:
„Um wieder zu einer von allen geteilten und lebendigen Sprache zu gelangen, müssen wir zuerst lernen, wie man Pattern entdeckt, die tief sind und fähig, Leben zu erzeugen." (23)
Auch Alexander wendet sich ohne Zögern einer weiteren Beschreibung harmonisch-idealer Zustände zu, der Konstruktion und Entdeckung solcher lebendigen Patterns. Wie bei Hubbard wäre es an dieser Stelle schlüssiger gewesen, eine Analyse der Bedingungen folgen zu lassen, die die Entfaltung solch harmonischer Zustände verhindern, bzw. die die Menschen davon abhalten, ihre „inneren Kräfte frei fließen zu lassen" und diese lebendigen Sprachen zu inszenieren. Für die Orientierung wäre es weit hilfreicher gewesen, die behindernden Mechanismen zu erkennen und zu beschreiben, in die die planenden Berufe selbst im Alltag verwickelt sind. Dazu genügt es allerdings nicht, sein Augenmerk auf die „Mensch-Umwelt-Beziehungen" (Patterns) zu lenken. Erst die Betrachtung der Abhängigkeit zwischen den Menschen brächte hier weiterführende Erkenntnisse, und erst daraus ließen sich konkrete Handlungsänderungen ableiten.
Abbildungsniveau und Realitätsgehalt des alexanderschen Orientierungsversuchs sind in dem Maße eingeschränkt, in dem sie vom Wunschdenken nach einem harmonischen Ganzen durchwoben sind und sich auf die Verbindung von Raum- und Handlungsmuster beschränken, die Phänomene der Verbindung von Menschen untereinander dagegen vernachlässigen. Der von Alexander gezogene Horizont der Betrachtung des Alltags beschränkt sich auf der Produktionsseite auf die konfliktfreie Welt eines „idealen Architekturlabors", in dem die Pattern-Sprache frei entwickelt werden kann, auf der Nutzungsseite auf eine Welt harmonisierter Mensch-Umwelt-Beziehungen.
Was aber kann der Glaube an die „Qualität ohne Namen" ausrichten, wenn die Bedingungen der Beziehungen zwischen den Menschen einer Entfaltung dieser Qualität entgegenstehen?

Konfliktperspektiven.
Glenn Robert Lyms „Psychologie des Bauens"

Lym wagt den theoretischen „Sprung ins kalte Wasser" — er versucht, mit Konflikten zu arbeiten anstatt sie konzeptionell aus der Welt zu schaffen. Er verzichtet auf vorab installierte Einheitlichkeit und Harmonie und setzt stattdessen auf die Gegensätzlichkeit der im Planungsprozess aufeinandertreffenden Interessen als „Rohstoff" architektonischer Gestaltung. Genau genommen sind es die „räumlichen Ordnungen", die im Zentrum seines Orientierungsversuchs stehen. Sie lassen sich ähnlich begreifen wie die Patterns von Alexander, nämlich als soziophysische Größen, eine Art Amalgam sozialer und räumlicher Aspekte:
„. . . Planung von Umwelt realisiert tiefe, oft sublime räumliche Ordnungen oder Erwartungen über die Art und Weise, wie Raum organisiert sein soll. Diese räumlichen Ordnungen gründen sich auf das Selbstverständnis von Menschen und stellen nichts weniger dar als ihre Lebenswerte in räumlicher Form." (24)
Im Gegensatz zu Alexander jedoch erhebt Lym weder den Anspruch auf „Lebendigkeit" noch den auf „harmonische Ganzheit" oder gar „ewige Zeitlosigkeit":
„Die Annahme, daß räumliche Ordnungen als sozialräumliche Werte immer in Harmonie und Gleichklang zu stehen haben, würde uns naiv erscheinen." (25)
Lym nimmt die räumlichen Ordnungen, die an der Planung beteiligten „Rauminteressen", als gegeben hin und sieht es als seine Aufgabe an, auch solche aufzudecken, die nicht explizit gemacht werden:
„Ein guter Planungsprozess kann nicht auf die Bereitschaft des Planers verzichten, das volle Spektrum der räumlichen Ordnungen aufzudecken, die auf den Planungsprozess treffen." (26)
Außerdem entzieht er sich, im Gegensatz zu Alexander, weitgehend ihrer Bewertung; er beansprucht keine gut/schlecht-Kategorien als Kriterien, sondern orientiert sich schlicht an der Tatsache, daß im Widerspruch stehende räumliche Ordnungen im Planungsprozess vorhanden sind, ja vorhanden sein müssen.
Das führt ihn auch zur Ablehnung der „Need-Fit-Theorie", der Annahme also, daß sich klar und eindeutig umrissene Bedürfnisse ausmachen lassen, die ebenso eindeutig durch eine Gebäudeplanung erfüllbar wären. Lym beschreibt Beispiele, in denen eine schon geringe Zahl von Nutzern unterschiedliche und widersprüchliche räumliche Ordnungen in den Planungsprozess einbringen, ja wie schon „in einem einzigen Kopf" widersprüchliche Vorstellungen existieren und es von daher schlechterdings kein geradliniges Erfüllen eindeutiger Nutzerwünsche geben kann.

Was Alexander als „selbstzerstörerisch" und „krank" bezeichnet, sieht Lym als „reiche" Grundlage des Zusammenlebens. In diesem Zusammenhang ist auch seine Bewertung der Architekt-Nutzer-Beziehung interessant:
„Die Fit-Theorie geht davon aus, daß es die Aufgabe des Planers sei, wie ein Techniker die Nutzerbedürfnisse zu identifizieren, um sie dann in die neuen Bauformen zu übersetzen." (27)

Lym wendet sich gegen die Forderung, der Planer habe einfach in der Verlängerung der Nutzerwünsche zu fungieren. Zum einen sei die Annahme falsch, daß Gebäude, die nur die räumlichen Ordnungen des Architekten widerspiegeln, diese unmittelbar auf die Nutzer übertragen könnten – zum anderen weiß er Beispiele anzuführen, wie solche „Fremdordnungen" das Raum- und Selbsterlebnis der Nutzer auch fördern können:
„Das Schlechteste, was ein professionell geplantes Gebäude ausrichten kann, ist, die Ausbreitung der räumlichen Ordnungen der Nutzer zu behindern." (28)
Er weist nach, daß selbst im Haus III von Peter Eisenman, das erklärtermaßen nicht nutzungsorientiert konzipiert wurde, die Bewohner Zufriedenheit über die Möglichkeit äußerten, ihre eigenen Raumvorstellungen dort etablieren zu können (nicht zuletzt wohl ein Verdienst des großzügigen Raumangebots).
So kann Lym es sich mit seiner Konfliktkonzeption als Orientierungsmodell auch leisten, die Planer-Nutzer-Problematik weniger scharf zu formulieren. Er behauptet, daß gute Fachleute genau wie Laien dem gleichen menschlichen Prozess folgten, räumliche Ordnungen als Visionen zu benutzen, die das Bauen leiten. Er fordert jedoch, daß der Planer über seine eigenen Interessen hinauszugehen habe, um die Nutzer zu verstehen; daraus entwickelt er sein Bild eines guten Planungsprozesses:
„... gutes professionelles Bauen zeichnet sich durch eine besondere Interaktion zwischen den räumlichen Ordnungen des Planers und denen der Nutzer aus und nicht durch die Einbuße an ‚persönlichem Ausdruck' von Seiten des Planers oder Nutzers." (29)
Lym beschreibt einige Projekte unterschiedlicher Größenordnung, bei denen er gerade die widersprüchlichen und vielfältigen räumlichen Ordnungen als Gestaltungs- und Planungsgrundlage benutzt und damit genau die Umstände aufgreift, die in den selbstbezogenen und harmonisierenden Ansätzen als Störfaktoren empfunden werden.
Der Realitätsgehalt des Orientierungsmodells von Lym ist hoch, insofern die tatsächlich im Planungsprozess aufeinandertreffenden konkurrierenden Interessen zur Kenntnis genommen und abgebildet werden – wenn auch nur mittelbar, in Form räumlicher Interessen (Ordnungen), als konkurrierende sozialräumliche Werte. Lym „versinnbildlicht" sozialen Konfliktstoff und macht ihn auf der ästhetischen Ebene zum Ausgangsmaterial gestalterischer Absichten.
Darin lebt noch etwas fort von dem Geist des alten Künstlerideals, der der Architektur die Aufgabe des Ausdrucks von Ideen zuweist – hier in erweiterter demokratisierter Form: es geht nicht mehr nur um die Vorstellungen eines genialen Schöpfers, sondern auch um die Interessen anderer Beteiligter, mit dem Architekten als „primus inter pares".
Mit der Blickbeschränkung auf die räumlichen Ordnungen sieht Lym jedoch nur die „Spitze eines Eisbergs", denn die *treibenden Kräfte* in der Planung und Produktion von Gebäuden ergeben sich aus der besonderen Konstellation der Beziehungen zwischen den an der Planung beteiligten Menschen – woraus die konkur-

rierenden räumlichen Ordnungen erst resultieren! Sie sind nur der Teil des Kräftespiels, der an die „Oberfläche" gelangt und ästhetischen Ausdruck findet. Solche Voreingenommenheit gegenüber den sichtbaren, räumlich ablesbaren Konfliktaspekten verhindert, deren *Beweggründe* zu erkennen. Es muß daher gefordert werden, neben die Betrachtung von Form und Raum ein ebenso scharfes Bild von den Menschen und der Besonderheit ihrer Beziehungen zu stellen. Tatsache ist, daß, wenn immer Veränderungen in der baulichen Umwelt vorgenommen werden, das Beziehungsgefüge der Menschen in Bewegung geraten kann, wie umgekehrt Veränderungen im Beziehungsgeflecht bauliche Konsequenzen nach sich ziehen können. Die Blickbeschränkung auf die räumlichen Spuren dieser Prozesse kann diesen Zusammenhängen jedoch nicht gerecht werden.

Der von Lym gezogene Horizont in der Betrachtung des Alltäglichen beschränkt sich auf die „soziale Wertigkeit" der räumlichen Muster, ohne das diese Wertigkeit erst erklärende menschliche Beziehungsgeflecht in die Betrachtung einzubeziehen.

3 Umsicht

„Nur belehrt von der Wirklichkeit,
können wir die Wirklichkeit ändern." (30)

Ausgangspunkt der Betrachtung waren die Defizite im „Wissenspool" der planenden Berufe. Die Defizite lagen genau in den Gebieten außerhalb der eigenen Fachabgrenzung, obwohl die Planer in jene mit eingebunden und für sie mit zuständig sind: die Bereiche des Alltäglichen mit ihren sich wandelnden Bedingungen. Es ließ sich feststellen, daß offensichtlich wenig Interesse besteht, diese unbekannten Gebiete „geistig zu erobern": auf den „Inseln fachspezifischen Wissens" betreibt man Nabelschau und sinnt auf Abgrenzung. Mit diesem Verharren in einer introvertierten Haltung, dieser fachbezogenen Sichtbeschränkung verweigert man die Wahrnehmung gesellschaftlicher Veränderungen und Lernprozesse, denen man selbst unwiderruflich unterworfen ist. Die Frage, wonach und wohin sich planerische Handlungen ausrichten sollen, wird daher keine überzeugende Antwort aus fachbezogenen Überlegungen allein erhalten können. Damit ist das Problem der Orientierung angesprochen, *das* Problem nun auch gerade dann, wenn es um die Überwindung der Postmoderne geht. Es ist zunächst ein theoretisches Problem. Zum Thema Orientierung und Theorie, bzw. Funktion der Theorie hat der Soziologe Elias eine sehr treffende „Landkartenanalogie" formuliert:
„Theorien ähneln in gewisser Weise einer Landkarte. Wenn man an einem Punkte A, an dem sich drei Wege kreuzen, steht, dann kann man nicht unmittelbar „sehen", wie diese Wege weiterverlaufen; man kann nicht „sehen", ob dieser oder ob jener Weg zu einer Brücke über den Fluß führt, den man überqueren will. Eine Theorie, um es anders auszudrücken, zeigt dem, der am Fuße eines Berges steht, Zusammenhänge, die er allenfalls aus der Vogelperspektive sehen könnte." (31)

Im vorigen Abschnitt sind einige Versuche nachgezeichnet worden, von der Orientierungsproblematik her die „weißen Flächen" auf den (Land-)Karten der Architektur zu füllen – sie wurden bewertet nach dem Maß des Realitätsgehaltes ihrer Abbildungen, bzw. nach ihrem Orientierungswert. Die Autoren suchten auf unterschiedliche Weise, ihr Blickfeld zu erweitern und in ihre Modelle neben den räumlichen auch die sozialen Aspekte mitaufzunehmen: Hubbard setzte auf eine allgemein verbindliche Konvention, Alexander auf eine von allen geteilte, lebendige Pattern-Sprache und Lym auf die räumlichen Ordnungen im (sozialen) Konflikt. Bei aller Unterschiedlichkeit ist ihnen eines gemeinsam: sie zielen darauf, soziale und räumliche Aspekte in *ein* Konzept zu fassen, beide Aspekte also begrifflich zusammengefaßt zu betrachten. Die räumlichen Ordnungen Lyms sind in eine Raumkategorie gefaßte soziale Interessen; Alexanders Pattern ist ebenfalls eine Hybridkonstruktion aus Raum und Handlung; und Hubbards Architektur der Konvention basiert auf einer sozialen Übereinkunft über gültige Formen.
Angesichts der Beobachtung, daß wenn immer bauliche Fragen angesprochen werden, auch soziale Aspekte mitschwingen, erscheint es in der Tat zunächst naheliegend, beide Aspekte in einem Konzept zu verschmelzen. Wie beschrieben, ist jedoch dieses Vorgehen wenig dazu geeignet, tatsächliche Entwicklungen ins Auge zu fassen und zu erklären; es ist weit dienlicher, um eigene Ideal- und Wunschvorstellungen theoretisch zu inszenieren: der Wunsch des Architekturkritikers nach Orientierung stimuliert zur Theorie der für alle verbindlichen Konvention – der Wunsch nach einer lebendigen, ganzheitlich lebensfähigen Umwelt zur Theorie der Pattern-Language – der Wunsch, soziale Konflikte transparent werden zu lassen, zur Theorie der Baugestaltung durch konkurrierende räumliche Ordnungen.
Jeder dieser Orientierungsversuche bewegte sich in engen Grenzen, weil er das Verständnis der Hintergründe des offensichtlich als unbefriedigend empfundenen Status quo *ersetzt* durch eine Theorie, die (ohne den Versuch, diese Hintergründe zu erkennen) sogleich den Weg in eine bessere Welt zeigen will – Wünschen ersetzt Erkennen. Der Orientierungswert solcher Theorien ist in genau dem Maße begrenzt, in dem sie auf eine Wunschvorstellung zugeschnitten sind und verhindern zu sehen, *was* es zu verändern gilt (um zu einer wünschenswerteren Situation zu gelangen): die „Analyse im Sinne einer Synthese" hat mehr Wunsch- als Gebrauchswert, so wie eine mehr wunsch- als wirklichkeitsgerechte Landkarte äußerst geringen Gebrauchswert für die Orientierung im geografischen Raum besitzt.
Die Verschmelzung sozialer und räumlicher Belange in ein Konzept und die damit verbundene Vermischung von Tatsachenbezügen und Idealvorstellungen verhindern es, die konkreten Abhängigkeiten des Alltagslebens ins Bild zu rücken. Soziale und räumliche Phänomene sind eng miteinander verwoben, doch erst wenn man sie konzeptionell voneinander löst, wird das soziale Spannungsfeld erkennbar, in dem die baulichen Formen ihre Bedeutung gewinnen.

Figurationen im Alltag

Es geht um das theoretische „Kartenmaterial" der Architektur, in der eine angemessene Abbildung von Belangen der Menschen fehlt, für die und mit denen sich die Produktion und Nutzung von Gebäuden vollzieht. Für eine realitätsgetreue Abbildung ist es nun wichtig, von einer Vielzahl von Menschen auszugehen und nicht von „dem Individuum" oder von „der Gesellschaft" – denn „die Gesellschaft" ist eine Größe, die jenseits des Einzelnen steht; „das Individuum" ist ihr isoliert gegenübergestellt. Mit diesen Begriffen können die Erfahrungen im Alltag nicht adäquat beschrieben abgebildet werden. Immer stehen hier doch Menschen oder Gruppen sich selbst gegenüber. Will man Alltagsleben inhaltlich treffend beschreiben, ist es sinnvoller, die isolierenden Größen „Individuum" und „Gesellschaft" durch die Beschreibung der *Beziehungen*, die zwischen den Menschen herrschen, zu ersetzen:
„Statt von dem einzelnen Individuum her oder von gesellschaftlichen Gegebenheiten jenseits der Individuen her, gilt es von der Vielheit der Menschen her zu denken." (32)
Elias erklärt, wie sich mit dieser Perspektive die Dynamik der alltäglichen Lebenszusammenhänge begreifen läßt:
„Gerade die Tatsache, daß die anderen, wie man selbst, einen eigenen Willen haben, setzt der Eigenwilligkeit eines jeden von ihnen Grenzen, gibt ihrem Zusammenleben eine eigene Struktur und eine eigene Dynamik, die man weder verstehen noch erklären kann, wenn man jeden einzelnen Menschen für sich betrachtet; man kann das nur, wenn man von der Vielheit der Menschen, von den vielfältigen Graden und Arten ihrer Abhängigkeiten in ihrer Angewiesenheit aufeinander ausgeht." (33)
Die Vorstellung von miteinander durch Abhängigkeiten verflochtenen Menschen verbietet auch solche trennenden Betrachtungen, die sich etwa kundtun in der „Verantwortung des Architekten gegenüber der Gesellschaft" oder der „Beziehung des Künstlers zur Gesellschaft": in dem Verflechtungsmodell erscheinen Architekt und Künstler in Gruppen eingebunden – gebunden in gegenseitige Abhängigkeiten. Typische Formen dieser Verflechtung lassen sich nach Elias sehr anschaulich als „Figurationen" beschreiben:
„Der Begriff der Figuration läßt sich leicht veranschaulichen durch den Hinweis auf gesellschaftliche Tänze. Sie sind in der Tat das einfachste Beispiel, das man wählen kann, um sich zu vergegenwärtigen, was man unter einer von Menschen gebildeten Figuration versteht. Man denke an eine Mazurka, ein Menuett, eine Polonaise, einen Tango, einen Rock'n Roll. Das Bild der beweglichen Figurationen interdependenter Menschen beim Tanz erleichtert es vielleicht, sich Staaten, Städte, Familien oder auch kapitalistische, kommunistische und Feudalsysteme als Figurationen vorzustellen." (34)
Die Vorstellung sich verändernder menschlicher Verflechtungen, die Entwicklung menschlicher Interdependenzgeflechte lassen sich damit als „Figurationswandel"

bezeichnen, ein Begriff, der die Dynamik zwischenmenschlicher Abhängigkeiten beleuchtet. In diese Dynamik werden durch die zunehmende Spezialisierung in der Arbeit immer mehr Menschen stärker bei der Bewältigung ihres Alltagslebens eingebunden; sie werden in immer längeren Verflechtungsketten voneinander abhängig. (Schon ein Blick auf die Herkunft von Lebensmitteln und Gegenständen im eigenen Alltag vermittelt eine Vorstellung davon.)
Der kritische Punkt, dem alle Aufmerksamkeit gelten sollte, ist die *Zunahme* der Abhängigkeiten untereinander: die Folgen des eigenen Tuns betreffen in immer weiterem Umfang andere; und auch umgekehrt: eigene Arbeit ist in entwickelten komplexen Gesellschaften stärker auf andere gerichtet und zugleich von anderen abhängiger. Dadurch wächst die Möglichkeit wie die Gefahr, gegenseitig aufeinander Einfluß und Zwänge auszuüben. Das gilt auch für die in der „Baufiguration" zusammengeschlossenen Menschen:
„Dann spüren die Menschen verstärkt ihre Bindung an andere, auch wenn sie sich scheinbar isoliert in Gruppen oder Klassen als ‚Planer' und ‚Nutzer', als ‚Bürger' und ‚Politiker', als ‚Finanziers' und ‚Zahlenmänner', ..., als ‚Handwerker' oder ‚Bauleiter' gegenübertreten." (35)
Erst durch die Betrachtung der sich wandelnden Bezüge der Menschen untereinander, ihrer Abhängigkeiten voneinander, wird es möglich, den tatsächlichen Kräfteverlauf, in dem und durch den Architektur entsteht, konzeptionell zu erfassen und damit sowohl Orientierung für das eigene Handeln zu gewinnen als auch die Entwicklung und soziale Bedeutung von baulichen Formen zu verstehen.
Wie deren Entwicklung eingebunden ist in die Veränderungen der größeren Verflechtungszusammenhänge, versucht der Architekt Prak, in einer Fallstudie über die moderne Architektur in Holland zu erläutern. Er zeichnet eine soziale Dynamik nach, wie sie durch das Verhalten konkurrierender Gruppen innerhalb der kulturellen Elite gegen den etablierten Geschmack der ökonomischen Elite im Fluß gesellschaftlicher Entwicklung entsteht. Zunächst beschreibt er den Einfluß der großen Depression auf die Auseinandersetzungen innerhalb der Architektenelite. Die mit dem Ende des Ersten Weltkrieges, in einem Klima des Wandels, gestiegenen Hoffnungen auf eine neue Ära, ein besseres, harmonischeres Zeitalter hatten eine Vielzahl von Positionen innerhalb der Avantgarde gegen die Traditionalisten entstehen lassen. Doch nun erzwangen die ökonomischen, politischen und sozialen Probleme ein Überdenken grundsätzlicher Wertvorstellungen. Es kam zu einer Polarisierung der Positionen — entweder für eine neue soziale Ordnung oder für eine Rückkehr zur alten. Diese Polarisierung vollzog sich parallel dazu in der Architektenfiguration: die Vielzahl der Positionen wurde auf die Gegenpole von Tradition und Innovation reduziert.
Auch für die Gegenwart zeichnet Prak die Verflechtungszusammenhänge der Architekturentwicklung nach: Im Anschluß an den Zweiten Weltkrieg errang zunächst der Funktionalismus großen Einfluß; seine Altmeister und deren Schüler erhielten einflußreiche Lehrpositionen. Doch die Vulgarisierung dieser Bewegung zog mit: das moderne Formenrepertoire kam den rationalen Fertigungsinteressen

der „Bauindustrie in der Nachholphase des Krieges" sehr entgegen. Gegen diesen „Bauwirtschaftsfunktionalismus" versuchte sich die zweite Generation der „Late Modernists" mit manieristischen Variationen des Standard-Funktionalismus abzusetzen. Die nächstfolgende Avantgarde, die der Postmodernen, ist schließlich einer „Kette widersprüchlicher Impulse unterworfen". Als kulturelle Elite folgt sie der Tendenz, an eine andere, bessere Zukunft zu glauben; sie steht jedoch in einer Welt, die solche Hoffnungen kaum stützen kann. Das Abrücken der Postmodernen von ihren anfänglich funktionalistischen Anlehnungen läßt sich den aufkommenden konservativen Strömungen zuschreiben, die, vergleichbar der Situation in den 20iger Jahren, die Architekten wie alle anderen erfassen und beeinflussen. So steht die heutige Avantgarde unter dem Druck nach Veränderung, ohne an die Zukunft glauben zu können – sie antwortet darauf mit Ironie, Komplexität und Widersprüchlichkeit und einem erweiterten Gebrauch historischer Formen.

Umsicht oder: Orientierung im Figurationswandel

Die Überwindung der aktuellen baukulturellen Orientierungskrise setzt das Erkennen und Akzeptieren der Verflechtungsbindungen jeglicher eigenen Arbeit voraus. Erst das macht eine bewußte Orientierung innerhalb dieser sich wandelnden Bindungen möglich. In gleichem Zug sind die alten Architekturpositionen zu überprüfen: Das Experiment der Moderne als eine „Flucht nach vorn", das „Tonangeben", führte ins Abseits:
„Die Utopie einer vorgedachten Lebensform, die schon die Entwürfe Owens und Fouriers getragen hatte, konnte sich nicht mit Leben füllen. Und dies nicht nur wegen der hoffnungslosen Unterschätzung der Vielfalt, Komplexität und Veränderlichkeit moderner Lebenswelten, sondern auch, weil modernisierte Gesellschaften mit ihren Systemzusammenhängen über die Dimensionen einer Lebenswelt, die der Planer mit seiner Phantasie ausmessen konnte, hinausreichen." (36)
Die introvertierte Haltung des Verharrens in der eigenen elitären Welt, und sei sie auch noch so forsch (wie von Hollein) vorgetragen, kommt einem Rückzugsgefecht gleich. Wer das Ruder nicht aus der Hand geben will, ist auf eine umsichtige, „alterozentrierte" Haltung angewiesen, die mit einem wachen Auge Gefahren und Möglichkeiten des Wandlungsstromes wahrnimmt, in den die eigene Tätigkeit unwiderruflich eingebunden ist. Statt sich auf fachinterne Ideologien zu versteifen, wird es darauf ankommen, eine bislang nicht erkennbare Sensibilisierung für die Veränderungen in den Beziehungen der Menschen zueinander zu entwickeln (das beschriebene Verflechtungsmodell kann dazu als Grundlage dienen). Das Erkennen der auftretenden neuen und erweiterten Abhängigkeiten oder auch Zwänge verlangt den Ausbau des geistigen „Wahrnehmungsinstrumentariums".
Architektur „. . . ist einer der Faktoren, die im Dienste der Gemeinschaft stehen, sie hängt von dem Gleichgewicht der Gesamtheit ab und trägt ihr Teil dazu bei, dieses Gleichgewicht zu modifizieren." (37)

Dieser Satz von Gropius visiert eine solch umsichtige Haltung an, mit der in der Architektur gesellschaftliche Lernprozesse aufgegriffen und unterstützt werden könnten – Lernprozesse im Sinne des Zwang- und Spannungsabbaus zwischen den Menschen sowie zwischen Mensch und Natur.
Konkrete Beispiele für die Unterstützung dieser Lernprozesse von seiten der Architektur werden in anderen Beiträgen dieser Aufsatzsammlung vorgestellt. Offenere Konzepte im Wohnungsbau können Spannungen abbauen, die in herkömmlichen Situationen bei dem Versuch auftreten, vielfältige und andersartige räumliche (Wohn-)Ordnungen zu verwirklichen; eine Öffnung gegenüber großzügigeren Konzepten im Geschoßwohnungsbau kann Spannungen zwischen den erweiterten Ansprüchen auf Lebensqualität und der reduzierten Verfügbarkeit von Grund und Boden abbauen helfen; die Öffnung gegenüber der Gefühlswelt anderer Menschen kann zur baulichen Verankerung und Stützung auch anderer Identitäten als der der Architekten führen und bestehende Spannungen zwischen Planer und Nutzer abbauen helfen.
Diese offenere, umsichtigere Haltung, die die eigene Position in einen sozialen und natürlichen Kontext unentrinnbar eingebunden begreift und in einem „Wir", in einem ganzheitlichen Rahmen, denkt, gerät jedoch nicht zuletzt durch die gegenwärtigen Kämpfe um die „Chancen der Arbeit" immer wieder in Bedrängnis. Das unterstützt die Neigung, den Blick doch auf die alten, fachinternen Ideologien zu fixieren: immer noch beruft sich der „Diplom-Ingenieur" im Architekten gerne auf die enge Sicht der Maschinenideologie, die die Lebenszusammenhänge in eine technisierende Terminologie zwängt. Immer noch vertritt der „Künstler" im Architekten gerne die Perspektiven einer am „schönen Schein" arbeitenden Dekorationsbewegung. Zwei Seelen wohnen in einer Brust – unversöhnt und nebeneinander –, jede befangen in einem Aspekt der Fachwelt, jede unerfüllt in ihrem Bestreben nach Teilwerten und jede unfähig, noch zu fassen, „worum es eigentlich geht".
Die von Alexander beschworene „Freiheit von inneren Widersprüchen" ist dieser gespaltenen Berufsseele als Ideal schon kaum noch bekannt.
„Erst mit den Spannungen *zwischen* den Menschen, mit den Widersprüchen im Aufbau des Menschengeflechts können sich die Spannungen und Widersprüche in den Menschen mildern." (38)
Das Bauen ist am „Aufbau des Menschengeflechts" mitverantwortlich. Eine Haltung der „Umsicht" kann in seinem Einflußbereich mit dazu beitragen,
„... daß der einzelne Mensch jenes optimale Gleichgewicht seiner Seele findet, das wir so oft mit großen Worten wie Glück und Freiheit beschwören ..." (39)

Anmerkungen

(1) K.E. Boulding, The Image, Knowledge in Life and Society, . . . 1956.
(2) N.L. Prak, Architects: the Noted and the Ignored, . . ., S. 93 (Übers.: Verf.).
(3) B. Preusler, Walter Schwagenscheidt, . . . S. 146.
(4) H. Hollein, Absolute Architektur, in: Conrads, U., Programme und Manifeste zur Architekten des 20. Jahrhunderts.
(5) N.L. Prak, a.a.O., S. 79.
(6) J. Habermas, Moderne und Postmoderne Architektur, in: Die andere Tradition, Architektur in München von 1800 bis heute, . . . S. 14.
(7) N. Elias, Notizen zum Lebenslauf, in: Macht und Zivilisation, . . . S. 68.
(8) B. Preusler, a.a.O, S. 147.
(9) N. Prak, a.a.O., S. 92.
(10) W. Hubbard, Architektur und Konvention, . . . S. 9.
(11) A.a.O., S. 11.
(12) A.a.O., S. 54.
(13) A.a.O., S. 94.
(14) A.a.O., S. 8.
(15) A.a.O., S. 9.
(16) Chr. Alexander, The Timeless Way of Building, . . . S. 9 (Übers.: Verf.).
(17) Chr. Alexander, Der Zeitlose Weg, in: Arch + 73, S. 16.
(18) A.a.O., S. 17.
(19) A.a.O., S. 18.
(20) A.a.O., S. 16.
(21) A.a.O., S. 22.
(22) Chr. Alexander, The Timeless Way of Building, . . . S. 101.
(23) A.a.O., S. 243.
(24) G.R. Lym, A Psychology of Building, . . . S. 96 (Übers.: Verf.).
(25) A.a.O., S. 96.
(26) A.a.O., S. 97.
(27) A.a.O., S. 96.
(28) A.a.O., S. 81.
(29) A.a.O., S. 68.
(30) B. Brecht, Die Maßnahme, Berlin, 1930, Zit. in: Benevolo, L., Geschichte der Architektur des 19. und 20. Jahrhunderts, Bd. 2, S. 128.
(31) N. Elias, Was ist Soziologie?, . . . S. 177.
(32) N. Elias, Notizen zum Lebenslauf, in: Macht und Zivilisation, . . . S. 68.
(33) A.a.O., S. 69.
(34) N. Elias, Über den Prozeß der Zivilisation, Bd. I, . . . S. LXVIII.
(35) B. Preusler, a.a.O, S. 145.
(36) J. Habermas, ebd.
(37) W. Gropius, Architect, Servant or Leader? in: Benevolo, L., Geschichte der Architektur des 19. und 20. Jahrhunderts, . . . Bd. 2, S. 66.
(38) N. Elias, Über den Prozeß der Zivilisation, Bd. II, . . . S. 453.
(39) A.a.O., S. 454.

Literatur

Alexander, Christopher
- The Timeless Way of Buildung Oxford University Press, New York, 1979
- A Pattern Language Oxford University Press, New York, 1977

Benevolo, Leonardo
- Geschichte der Architektur des 19. und 20. Jahrhunderts Band 2, dtv, München, 1982

Boulding, Kenneth, E.
- Ihe Image, Knowledge in Life and Society The University of Michigan Press 1956

Elias, Norbert
- Über den Prozeß der Zivilisation, Band 2 Suhrkamp, Frankfurt, 1976
- Was ist Soziologie? Juventa, München, 1981
- Engagement und Distanzierung Suhrkamp, Frankfurt, 1983

Gleichmann, P., *Goudsblom*, J., *Korte*, H.
- Macht und Zivilisation Suhrkamp, Frankfurt, 1984

Habermas, Jürgen
- Moderne und Postmoderne Architektur, in: Die andere Tradition, Architektur in München von 1800 bis heute, Katalog zur Ausstellung, Callwey, München, 1982

Hubbard, William
- Architektur und Konvention, Bauwelt Fundamente, Nr. 65 Vieweg, Braunschweig, 1983

Lym, Glenn Robert
- A Psychology of Building Prentice Hall, Englewood Cliffs, N.J., 1980

Prak, Niels, L.
- Architects: the Noted and the Ignored Wiley & Sons, New York, 1984

Preusler, Burkhard
- Walter Schwagenscheidt DVA, Stuttgart, 1985

Corippo/Tessin.
„... bei dem Landschaft, Material,
Funktion und Bauweise
zu einem disziplinierten Eins werden"

Gert Kähler

Regionalismus ist kein Stil

Versuch der Annäherung an einen Begriff, der sich im Verlauf der Untersuchung als untauglich erweist (1)

I

„Als ich den Winter 1801 in M . . . zubrachte, traf ich daselbst eines Abends, in einem öffentlichen Garten, den Herrn C. an, der seit kurzem, in dieser Stadt, als erster Tänzer der Oper, angestellt war, und bei dem Publiko außerordentliches Glück machte. Ich sagte ihm, daß ich erstaunt gewesen wäre, ihn schon mehreremal in einem Marionettentheater zu finden, das auf dem Markte zusammengezimmert worden war, und dem Pöbel, durch kleine dramatische Burlesken, mit Gesang und Tanz durchwebt, belustigte. Er versicherte mir, daß ihm die Pantomimik dieser Puppen viel Vergnügen machte, und ließ nicht undeutlich merken, daß ein Tänzer, der sich ausbilden solle, mancherlei von ihnen lernen könne".
In der kleinen Dialog-Erzählung „Über das Marionettentheater" von Heinrich von Kleist, deren Anfang hier zitiert wird, wird am Beispiel von Tänzer und Marionette über den Unterschied zwischen „bewußt" und „unbewußt", zwischen „Kultürlichkeit" und „Natürlichkeit" räsoniert: dem unbewußten, naiven, spontanen Handeln eigne eine natürliche Schönheit, die dem anderen, dem durch das Bewußtsein gefilterten, nicht erreichbar sei; wir hätten seit dem Sündenfall die Unschuld verloren, etwas richtig, im Einklang mit uns und dem Kosmos, zu tun.
Auf die Architektur bezogen, kann man sagen: das fällt in der Tat immer mehr Menschen auf. Immer mehr haben das Empfinden des „Unbehausten" in den doch immer besser ausgestatteten Wohnungen, gewinnen in unseren Städten keine Identität, haben keinen „Ort", keine Orientierung. Das Bauen als quasi-natürlichen, also selbst-verständlichen Vorgang gibt es in unseren Kulturregionen nicht mehr; es wurde durch Architektur ersetzt (oder – das macht ja unsere Städte kaputt – durch Un-Architektur). Die moderne Architektur, so wird pauschal behauptet, sei gebaute Darstellung von Entfremdung; die Charta von Athen, genommen als städtebauliches Rezept, fordere das gar ausdrücklich mit der Trennung verschiedener Funktionsbereiche, die die Fülle ganzheitlichen Seins auf Funktionen reduziere.
Die Reaktion darauf ist verschieden: der einfache Geist flüchtet in Nostalgie und Kitsch, der fortgeschrittene, architektonisch gebildete denkt über Formen des Re-

Corippo/Tessin.
„Was in früheren Zeiten eine aus bestehenden Bindungen
entwickelte Notwendigkeit war..."

gionalismus nach, der intellektuelle schließlich erfindet die *Post*moderne. Allen ist die Ablehnung der Moderne gemeinsam, soweit sie architektonisch sichtbar wird. Besonders die architektonische Richtung, die seit einigen Jahren als „Regionalismus" oder gar „Neuer Regionalismus" bezeichnet wird, verfolgt dabei das Ziel, die „verlorene Unschuld" wiederzuerlangen: zurück zum Einfachen, Ortsangepaßten, Vertrauten, zurück zum „menschlichen Maßstab", zum *genius loci*, kurz: zum kosmischen Einverständnis zwischen Mensch und Bau. Sie wird von den einen – Klotz oder Jencks – in den großen Topf der Postmoderne gestopft und von anderen eher als Gegenbewegung zu dieser (wie auch zur modernen Architektur) gesehen.

Damit aber verfangen wir uns schon in den ersten Fußangeln einer babylonischen Sprachverwirrung. Sie wird uns noch beschäftigen, wobei nicht die sprachliche Verwirrung das Problem ist, sondern die inhaltliche Verwirrung, die dahinter steht: welcher Architekt wird schon zugeben, er negiere den *genius loci* oder baue gegen den Menschen, der vorzugsweise zum Nutzer degradiert auftritt? *Danach* wären sie alle Regionalisten.

Da das nicht weiterhilft, soll hier versucht werden, verschiedene Richtungen dessen zu unterscheiden, was zu pauschal als „Regionalismus" bezeichnet wird. Alle diese Richtungen unterscheiden sich ihrerseits aber von vornherein vom anonymen Bauen in den verschiedenen Regionen, vom selbstverständlichen ländlichen oder dörflichen Bauen, bei dem Landschaft, Material, Funktion und Bauweise zu einer Einheit werden, in der sich so die Übereinstimmung von Mensch, Um-Welt und Bedeutung zeigt. „Der Kreis ihrer Bewegungen ist zwar beschränkt", sagt Kleist von der Marionette – von der Architektur müßte es heißen: der Kreis ihrer Formen –, „doch diejenigen, die ihnen zu Gebote stehen, vollziehen sie mit einer Ruhe, Leichtigkeit und Anmut, die jedes denkende Gemüt in Erstaunen setzen".

Dorthin wollen sie zurück, die Regionalisten, und können es doch nicht; aus dem „Bauen in der Region" ist der „Regionalismus" geworden. Was in früheren Zeiten eine aus bestehenden Bindungen entwickelte *Notwendigkeit* war, läßt sich heute nicht ungestraft simulieren, sondern wird zur *formalen* Entscheidung. Die Bindung an ein vorhandenes Material, bei Fehlen eines anderen, ließ aus dem internationalen Stil der Gotik eine regionale Backsteingotik entstehen, obgleich der Stil dem vorhandenen Material geradezu aufgezwungen werden mußte. Die Bindung an klimatische Gegebenheiten bestimmte die Lage eines Hauses, den Anschlag von Fenstern oder auch die Lage von Räumen im Grundriß.

Diese Bindungen sind heute nicht mehr vorhanden; damit wird die Wahl des Materials, der Konstruktion oder der Dachform zur primär formalen Entscheidung. Und zur allgemeinen Verfügbarkeit von Technik und Material kommt noch – und das ist schlimmer! – die ubiquitäre Verwendbarkeit von Formen hinzu. Was heute von den Protagonisten unter den Architekten entwickelt und veröffentlicht wird, wird im nächsten Wettbewerb banalisiert und übermorgen von jedem gebaut.

Das alles ist nicht neu; die Klagen hört man seit Jahren. Die Reaktion darauf ist inzwischen interessanter als die bekannte Ursache. Ich unterscheide (ich sprach ja

schon von der Sprachverwirrung) zwischen immerhin vier verschiedenen „Regionalismen", zwischen vier unterschiedlichen „Annäherungen an die verlorene Unschuld".

II

Zunächst – und schlechtestens – geht es um eine Architektur, die überall „regionalistisch" auftritt, koste es was es wolle: Mauerziegel, meist rot und nur vorgeblendet, Erker, Dachgaube und Lochfassade, Sprossenfenster, betonte Leibungen, möglichst Kupferdach (die Bezeichnung „Abkupfern" bekommt eine ganz neue Bedeutung). Muß man noch sagen, daß das Dach niemals flach ist? Ein Betonsturz hat da schon fast etwas Obszönes.

Mit zusammengebissenen Zähnen wird hier Gemütlichkeit gebaut, das wollen wir doch mal sehen! Daß diese Architektur der Bauherrenmodelle und der Stadtresidenzen mit einem rechtverstandenen ortsbezogenen Bauen nichts zu tun hat, daß sie das gerade Gegenteil davon ist, muß wohl kaum betont werden. Diese Neue Deutsche Putzigkeit – leider stammt der Begriff nicht von mir – will mit bestimmten, immer gleichen Formen „Anheimelndes" evozieren; mit einem abstrakten Begriff von Landschaft und einem ebenso abstrakten von Region soll „Heimat" inszeniert werden.

Das wäre keiner Worte wert, wenn es nicht so verlogen *und so erfolgreich wäre*. Hier werden schamlos die trivialen Mythen der Menschen ausgebeutet: der Traum vom einfachen Leben, von der heilen Welt wird zum Gegenstand marktgerechter Analysen und, darauf aufbauend, „stilvoller" Architektur. Nur ja keine Auseinandersetzung mit der unheilen Gegenwart, wo doch die Vergangenheit so schön war, als wir noch alle säend über die Äcker stapften: das ist gebaute Reaktion, sie verstärkt die gesellschaftliche.

Hannover.
„... läßt sich heute nicht ungestraft simulieren,
sondern wird zur formalen Entscheidung"

Hamburg.
Wohn- und Geschäftshaus.
„Diese Neue Deutsche Putzigkeit will
‚Anheimelndes' evozieren"

Hillingdon/Großbritannien.
Civic Centre.
Architekten: Matthews + Partner.
„Mit eisern zusammengebissenen Zähnen
wird hier Gemütlichkeit gebaut..."

Cadenazzo/Tessin. Wohnhaus.
Architekt: Mario Botta
„... eigene Welten, die, eben weil sie eigene Welten sind,
auf die Umgebung Einfluß nehmen".

Balerna/Tessin. Handwerkshof.
Architekt: Mario Botta.
„In einer Umgebung, die ‚keine Form' hat,
baut er kraftvolle Orte,
auf die Bezug genommen werden kann"

Um es deutlich zu sagen: die Kritik richtet sich nicht gegen den Wunsch der Menschen nach einer heilen Welt. Im Gegenteil ist die Suche nach dem verlorenen Paradies, ganz im Kleistschen Sinne, ein notwendiger Bestandteil menschlichen Handelns, wie verloren, wie verschüttet der Impuls auch sein mag. Das Paradies aber ist die Utopie, zu der wir hingelangen müssen, nicht der Fluchtpunkt vor der Gegenwart. Diese Architektur aber stellt das schon erreichte Paradies dar – deshalb ist sie verlogen; sie stellt die aufgehobene Entfremdung dar, die doch nicht aufgehoben ist.

III

Architektur ist (ich folge hier Gedanken von Christian Norberg-Schulz) die Festlegung der Identität des Ortes. Der Mensch macht „Welt" zur „Um-Welt" durch Architektur, zur auf ihn bezogenen Um-Gebung. Orientierung und Identifikation sind die Begriffe, mit denen die Inbesitznahme, die Vertrautmachung mit dem Ort beschrieben wird. In der gegenwärtigen Architektur, die sich mit der Frage nach dem ortsgebundenen Bauen explizit auseinandersetzt, gibt es zwei Annäherungen daran; beide haben ihre grundsätzliche Berechtigung: eine Architektur, die Orte baut, eine andere, die an einem Ort baut. Diese Unterscheidung hat Mario Botta getroffen – und sich für erstere entschieden: ist er doch ein Architekt, der in einer zersiedelten und zerstörten Landschaft wie dem Tessin baut.
In einer Umgebung, die „keine Form" hat, baut er kraftvolle Orte, auf die Bezug genommen werden kann. Wie ein Punkt auf einem weißen Blatt Papier aus einer amorphen Fläche den Ansatz für eine Gliederung schafft – in der Architektur am deutlichsten in der ägyptischen Pyramide: die ganz künstliche Form gegen die gestaltlose Wüste gesetzt –, so schafft ein Botta eigene Welten, die, eben *weil sie eigene* Welten sind, auf die Umgebung Einfluß nehmen.
Damit ist noch nichts darüber gesagt, in welchen architektonischen Formen das geschieht. Das Schaffen des gebauten Ortes muß nicht notwendig gegen die Umgebung geschehen; auch Botta bezieht lokale Traditionen ein. Trotzdem unterscheidet sich das schon im Ansatz von jener anderen Architektur, die den *vorhandenen genius loci* aufzuspüren sucht, die sich anpassen, einfügen, unauffällig sein will. Beide Annäherungen sind grundsätzlich berechtigt; sie sind es aber nicht in jedem Fall, sie sind nicht beliebig verwendbar. Ihre Wirksamkeit und ihre Berechtigung hängen von der Kraft des Ortes ab, der vorhandenen Eigenständigkeit der Umgebung. Die Frage ist nicht theoretisch zu klären, nicht ein-für-alle-Mal: die Ägypter haben sie für sich beantwortet – beim Grabmal des Gott-Herrschers. Anpassung an die Umgebung, die Standardforderung derer, die den Regionalismus mit dem Herzen betreiben, aber kann sich nicht in der Anpassung an eine mittelmäßige Umgebung erschöpfen. Soll ich mich an die Architektur der Neuen Städte anpassen, wenn ich dort baue? Oder ist Anpassung nur dann „gut", wenn man sich an Altes anpaßt? Die mittelmäßige Anpassung an Mittelmäßigkeit schafft nicht den

◁ *Seite 85:*
München. Studentenwohnungen
im ehemaligen Olympischen Dorf.
„... die Identifikation mit seiner gebauten Umwelt
zu erleichtern"

Newcastle/Großbritannien.
Wohnquartier Byker.
Architekt: Ralph Erskine.
„Der ‚Ort' entsteht durch die Menschen,
die dort wohnen..."

gebauten Ort – aber den verfehlt auch das ständige Auftrumpfen des Architektenkünstlers, sein „seht, wie einmalig ich bin", das zur Kraftprotzerei wird.

IV

Eine eigene Art des „einen Ort Bauens" ist das, was Blomeyer/Tietze in ihrer kunterbunten Sammlung von Texten, die angeblich alle „in Opposition zur Moderne" stehen, als „Neuen Regionalismus" bezeichnen. Sie fassen damit die Versuche zusammen, über die Teilnahme der Bewohner am Entwurfs- und Bauprozeß ein größeres Maß an Identifikation mit dem Ort zu erreichen: es gelte, den „Gestaltungswillen aller am Prozeß des Bauens Beteiligten, Architekten, Ingenieure, Nutzer wie Bauarbeiter, zu einem qualifizierten Bestandteil des Bauprozesses zu machen" (2); es gehe dem Neuen Regionalismus darum, „auch die anonyme Architektur und die mittelmäßige Entwurfspraxis wieder soweit zu qualifizieren, daß sie es wert sind, in die Kulturgeschichte des Bauens einzugehen" (3).
Das ist bemerkenswert unpräzise gesagt (und wohl auch gedacht); man kann sich genüßlich darüber lustig machen: ich sehe schon die Auseinandersetzung zwischen dem Bauherrn und dem Bauarbeiter, wenn dieser ersterem seinen „Gestaltungswillen" klarmachen will (bezeichnenderweise kommt der Bauherr, der Geldgeber, in der Aufzählung auch gar nicht vor!). Was aber (hoffentlich) gemeint ist, trifft sich mit einer spezifischen Annäherung an die „verlorene Unschuld der Architektur"; es bezieht sich auf die inzwischen zahlreichen Versuche, dem Bewohner über die Beteiligung am Entstehungsprozeß eines Gebäudes die Identifikation mit seiner gebauten Umwelt zu erleichtern, ihm „Orientierungshilfen" zu geben, die es ihm möglich machen, ein „Etwas" als „Sein" zu begreifen: gebauter *„genius loci"*. Die Hausgötter hätten einen Ort gefunden.
Das beste Beispiel dieser Architektur ist immer noch Ralph Erskines Wohnquartier „Byker" in Newcastle-upon-Tyne. Es ist *nicht* das Ergebnis einer Bestandsaufnahme ortsüblicher Formen; sie ist *nicht* das Ergebnis von Mitbestimmung im Entwurfsprozeß. Diese Architektur ist, selbst wo sie vorgibt, auf Umweltbedingungen zu reagieren – hier als Schutzwall gegen den Lärm der Eisenbahn und einer (bis heute nicht gebauten) Stadtautobahn und, wem das noch nicht reicht an funktionaler Begründung, auch als Wehr gegen die kalten Nordwinde –, durchaus das Ergebnis formaler Entscheidungen des Architekten. Aber: die ständige Information der betroffenen Bewohner und das Eingehen auf deren Wohnwünsche schufen gleichzeitig ein soziales Klima, das die Identifikation mit dem Ort erleichterte. Und die Architektur mit ihrem diskreten Charme des Unvollkommenen, des Anfaßbaren, baute keine Schwellen zum Bewohner auf. Sie ist nicht das Ergebnis von Mitbestimmung, sondern sie *stellt* die Beteiligung der Bewohner *dar*: die „‚partizipatorische' Architektur von Byker ist ein Stil, ist eine Formensprache, ist aber nicht Spiegelung einer partizipatorischen Realität" (4), wie Heinrich Klotz zu Recht feststellt. Das aber entspricht der eigentlichen Aufgabe des Architekten; er

Newcastle/Großbritannien.
Wohnquartier Byker.
Architekt: Ralph Erskine.
„Die Architektur mit ihrem diskreten Charme
des Unvollkommenen, des Anfaßbaren..."

ist nicht Erfüllungsgehilfe scheindemokratischer Abstimmungen verschiedener (und verschiedenartiger) Baubeteiligter über gestalterische Fragen. Der „Ort" entsteht durch die Menschen, die dort wohnen – die Architektur von Byker macht es ihnen leicht.

V

Die bisher genannten Spielarten dessen, was unter dem weiten Mantel des Regionalismus Platz findet, zeigen, wie unpräzise der Begriff ist; dabei ist noch gar nicht behandelt, was man zunächst mit dem Begriff assoziiert. Regionalismus, regionalistisches Bauen – das heißt doch auf den ersten Blick: so bauen, daß das Gebaute in die jeweilige Umgebung paßt – mit gestalterischen Mitteln, die aus der Umgebung entwickelt wurden.
Die Definition ist besser, als ihre Banalität vermuten läßt. Sie läßt nämlich offen, ob es sich um eine städtische oder ländliche Umgebung handelt. Es haftet ja dem Begriff des Regionalistischen immer noch ein Stallgeruch vom Bauernhof an. Die romantische Vorstellung, aus den Bedingungen der Architektur des ländlichen Bauens Rezepte für das Bauen in der Stadt gewinnen zu können, entstammt der gleichen Quelle wie die Architektur der „Dachgaubenromantik" (W. Pehnt), wenn sie auch weniger verlogen, sondern eher blauäugig-naiv ist. Auch Architekten werden sich langsam klar machen müssen, daß der subventionsgenährte EG-Bauer von heute nicht per se ein besserer, weil natürlicher lebender Mensch ist (bezeichnenderweise wird ja auch nicht dessen heutige Behausung zum Vorbild erkoren, sondern die seiner Ahnen aus vorindustrieller Zeit. Dabei tun sie beide das Gleiche: sie bauen unter äußerster Ökonomie in funktionaler wie finanzieller Hinsicht).
Die normale Aufgabe ist heute das Bauen in städtischer Umgebung. Für sie wird man andere Lösungen finden müssen als für das freistehende Einfamilienhaus in unberührter Landschaft. Und das ist um einiges schwieriger. Der Begriff jedoch – Regionalismus – müßte auch auf die städtische Architektur anwendbar sein, wenn er überhaupt inhaltliche Bedeutung behalten soll.
Schwieriger ist die Erfüllung der Forderung nach dem „Regionalismus in der Stadt" deshalb, weil die Merkmale der Umgebung (bis in die gesellschaftlichen hinein) nicht so eindeutig bestimmbar sind wie die des ländlichen Bauens. In der Stadt potenziert sich die Komplexität verschiedener Einflußgrößen und macht die Bestimmung dessen, was als „Umgebung" zu gelten hat, zur Gleichung mit mehreren Unbekannten: eine *Straße* ist, meist, das Konglomerat aus Bauten mehrerer Jahrhunderte, vielleicht nur durch gleiche Traufhöhen gehalten; Stadt*viertel* unterschieden sich, vielleicht, früher durch soziale Abgrenzungen, die sich auch in der Bauweise ausdrückten (Arbeiterviertel gegen Westend) – heute gibt es weder die gleiche Schichtung von Klassen, noch wäre sie in den Vierteln intakt: die Bürgersöhne und -töchter besetzen die Arbeiterwohnung. Um die Problemstellung auf die Spitze zu treiben: die Bewohner von Berlin-Kreuzberg sind zu 30% Türken. Kann ich denen

Bonn. Stadthaus.
Architekten: Heinle, Wischer + Partner.
„... dann wären unsere Städte
ja ganz richtig,
weil zeitgemäß wiederaufgebaut worden!"

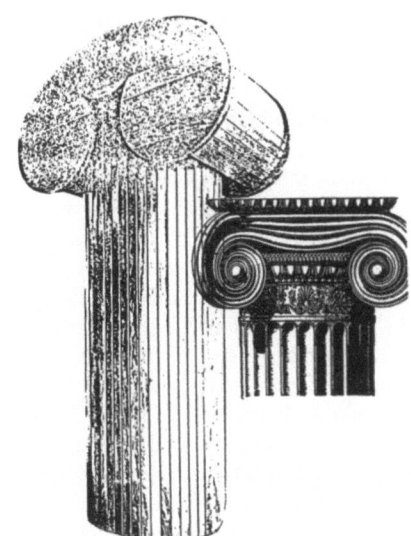

Montage für ein Titelblatt der Zeitschrift
„Baumeister" (Callwey).
„... stellen Veränderungen als Weg dar:
von der Säule der Griechen
bis zu der Venturis"

zumuten, eine Baulücke im — leicht modernisierten — Stil der Gründerzeit, des Arbeiterwohnbaus des 19. Jahrhunderts, zu schließen? Was tue ich durch diese Architektur ihrer kulturellen Identität an? Kann ich aber, umgekehrt, türkisch in Berlin bauen? Und kann ich den spekulativen und ausbeuterischen Arbeiterwohnbau des späten 19. Jahrhunderts für die heutigen Arbeiter instandsetzen?

Die gern und häufig vorgetragene Forderung nach „Anpassung an die Umgebung" erweist sich als bestenfalls unüberlegte Floskel, solange diese nicht näher definiert wird.

Denn schließlich: Was ist mit der *Stadt* selbst, mit ihrem Charakter, auf den einzugehen wäre? Wo gibt es denn heute noch die Stadt mit dem spezifischen Bautyp, auf den Bezug genommen werden könnte? Welche Stadt zwischen Duisburg und Neumünster, zwischen Ingolstadt und Ludwigshafen hat denn noch unverwechselbaren Charakter? Sicher, sie sind unterschiedlich — aber wie kann ich das als Architekt umsetzen?

Trotzdem können wir auf die Forderung nach dem Eingehen auf den Ort, nach der Schaffung von Identität nicht verzichten, wenn die Welt für uns Umwelt werden soll. Die positive Beantwortung der Frage aber, wie das zu erreichen sei, bringt mich in die gleiche Verlegenheit wie andere vor mir: nämlich die, sich in allgemeinen Floskeln zu ergehen. Natürlich ist es richtig, daß das heutige Bauen auch in der alten Umgebung sich der neuen, der *zeitgemäßen* Formen bedienen soll. Aber was sind denn heute zeitgemäße Formen? Wer definiert sie? Sind es immer noch das gute, alte Flachdach, die Übereckverglasung, der kristalline, weiße Kubus der Zwanziger Jahre, das Bauen mit Stahl und Glas? Dann wären unsere Städte ja ganz richtig, weil ganz zeitgemäß, wieder aufgebaut worden!

Oder sind es, im Zeichen der Postmoderne, die ironische Säule, das Quadrat als Wille und Vorstellung, der frakturierte Giebel? Auf die Gefahr hin, als unseriös zu gelten: diese sind es zumindest eher, weil ihnen eine Qualität eignet, die die anderen Formen nicht hatten. Sie zeigen nicht das übergangslose Anders-Sein, das keine Erinnerung an das Vorher zulassen will, sondern sie stellen Veränderung als Weg dar: von der Säule der Griechen bis zu der Venturis.

Die Postmoderne, genauer: der postmoderne Klassizismus hat allerdings mit einer anderen Schwierigkeit zu kämpfen, nämlich mit der Schlüssigkeit des dargestellten ‚Manierismus'. Kleist, unser Gewährsmann auch darin, schreibt dazu (und er nennt den Manierismus „Ziererei"): „Ziererei erscheint, wie Sie wissen, wenn sich die Seele (vis motrix) in irgendeinem anderen Punkte befindet, als in dem Schwerpunkte der Bewegung. (. . .) Sehen Sie nur die P . . . an (. . .), wenn sie die Daphne spielt, und sich, verfolgt von Apoll, nach ihm umsieht; die Seele sitzt ihr in den Wirbeln des Kreuzes; (. . .) Sehen Sie den jungen F. an, wenn er als Paris unter den drei Göttinnen steht, und der Venus den Apfel überreicht: die Seele sitzt ihm gar (es ist ein Schrecken, es zu sehen) im Ellenbogen."

Indes: wir sind hier an einem zentralen Punkt angekommen mit der Frage nach der Darstellung von Veränderung: nämlich der nach dem Verhältnis zur Vergangenheit. Identität und Orientierung in der gebauten Umwelt setzen ja Vertrautheit mit ihr voraus. Diese wiederum erwächst aus Beständigkeit, aus Kontinuität. Die Herstellung von Kontinuität in der Architektur – das also wäre die Aufgabe? Und die einfachste und naheliegendste Antwort: dann bauen wir doch gleich wieder so wie früher?

Leider trägt die Antwort nicht weit genug. Quinlan Terrys Häuser an der Hauptstraße eines kleinen Ortes in Ostengland mögen im Stadtbild nicht als neu erkannt werden – und das mag an jenem Ort, mit jenen Bauherren richtig sein, weil beide sich in den letzten hundert Jahren kaum verändert haben. Aber auch nur deswegen. Da unsere übrige Welt nicht die „um 1800" geblieben ist, weder baulich noch ge-

Dedham/Großbritannien. Wohnhaus.
Architekt: Quinlan Terry.
„. . . das mag an jenem Ort,
mit jenen Bauformen richtig sein,
weil beide sich in den letzten Jahren
kaum verändert haben"

Marne-la-Vallée/Frankreich.
Palacio d'Abraxas.
Architekt: Ricardo Bofill.
„. . . die Seele sitzt ihm
(ein Schrecken, es zu sehen)
im Ellenbogen"

sellschaftlich, müssen wir andere Antworten finden, wenn wir Architektur nicht nur als Kulisse, sondern als Ausdruck eines Lebenszusammenhanges begreifen wollen.

Julius Posener hat 1968 in einem seiner schönsten Aufsätze, dem über „Apparat und Gegenstand" („Tänzer" und „Marionette", wir sind immer noch in der Nähe Kleists), geschrieben: „,Heimat schafft, wer die Welt des Bekannten erweitert'. Das wichtige Wort hier ist ‚erweitert': wer nur Bekanntes vorzeigt – das steile Dach also, den Fensterladen –, der erweitert die Welt des Bekannten nicht. Es wird sich darum handeln müssen, unsere Umwelt so zu formen, daß man vom Bekannten auf das Neue schließen kann." (5)

Vom Bekannten auf das Neue schließen: die Erinnerungen der Menschen als Bezugspunkt von Architektur; aber – und das halte ich für das Entscheidende – „Das sind allerdings niemals Bilderinnerungen (...). Die ‚Erinnerungen', welche die neuen Strukturen aufrufen sollten, sind anderer Art, sind bildlos." (6) Ich möchte das ein wenig modifizieren; ich sage lieber: sie können bildlos sein; sie sind nicht von den Bildern des Bekannten, von den althergebrachten Formen abhängig.

Hier, spätestens, ist der Punkt erreicht, an dem man eigentlich die Bezeichnung „Regionalismus" ersetzen muß. Denn der Begriff enthält zuviel von der Sehnsucht nach der ländlichen Idylle, als daß er für neue Formen wirklich offen sein könnte (und das zeigt sich allzu häufig am gebauten Ergebnis). Man sollte ihn durch die Formulierung „ortsgebundenes Bauen" ersetzen. Die Verschiedenartigkeit der Annäherung an den Ort wird darin zum Begriffsmerkmal.

Zwei Beispiele sollen die Bandbreite zeigen, den *genius loci* zu erfassen und gleichzeitig die Geschichte des Ortes fortzuführen in die jeweilige Gegenwart hinein: der Massenwohnungsbau der Zwanziger Jahre in Wien und Hamburg (7). Das eine ist kein Regionalismus im Sinne einer Anpassung an das traditionelle Bauen der Region, das andere wird fälschlich darunter gefaßt – beide aber sind sind nur an ihrem Ort „richtig".

In Wien suchte eine der ästhetischen Richtungen die Auseinandersetzung mit bestimmten Bauten der Vergangenheit: der Reumannhof oder der Karl-Marx-Hof treten in direkte Konkurrenz zum Schloß Schönbrunn, der Karl-Seitz-Hof greift das Halbrund der Hofburg auf; Farben, Formen der Herrschaftsarchitektur seiner k.u.k. Majestät werden in schlichter, reduzierter Form auf den Wohnbau für Arbeiter übertragen. Jedem Bewohner mußten die Widersprüche klar werden: Formen aus imperialer Zeit, aber Minimalwohnungen im 7. Stock ohne Aufzug; andererseits der prächtige Schloßbau, der normalen Sterblichen unzugänglich war. Das Begreifen der Widersprüche sollte zu der Erkenntnis führen, welche politische Wandlung *für das Volk* hier stattgefunden hatte: der prächtige Bau für den einen wird als Bautyp zum Wohnbesitz der Masse.

Ein politischer Inhalt wird architektonisch artikuliert – so, daß er *nur in Wien* verstanden werden kann, denn nur dort standen die Vorbilder. Die Bezeichnung „Regionalismus" will schwerlich passen angesichts dieser Architektur. Aber gibt es eine stärker auf einen bestimmten Ort bezogene, an ihn gebundene Architektur?

*Wien. Maßstabsvergleich
Schönbrunn – Karl-Marx-Hof.
„Einerseits der prächtige Schloßbau,
der normalen Sterblichen unzugänglich blieb,
auf der anderen Seite
der einfache Bau, der jedem zugänglich war"
Zeichnung von D. Brandenburger*

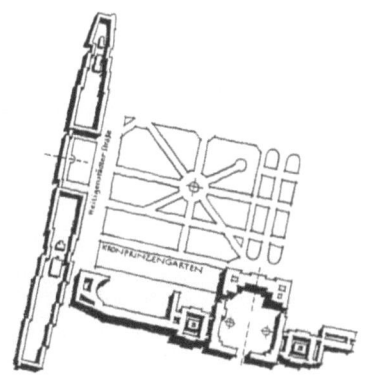

*Wien. Karl-Seitz-Hof.
Architekt: H. Gessner, 1926.
„Formen der Herrschaftsarchitektur
seiner k.u.k. Majestät werden
in schlichter, reduzierter Form
auf den Wohnbau für Arbeiter übertragen"*

Hamburg.
Gebäude der Finanzdeputation.
Architekt: Fritz Schumacher, 1918—26,
„Die Formen und Bautypen
waren städtisch"

Hamburg. Wohnungsbau
aus den späten Zwanziger Jahren.
„Hamburg wieder einen eigenen
baulichen Charakter zurückerobern"
(Fritz Schumacher)

Das andere Beispiel ist der Hamburger Wohnungsbau der gleichen Zeit, der eine völlig andere Annäherung an den Ort findet. Zunächst: diese Annäherung an den Ort, nicht eine politische Aussage ist das Ziel; „Hamburg wieder einen eigenen baulichen Charakter zurückzuerobern" nannte Schumacher als Grund dafür, im einheitlichen Material praktisch die gesamte Bauleistung jener Zeit ausführen zu lassen. Tatsächlich aber knüpfte der Backstein gar nicht beim *ortsüblichen* Material an — das war im 19. Jahrhundert ganz überwiegend der Putzbau —, sondern beim *regionalen*, dem des ländlichen Bauens des norddeutschen Raumes.

Eine artikulierte Gegenposition zur Zeit vorher also auch in Hamburg, und eine Position, die das ländliche Bauen als sentimentale Vorstellung auf die Metropole zu übertragen schien. Aber das schien nur so. Denn die Formen und Bautypen waren städtisch — bei aller Bandbreite der stilistischen Ansätze.

Wien und Hamburg beziehen zu einer bestimmten Zeit eine Gegenposition zur architektonischen Situation vorher. Und sie formulieren die neue Stellungnahme so, daß sie dem Bewohner verständlich wurde, weil sie — wie sagte Posener — „die Welt des Bekannten erweiterte"; sie formulierten sie mit neuen Mitteln, die die alten „bildlos erinnern lassen".

Aber das eigentlich Bemerkenswerte dabei ist: beide Städte wählen völlig andere formale Zugriffe, ihr Ziel zu erreichen. Der Bezugspunkt für das, was ich das ortsgebundene Bauen nenne, ist also offenbar nicht von ausschlaggebender Bedeutung für die Verwirklichung — Erskine bezieht sich (zumindest in seiner funktionalen Begründung) auf den geografischen Ort, auf klimatische Bedingungen; der Wiener Gemeindewohnungsbau griff Architekturformen der Vorkriegszeit auf — und nicht solche etwa des Wohnungsbaus, sondern der Herrschaftsarchitektur! —; der Hamburger versuchte die Annäherung über das typische Baumaterial einer Region. Ein anderer Bezugspunkt schließlich wäre die bauliche Gestalt der unmittelbaren Umgebung selbst.

VI

Ich habe versucht, über die Beschreibung dessen, was alles heute als Regionalismus verstanden werden kann, zu der notwendigen Schlußfolgerung hinzuführen, die im Titel behauptet wird. Dabei zerfiel der Begriff immer mehr; wir mußten erkennen, wie viele Entwurfsansätze sich darunter erfassen lassen. Dabei konnten die Ansätze nur in der Theorie getrennt werden; tatsächlich hält sich die architektonische Wirklichkeit nur selten an die Schubladen, in die sie der Theoretiker stecken möchte.

Die Vielfalt der Erscheinungsformen jedoch belegt den Wahrheitsgehalt des Titels: Regionalismus *ist* kein Stil, solange dieser auch formale Kohärenz bedeutet — wenn aber der „Regionalismus" als Stil aufgefaßt wird, dann ist er kein Regionalismus. Die Mittel zur Annäherung an den Ort sind verschieden; sie sind abhängig vom Ort selbst und vom Architekten. Die Annäherung jedoch ist notwendig im Prozeß dessen, was wir als Schaffung von Kontinuität durch Bauen bezeichnet haben. Das Neue Bauen hat dieses Ziel verfehlt (gerechterweise muß man sagen: es hat es sich auch nie gesetzt), weil sein Bezugspunkt die Maschine war, die dem Menschen dienende: die Maschine aber hat keinen Ort; ihre Austauschbarkeit, die Unabhängigkeit ihres Funktionierens von ihrem Standort ist ihr Wesensmerkmal.

Nicht: an jedem Ort das Gleiche zu bauen, wie es in der Logik des Neuen Bauens lag, sondern: ganz gleich, wo, *den* Ort zu bauen, muß das Ziel der Architektur nach dem Neuen Bauen sein. Dabei dessen unzweifelhafte Errungenschaften nicht zu verlieren, sondern sie fortzuentwickeln – vom sozialen Engagement bis zu den grundrißlich räumlichen Erfindungen –, das kennzeichnet heute die gelungene „Annäherung an den Ort". Unter diesem Aspekt wird sie von der Postmoderne weitgehend verfehlt.

Das Paradies als Utopie, die Harmonie des anonymen Bauens als Ziel alles dessen, was sich Regionalismus nennt – so hatten wir gesagt, und so findet es seine Berechtigung: der -ismus als notwendiger Schritt zum eigentlichen Ziel. Es ist der Schritt, den wir gehen können – wohl wissend, daß wir das Ziel nicht erreichen werden. Nicht Sisyphos – der Stein rollt nicht den Berg hinab; der Berg ist nur – nur! – unendlich hoch. Unser *Bewußtsein* von der Qualität des selbstverständlichen Bauens versperrt uns den Weg dorthin. Aber wir können auf das Bewußtsein nicht verzichten, wir können keine künstliche Naivität bauen, obwohl wir wissen – nachdem Kleist es uns gesagt hat –, „daß in dem Maße, als in der organischen Welt, die Reflexion dunkler und schwächer wird, die Grazie darin immer strahlender und herrschender hervortritt" – die Grazie, die in der Architektur das Selbstverständliche des Bauens hervorruft. Kleist schließt seine Erzählung mit folgenden Sätzen:
„‚Doch so, wie sich der Durchschnitt zweier Linien, auf der einen Seite eines Punkts, nach dem Durchgang durch das Unendliche, plötzlich wieder auf der andern Seite einfindet, oder das Bild des Hohlspiegels, nachdem es sich in das Unendliche entfernt hat, plötzlich wieder dicht vor uns tritt: so findet sich auch, wenn die Erkenntnis gleichsam durch ein Unendliches gegangen ist, die Grazie wieder ein; so, daß sie, zu gleicher Zeit, in demjenigen menschlichen Körperbau am reinsten erscheint, der entweder gar keins, oder ein unendliches Bewußtsein hat, d.h. in dem Gliedermann, oder in dem Gott.'

‚Mithin', sagte ich ein wenig zerstreut, ‚müßten wir wieder vom Baum der Erkenntnis essen, um in den Stand der Unschuld zurückzufallen?'

‚Allerdings', antwortete er; ‚das ist das letzte Kapitel von der Geschichte der Welt'."

Corippo/Tessin.
„. . . müßten wir wieder vom Baum
der Erkenntnis essen, um in den Stand
der Unschuld zurückzufallen?"
(Heinrich von Kleist)

Anmerkungen

(1) Gekürzte Fassung eines am 27. 11. 1984 gehaltenen Habilitationsvortrags.
(2) G.R. Blomeyer, B. Tietze: In Opposition zur Moderne, Braunschweig/Wiesbaden 1980, S. 17.
(3) a.a.O., S. 18.
(4) H. Klotz: Moderne und Postmoderne. Architektur der Gegenwart 1960–1980, Braunschweig/Wiesbaden 1980, S. 17.
(5) J. Posener: Aufsätze und Vorträge 1931–1980, Braunschweig/Wiesbaden 1981, S. 158.
(6) a.a.O., S. 162.
(7) Siehe dazu ausführlich: Kähler, G.: Wohnung und Stadt. Hamburg–Frankfurt–Wien. Modelle sozialen Wohnens in den zwanziger Jahren. Braunschweig/Wiesbaden 1985.

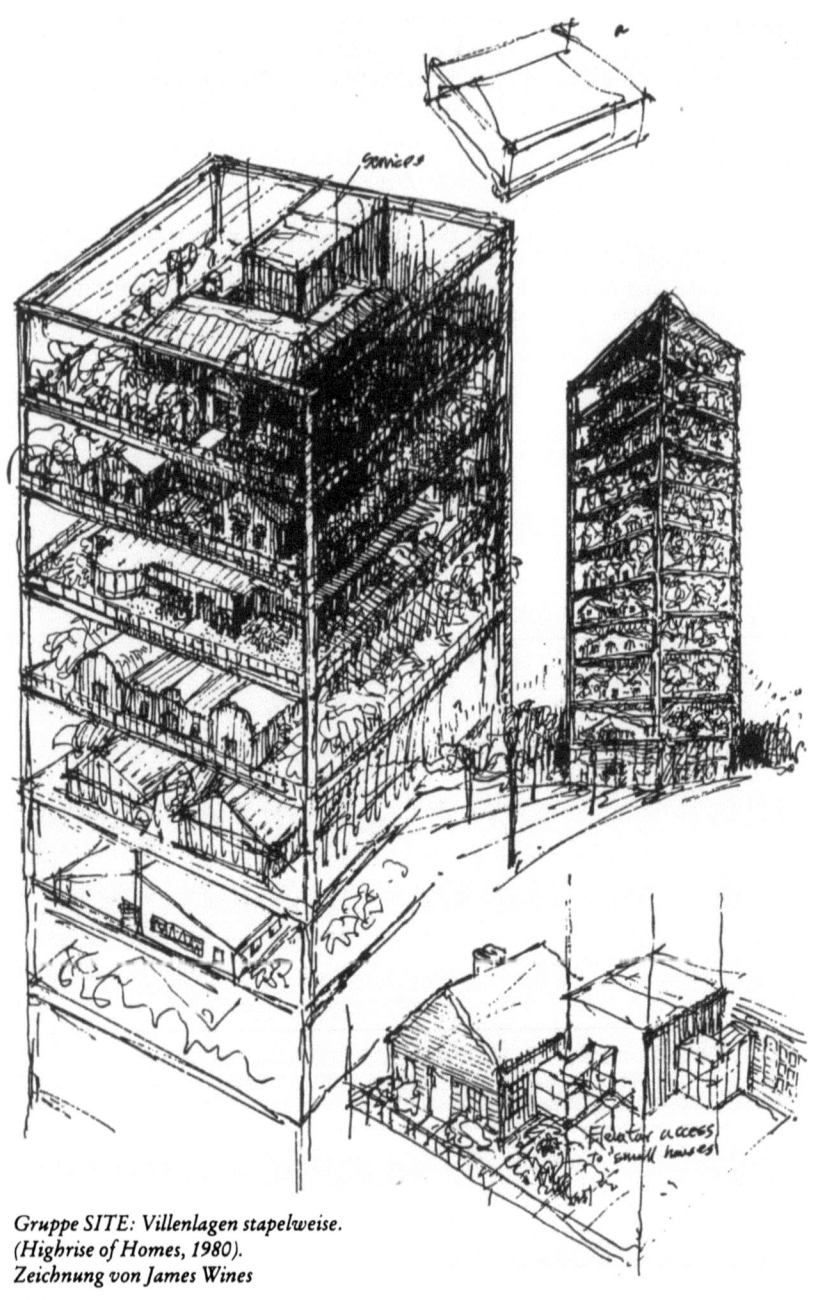

*Gruppe SITE: Villenlagen stapelweise.
(Highrise of Homes, 1980).
Zeichnung von James Wines*

Klaus-Dieter Weiß

Grenzenloses Wohnen: zwischen Wohnung, Haus und Stadt
Wege zur Befreiung der städtischen Etage

pro villa, contra architecturam?

Geschichte und Fortentwicklung des Wohnungsbaus handeln trotz vieler gegenteiliger Darstellungen nur scheinbar von „Wohnungen". Kaum jemand begeistert sich für ein „Haus" der darin enthaltenen Wohnung wegen. Andererseits tröstet auch eine noch so perfekte Wohnung nur selten über Unzulänglichkeiten des „Hauses" hinweg.

Die beiden Häuser, von denen hier die Rede ist, unterscheiden sich in einem für den Bewohner sehr wesentlichen Punkt. Das eine enthält eine, höchstens zwei Wohnungen (sonst fehlte, statistisch gesehen, jeder Grund für „Begeisterung"), das andere umfaßt mehrere oder gar viele Wohnungen (sonst fehlte es an prinzipiellen „Unzulänglichkeiten"). Das eine gilt als Inkarnation eines glücklichen und zufriedenen Privatlebens, das andere – wenig geliebtes Vehikel einer Zwangsgemeinschaft – wird in seiner Eigenschaft als „Haus" gar nicht wahrgenommen.

> Für diejenigen, die in großen Mietshäusern mit vielen Parteien leben, stellt das Wohnhaus keine Kategorie dar; für diejenigen, die in Ein- oder kleineren Mehrfamilienhäusern leben, ist das gesamte Haus Gegenstand der Betrachtung, nicht die Wohnung im engeren Sinne.
> Felicitas Lenz-Romeiss, 1977 (1)

> Das Miethhaus wechselt seine Einwohner und seinen Eigenthümer, wie die Ware den Besitzer; es hat keine vertraulichen, man könnte sagen, seelischen Beziehungen zu den Bewohnern. Es muß Allen passen, auf Eigenartiges verzichten. Die Bewohner lieben nicht ihr Haus; sie sorgen nur für die von ihnen benutzten Theile desselben.
> Joseph Stübben, 1890 (2)

Zwar setzen sich beide Häuser aus identischen Komponenten zusammen (Wohn-, Neben-, Grün-, Wirtschafts- und Spielflächen). Aber im einen Fall entsteht aus den Einzelkomponenten ein komplexes, vernetztes System, das über die bloße Addition der Einzelelemente hinausgeht und – begünstigt durch seine unmittelbare Einbindung in den öffentlichen Raum – eine Struktur höherer Ordnung entstehen läßt. Im anderen Fall bleibt es bei der schlichten Organisationsstruktur voneinander getrennter spezifischer Einzelbereiche. Diese wiederum sind nur über gesonderte und damit ebenfalls eindimensionale Verkehrselemente miteinander verbunden, die, Sackgassen des städtischen und gesellschaftlichen Lebens, selbst in dieser Form versagen müssen.

> Was die Verhältnisse in einer Massengesellschaft für alle Beteiligten so schwer erträglich macht, liegt nicht eigentlich, jedenfalls nicht primär, in der Massenhaftigkeit selbst; es handelt sich vielmehr darum, daß in ihr die Welt die Kraft verloren hat, zu versammeln, das heißt zu trennen und zu verbinden.
> Hannah Arendt, 1981 (3)

> Ein Haus muß wie eine kleine Stadt sein, oder es ist kein rechtes Haus; und eine Stadt muß wie ein großes Haus sein, oder sie ist keine rechte Stadt.
> Aldo van Eyck, 1959 (4)

M.R. Auzelle: Ölsardinen-Wohnen

Die mangelnde Vernetzung, die Christopher Alexander auf städtischer Ebene — „Eine Stadt ist kein Baum" (5) — bereits vor zwanzig Jahren beklagte, zum gleichen Zeitpunkt, als Alexander Mitscherlich sich in ähnlicher Zielsetzung gegen die „Unwirtlichkeit unserer Städte" (6) wandte, führt innerhalb der Versorgung mit Wohnraum zu erheblichen, vor allem aber vermeidbaren Disparitäten, die dem sozialen Anspruch einer „freiheitlichen Demokratie" zuwiderlaufen.

U.E. gibt es ein gleiches Recht für alle Menschen, entsprechend ihren Bedürfnissen und ihren Möglichkeiten aus der Privatsphäre herauszutreten und autonom am öffentlichen Leben teilzunehmen. Wenn man erklärt, was damit gemeint ist, zeigt sich, daß diese Forderung nicht ganz subjektiv ist und auch nicht Produkt einer speziellen Ideologie. Vielmehr herrscht über den Inhalt dieser Forderungen abstrakt ein weitgehender Consensus. Allerdings sind die konkreten Folgerungen im Hinblick auf die Kritik an bestehenden Bauformen und im Hinblick auf Veränderungen der städtischen Umwelt nicht selbstverständlich.
Hans Paul Bahrdt, 1974 (7)

Über die bestehenden sozialen und soziokulturellen Differenzierungen hinaus ist es der Dualismua zwischen „Haus" (= Einfamilienhaus) und „Wohnung" (= Etagenwohnung), der über seine räumlichen Bedingungen die Chance eröffnet oder verschließt, sich autonom in seine Umwelt einzuordnen und von ihr individuell Besitz zu ergreifen.
Die Abbildungen zeichnen die Kritik am allzu einseitigen Verständnis von Geschoßwohnungsbau als Additionsprinzip privater Wohnzellen — in Ermangelung der noch nicht geschriebenen Geschichte des Wohn-Hauses — exemplarisch bis in die Gegenwart nach. Drei Entwicklungslinien belegen die Regelhaftigkeit der gestellten Diagnose unabhängig von Zeit, Ort und Gebäudetyp, obwohl auf die verschrieenen Mahnmale des Massenwohnungsbaus hier ausdrücklich verzichtet wird. Der Weg von der Privatheit der Wohnung zur Öffentlichkeit von Straße und Stadt führt in jedem dieser, wie unzähliger weit weniger anspruchsvoller anderer, Beispiele durch das Niemandsland eines formal und funktional minimierten Verkehrselements. Auch große Namen und kleine Projekte sind aussagekräftige Zeugen für die Normalität von Treppe und Podest, die nur deswegen nicht als Abnormität gilt, weil Abweichungen von der Regel den Bewohnern kaum bekannt sind bzw. weil der Fluchtgedanke an das (vermeintlich) autonome Wohnen im eigenen Haus die Realitäten des Wohnungs-Baus überstrahlt. Das Versagen städtischen Wohnungsbaus wird vom Bewohner bereitwillig umgemünzt in das Eingeständnis, auf dem Weg in das allein rettende und seligmachende Einfamilienhaus (aus finanziellen Gründen) selbst versagt zu haben. Eine Annäherung von Traum und Wirklichkeit auf der Ebene der Etage gilt als utopisch, wird nicht nachgefragt und also, den Marktmechanismen gemäß, auch nicht angeboten.
Auf wie schlimme Weise sich der Traum vom Einfamilienhaus in der Realität auch oft genug darstellt, es dokumentiert sich in ihm ein Meinungsbild, das quantitativ schwer genug wiegt, um — immer noch — nach seinen Ursachen zu fragen.

*Die Erschließungselemente –
Treppe, Podest und Gang –
blieben bei aller Fortschrittlichkeit
innerhalb der Wohnungen
von austauschbarer Belanglosigkeit.*

*Vom Historismus...
bis zur Postmoderne*

z.B.:
Henry Roberts, London 1848
Eugène Viollet-le-Duc, Paris 1861
Otto Wagner, Wien 1881
Frank Lloyd Wright, Chicago 1895
Auguste Perret, Paris 1902
Antoni Gaudi, Barcelona 1905
Peter Behrens, Entwurf 1920
Michel de Klerk, Amsterdam 1920
Henri Sauvage, Paris 1922
Kay Fisker, Kopenhagen 1923
Johannes Duiker, Den Haag 1926
Karl Elm, Wien 1927
Ludwig Mies van der Rohe, Stuttgart 1927
Walter Gropius, Karlsruhe 1928
Otto Haesler, Kassel 1929
Arne Jacobsen, Kopenhagen 1930
Guiseppe Terragni, Mailand 1934
van den Broek/Bakema, Hengelo 1950
Candilis/Woods/Josic, Bobigny 1957
Oswald Mathias Ungers, Köln 1959
Alvar Aalto, Porvoo 1966
Faller/Schröder/Frey, Marl 1967
Ralph Erskine, Helsinki 1981
Ricardo Bofill, Paris 1981
OMA, Amsterdam 1983
Gustav Peichl, Wien 1984
Rob Krier, Wien 1985

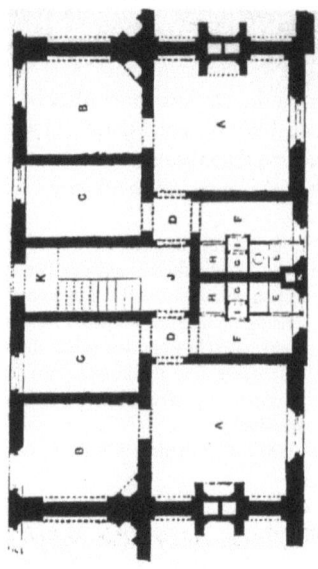

Henry Roberts, London 1848
Rob Krier, Wien 1985

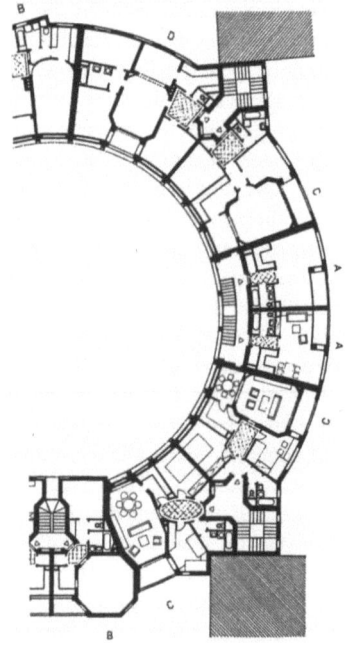

Von 1826 bis 1982...
zum Beispiel in Berlin

z.B.:
Karl Friedrich Schinkel, 1826
Carl Wilhelm Hoffmann, 1847
Alfred Messel, 1894
Hermann Muthesius, 1909
Bruno Taut, 1925
Erich Mendelsohn, 1926
Heinrich Tessenow, 1928
Hugo Häring, 1929
Fred Forbat, 1930
Walter Gropius, 1955
W. Luckhardt / H. Hoffmann, 1955
Hans Scharoun, 1956
Egon Eiermann, 1960
Frei Otto, 1964
Josef Paul Kleihues, 1971
Jürgen Sawade, 1978
Hinrich/Inken Baller, 1980
Richard Meier, 1980
Rob Krier, 1980
Oswald Mathias Ungers, 1981
Raimund Abraham, 1982
Bruno Reichlin / Fabio Reinhart, 1982
Aldo Rossi, 1982

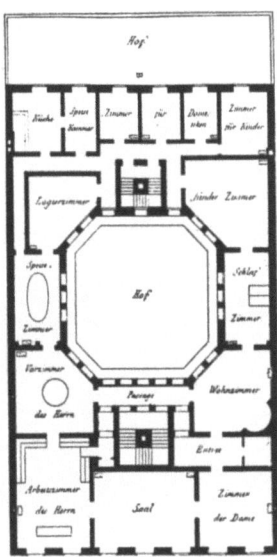

K.F. Schinkel, Projekt 1826

Aldo Rossi, Berlin 1984

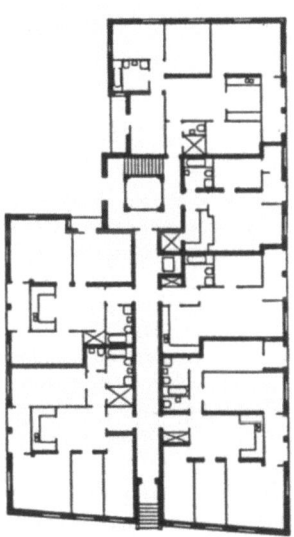

Höhenflüge des postmodernen Formenrepertoires.
Aber Rückgrat bleibt nach wie vor
das Treppenhaus der Mietkasernenzeit.
Wohnungsbau am Fraenkelufer, Berlin.
Architekten Hinrich und Inken Baller

Das in Massen ohne Architekten errichtete, viel geschmähte „deutsche Einheitshaus"
stellt den ungelenken, aber rationalen Versuch dar, selbstbestimmt zu leben.
Christoph Hackelsberger, 1984 (8)

... das private, gegen die unkalkulierbare Außenwelt abgeschirmte Heim ist Leitbild der
gesamten Gesellschaft, das viele freilich nur sehr unvollkommen, manche gar nicht realisieren können, das aber die Maßstäbe für die private Lebensführung wie auch die Wohnungspolitik setzt. In dem privatisierten Heim führt man mit der engeren Familie eine
Gruppenexistenz in eigener Regie.
Hans Paul Bahrdt, 1979 (9)

Die plumpe Anbiederung an des Bausparers Lieblingskinder hieße allerdings, eine
aus Entscheidungsnot geborene Vorliebe mit einer zwischen echten Alternativen
getroffenen, begründeten Auswahl verwechseln. Denn für das Publikum löst sich
die Unterbringungsfrage auf denkbar einfache Art. Je nachteiliger sich die Stapelware des Massen-„Wohnungs"-Baus ausnimmt, desto vorteilhafter stellt sich das
„Hausen" auf eigene Faust dar. Eine Apothekerwaage vor Augen, scheinen weni-

ger die Qualitäten des Einfamilienhauses den Ausschlag zu geben als vielmehr die „schwerwiegenden" Nachteile der Geschoßwohnform, die ihre extreme Gegenposition in den Himmel hebt. Die Wahl zwischen Haus und Wohnung erfordert unter diesen Prämissen wenig Bedenkzeit und kaum Entscheidungshilfen (ein Blick auf die eigene Vermögenslage reicht im Grunde aus).
Ein Haus schafft Autonomie, eine Wohnung engt ein. Ein Haus symbolisiert Eigenständigkeit und angesichts der realisierten Luftschlösser – welche Ironie! – Individualität; die Wohnung bleibt dem gegenüber nur Notbehelf und Massen-Haft. Eine Konkurrenz der beiden extremen Wohnformen ist auf der Nachfrageseite längst kein Thema mehr (war es vielleicht nie), ganz gleich ob es sich auf der einen Seite um einen Traum aus dem Katalog und auf der anderen Seite um ein Unikat aus Architektenhand handelt. So plädiert die Gunst des Publikums nicht nur „pro villa", sondern auch gegen die prachtvollen Monumente, die grandiosen und spektakuilären Perspektiven zum Ansehen, zum „Konsumieren" (10), mit anderen Worten „contra architecturam". Durch die Dominanz von Fertigprodukten und Katalogarchitekturen bzw. von Halbfertigfabrikaten und dem Mut zur Selbsthilfe auf

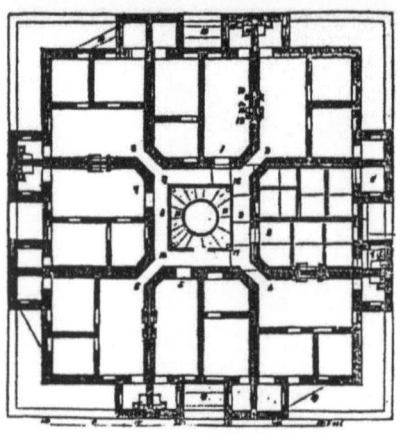

*Arbeiterwohnheim,
London 1818*

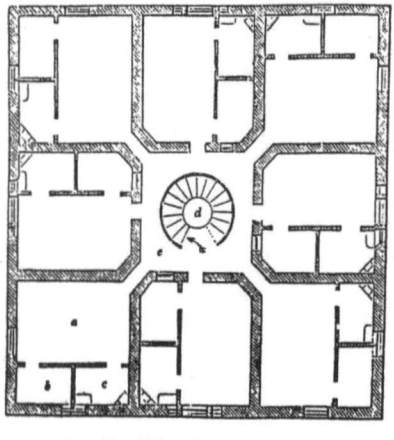

*Englischer Arbeiterwohnungsbau,
1843*

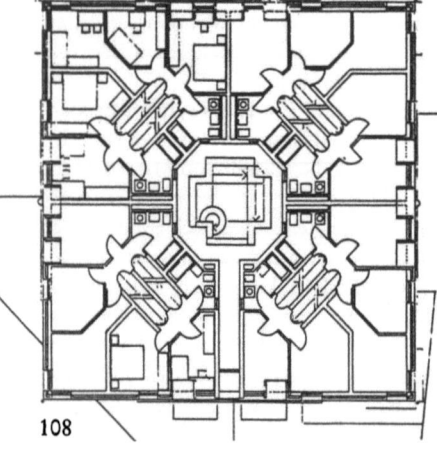

*Mehrfamilienhaus
von Schneider-Wessling,
Berlin 1984*

der einen Seite des Wohnungsmarktes resultiert aus der „Liebe auf den ersten Blick" des Publikums in zunehmendem Maße auch eine deutliche Aversion gegen die sich notgedrungen auf Wohnungsbau zurückziehende Architektenleistung. Die gebauten Erwiderungen der Experten auf diese Herausforderung geben sich im entscheidenden Punkt viel zu konventionell und erfordern lange theoriebeladene Diskurse, um in allen Nuancen ihrer „Fortschrittlichkeit" überhaupt deutlich zu werden.

Ein Wohnungssuchender betritt mit Frau und Kindern die über die Zeitung angepriesene Mehrfamilienvilla: „Natürlich kein Hochhaus, schon wegen der Kinder – und aus Prinzip (was sollen die befreundeten Häusle-Bauer von uns denken?). Die Umgebung ist auch ganz schön. Viel Grün, und die Straße ist nicht allzu laut." Der Hausverwalter öffnet die Haustür, schimpft pflichtschuldigst über einige Schlampereien wie die uneinheitlichen Namensschilder an den Klingeln der Haustür, mangelhafte Türvorleger vor den Wohnungszugängen, immer wieder übersehene Schmutzstellen und das Parkproblem der Kinderwagen ... („da lohnt es sich gar nicht, das Problem der Gardinen auch nur anzugehen!"). Unerbittliches Durchgreifen wird angekündigt. Geführt von der schlüsselrasselnden Respektsperson („zum Glück wohnt der zwei Häuser weiter"), erreicht man die zweite Etage ("wie hier ankommen mit zwei Kindern und dem Wocheneinkauf?"). Erleichterung über die solide Kohlabstinenz der Mitbewohner in spe wird durch einen jähen Klavierakkord torpediert. Ein Seitenblick des Vorstehers kontrolliert deutlich die Wirkung; der offensichtliche Treffer wird umgehend mit erhobener Stimme abgewiegelt: „Ganz zugängliche Leute, man wird sich sicher einigen!!" (sein Blick senkt sich auf die beiden Kleinen). „Die Wohnung ist – wie schon der Aufstieg – den vorher besichtigten sehr ähnlich. Der lupenreinen Einfallslosigkeit des Treppenhauses entspricht die kleinliche Konvention der Zimmer – wozu sich das überhaupt noch ansehen? (Kurzer Tagtraum: Wenn schon kein Haus, dann vielleicht eine großzügige Altbauwohnung, selbst renoviert?). Der Freibereich bekommt für seine Größe Pluspunkte, aber der Blick nach unten ernüchtert. (Am Ende waren wir hier schon mal? – Ob man gleich morgen noch einen Bausparvertrag abschließt? Der Termin ist immerhin günstig. Andere haben es ja auch geschafft...)."

So tendenziös diese Schilderung auch ist, wer hätte nicht schon ähnliches erlebt? In welchem Mehrwohnungshaus ließe sich diese Geschichte nicht anschaulich nachvollziehen? Gilt die Kritik von Alexander Mitscherlich – an anderem Standort – nicht nach wie vor?

> Wer etwa in einer neuen Stadt eine Wohnung sucht und dabei im Laufe der Zeit vierzig oder fünfzig besichtigt, dem werden die Prozesse, die diese Behausungsgebilde hervorgebracht haben, immer unverständlicher.
> Kaum eine Wohnung, die nicht die primitivsten Mängel, sei es des Grundrisses, sei es der Ausgestaltung, sei es von beidem aufzuweisen hätte. Es werden Hunderttausende von Wohnungen gebaut, das hat aber merkwürdigerweise nicht, wie bei Massenartikeln sonst,

zu einer Durchrationalisierung, zu vereinheitlichten, aber klugen und bequemen Wohnformen geführt, sondern zu einer chaotischen Vielfalt unzureichender Lösungen, und zwar so unzureichend, daß man es ohne Anschauungsunterricht nicht glauben möchte.
Alexander Mitscherlich, 1968 (11)

Modische „Gesichts"-Punkte der Architektur werden demgegenüber nur von Experten genossen. Der Architekt: „Eine variiert additiv fortsetzbare Fassade prägt den Entwurf. Das Haus selbst hat zwei grundsätzlich verschiedene Fronten. Die Straßenseite: streng, ruhig, hellblaue glatte Obergeschosse mit Lisenen über grauem, gröberem Putzsockel. Die Fensterleibungen sind schräg angeschnitten, die Mitte des Hauses wird von einem flachen auf einer Säule stehenden Erker bestimmt. Die Rundsäulen sind mit Zinkblech ummantelt. Die Hofseite: bewegt, weiß, ohne Sockel, ohne Lisenen, durch Verandentürme charakterisiert. Die Erschließung des Hauses, ein Dreispännertyp . . ." (12)

Das erinnert bedenklich an den Schokoladenüberzug der Mietskasernen.

Sie (die Planer, K.-D. W.) treiben mit den Bewohnern ein hinterlistiges Spiel. Vorgeblich deren hohe und würdevolle gesellschaftliche Stellung berücksichtigend, garnieren sie vor allem die auffälligsten Partien der Gebäude reichlich mit Verzierungen. Darüber hinaus jedoch tun sie nichts, um die Wohnbedingungen zu verbessern . . . Nur selten wird dieser Schwindel, der dahin geht, enge Räume mit baukünstlerischem Pomp zu verbinden, von Beobachtern entlarvt.
Gilles Barbey, 1984 (13)

Das Thema, die umfassendere Auseinandersetzung mit der Wohnung, ist bekannt, man erinnere sich an CIAM 1933 und die beißende Kritik der 60er Jahre. Nur wird es viel zu selten als Problem gesehen (die Entscheidungsträger wohnen anders?).

Das architektonische „Produkt" liefert heute nur technologische oder ästhetische Ergänzungen zu bekannten Formen der Inbesitznahme des Raums, ohne diese Formen jemals in Frage gestellt zu haben. Mit einem Wort: wenn wir ein vollständiges Programm für die Investierung unseres intellektuellen, wissenschaftlichen und technischen Potentials zur sinnvollen Gestaltung unseres Alltags erarbeiten wollen – was letztlich Aufgabe der Architektur ist –, müssen wir uns nicht nur von bestimmten Modellen lösen, sondern vor allem über die von ihnen inspirierten Städtebauschemata hinausgelangen. Und wir müssen ganz neue Formen der Inbesitznahme des Raums erdenken und verwirklichen. Nur unter dieser Bedingung werden wir fähig sein, unsere gesamte Technik auf die Gestaltung der menschlichen Umwelt auszurichten und aus dieser Gestaltung den wirklichen Entwurf einer Zivilisation zu machen.
Jacques Bardet, 1969 (14)

Ein Problem, das nicht lösbar scheint, verliert schnell an Eindringlichkeit, auch wenn der daraus folgende Zustand als fatal erkannt sein sollte. Der Boykott der Bewohner vollzieht sich ohne Aufruhr in klaglosen Fluchten: Wochenendausflug, Sommerurlaub, Einfamilienhaus . . .

Kassel, „documenta urbana" (Foto 1985). Ausschnitt mit Häusern von Steidle und Hertzberger

Welchen Beitrag haben Bofill, Krier, Ungers und die anderen innerhalb des großen Spektakels „Postmoderne" zur Befreiung des Bewohners aus den Zwängen einer längst hinfälligen Wohn-Beschränkung geleistet? Wo werden auf den Schauplätzen der Postmoderne die Grenzen des Etagen-Wohnens aufgebrochen oder auch nur in Frage gestellt? (15) Bofill setzt die Kolossalordnung der antiken Stadt in Szene, nicht ohne deren inhaltliche Schwächen im Massenwohnungsbau mit zu übernehmen. Ungers übernimmt kommentarlos eine Erschließungsform, mit der die berüchtigten Berliner Mietskasernen ebenso auskommen mußten wie die ersten Ursprünge des Geschoßwohnungsbaus überhaupt. Krier ahmt die räumliche Großzügigkeit der Wiener Jahrhundertwende nach (aufgrund anderer Rahmenbedingungen auf Kosten der Wohnungen), ohne dem formalen Anspruch Otto Wagners die funktionale Befreiung folgen zu lassen. Die Gruppe SITE trifft die allgemeine Verwirrung schließlich an ihrem Nerv und stellt – auch nichts Neues – Einfamilienhäuser auf die Etage, wenigstens symbolisch mit dem Zeichenstift. Dies ist zwar auch keine Lösung, aber es proklamiert immerhin den geistigen Zusammenbruch der Zunft. Nur, soweit war Josef Frank schon 1924. Anders als Le Corbusier resignierte er jedoch und sah keine Möglichkeit, neue Wohnformen des Geschoßwohnungsbaus, die in Konkurrenz zum „Gartenhaus" eigentlich notwendig gewesen wären, in die vorhandene städtische Bebauung zu integrieren, ein Gesichtspunkt, mit dem sich Le Corbusier freilich nie auseinandersetzte.

Es besteht deshalb das Bestreben, auch für dieses Haus (Stockwerkshaus, K.-D. W.) Möglichkeiten zu finden, die das Wohnen in ihm dem im Gartenhaus annähern sollen und die auch zu einer neuen Form des Hauses führen können. Aber all die schönen Versuche, die nun gemacht werden müßten: Terrassenhäuser, Kleinwohnungshäuser im Stockwerk, die den Anregungen der letzten Jahre entstammen, können wegen Mangel an Mitteln nicht durchgeführt werden.
Josef Frank, 1924 (16)

„Die moderne Architektur starb in St. Louis/Missouri am 15. Juli 1972 um 15.32 Uhr..." (17) Eigentlich hätte bei dieser Gelegenheit auch der moderne Massenwohnungsbau sterben müssen. Er war schon recht betagt, und immerhin wurden der Geburt der Postmoderne insgesamt 363 Lagen Geschoßwohnungsbau feinster Provenienz geopfert. Doch von diesem Begräbnis war angesichts der Trümmer von Pruitt-Igoe noch nicht die Rede. Erst viel später, im New York des Jahres 1980 – vielleicht am 4. Juli, 11.55 Uhr? – erhob James Wines seine Zeichenfeder gegen die ungeliebte, ebenso einfältige wie verbreitete Konvention der städtischen Etage und brachte das fast vergessene Gewohnheits- und Kavaliersdelikt erneut zur Anklage.

Das Projekt „Highrise of Homes" basiert auf der Vorgabe, daß der Bewohner persönliche Bestätigung und territoriale Einbindung, wie sie mit einem freistehenden „Haus" verbunden werden, auch innerhalb der komprimierten Umwelt einer vielgeschossigen Struktur benötigt.
SITE, 1982 (18)

Es war, wie gesagt, nicht die erste Deklaration von Bewohnerrechten dieser Art. Die Innovationsabteilung von SITE („Sculpture in the Environment") verfolgte die Genealogie dieser Idee bis in das Jahr 1909 zurück. Damals erschien im Boulevard-Magazin „Life" sogar eine um vieles bewohnerfreundlichere Resignation gegenüber dem – 84 mal! – gen Himmel multiplizierten Traum von Haus und Herd. Denn dank größerer Grundstücke ging es hier bei weitem luftiger und freier zu. Der Zeichner, kein Architekt, verstrickte sich nicht in kleinliche Realisierungsängste, sondern ließ seinen Träumen und Visionen freien Lauf. Rem Koolhaas, der mit der Abbildung dieser Idee in seinem Buch „Delirious New York" (19) die Neuauflage von SITE offenbar auslöste, merkt an, daß die Architekturzeitschriften dieser Zeit ganz im Gegensatz zu derartig hochfliegenden Plänen den Beaux Arts verpflichtet waren. Die Situation heute scheint ganz ähnlich. Auch die selbstversunken mit ihrem schönen Antlitz beschäftigte Postmoderne ist bei der Wiederaufnahme des Verfahrens „Haus" gegen "Wohnung" – von wenigen Ausnahmen abgesehen, die nur die Regel bestätigen – weitgehend stumm geblieben.
Die Kritik an dieser in ihren Ursachen berechtigten Kritik des Wohnungs-Baus bezieht sich auf zweierlei: Zum einen ist es wenig innovativ und damit der aktuellen Problematik wenig angemessen, auf einen Fundus zurückzugreifen, der seinen Nachrichtenwert vor allem aus mangelndem Erinnerungsvermögen bezieht. Betrachtet man zum Beispiel den Entwurf für ein mehrgeschossiges Wohngebäude

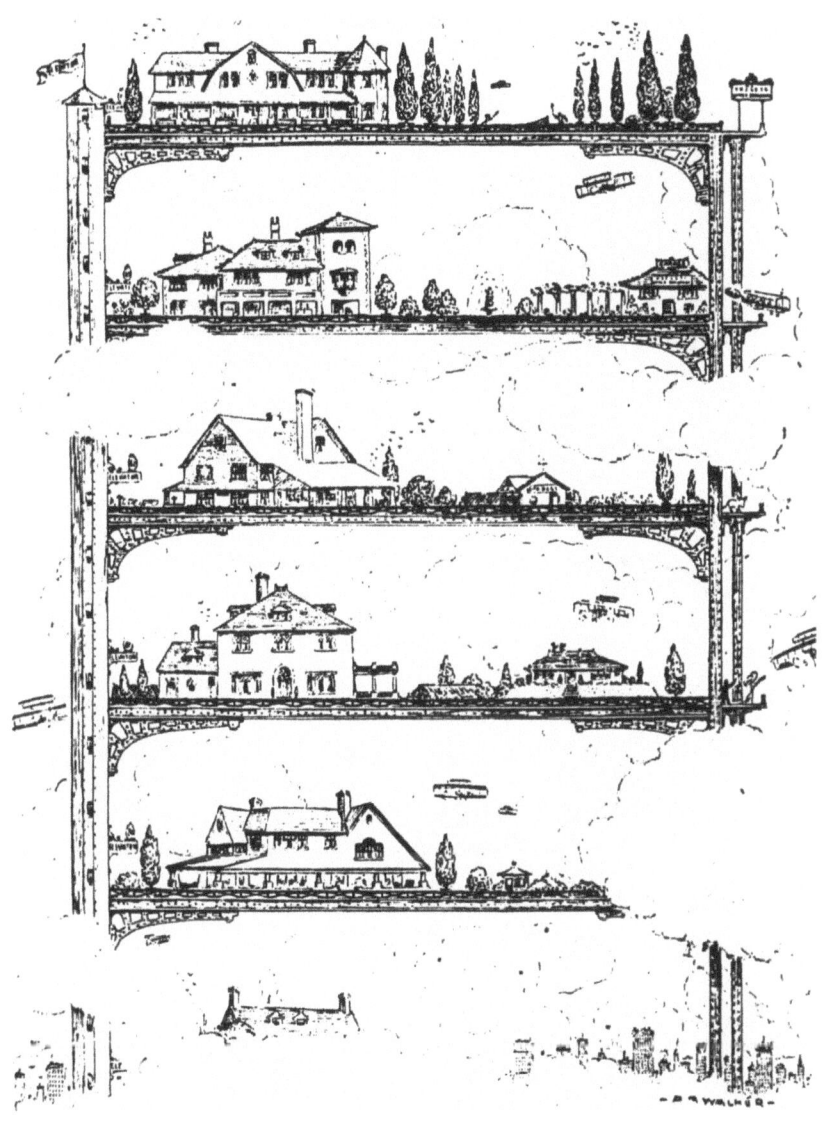

1909: Wohnregal mit 84 Böden (Life)

*1920: Häuserhaus
(als Mitbestimmungsmodell?)*

mit Gärten in den Obergeschossen von Josef Hoffmann (20), dessen Entstehungszeit leider im dunkeln liegt, und die in ihrem funktionalen Inhalt kongruente Planung von Frei Otto für sogenannte Öko-Baumhäuser in Berlin, fragt man sich unwillkürlich nach den Gründen einer Euphorie, die historische Anekdoten zu aktuellen Zukunftsvisionen hochstilisiert. Die Zeichnungen von SITE hängen im Museum of Modern Art. Diese Tatsache beruht allein auf ihrem Gemäldewert; einen Landsitz auf Manhattan, 18. Etage, wird es nicht geben. (21) Zum anderen stellt sich die Frage, ob sich das alte Etagenhaus tatsächlich derartig kulissenhaft prostituieren muß, um dem nicht weniger angreifbaren Einfamilienhaus inhaltliche bzw. funktionale Argumente entgegensetzen zu können. Sollte Le Corbusier der letzte große Revolutionär in dieser nicht unwichtigen Frage der Zivilisation gewesen sein? Oder genügt es, die Verantwortung für den künftigen Städte- und Wohnungsbau ganz auf die Schultern der Bewohner umzuladen und sich auf das Bauen von ebenerdigen Einfamilienhäusern zu konzentrieren, frei nach Heinrich Tessenow, Roland Rainer, Christoph Hackelsberger...?

> Wenn es uns nicht gelingt, durch Neuaufteilung des Bodens die Grundlage für die biologisch vollwertige Hausform zu schaffen, und an die Stelle des Vielfamilienhauses das Einfamilienhaus zu setzen, haben wir eine einzigartige Gelegenheit zur wirklichen Gesundung unserer großstädtischen Lebensverhältnisse nutzlos verstreichen lassen.

Roland Rainer, 1944 (22)

> Nachdem, statistisch gesehen, Geschoßwohnungen in ausreichendem Maße, wenn auch in nicht ganz entsprechender Verteilung auf die Schwerpunkte vorhanden sind, sollte in erster Linie, um es zu wiederholen, das Einfamilienhaus Gegenstand unserer Überlegungen sein.

Christoph Hackelsberger, 1983 (23)

Unsere Wohnungen stimulieren nach wie vor den Traum vom Haus. Die Äußerungen und Signale, die uns aus den Groß-Wohnhäusern dazu erreichen, sind Legion. Bei unbestritten hohem Wohnstandard hinsichtlich des Flächenangebotes und der technischen Ausstattung wirkt das „Wohnen à la carte", die Stapelware der Etage, anderen Errungenschaften dieses Jahrhunderts gegenüber schrecklich altertümlich. Modische Verpackungen oder Umetikettierungen („Wohnumfeld", „Außenhaus", „Stadtvillen"...) haben trotz weitreichender historischer Bezugspunkte, etwa bei André Godin und Rudolf Eberstadt oder, in der jüngeren Vergangenheit, bei Herman Hertzberger, und trotz der z.T. intensiven Bemühungen ihrer Begründer (24) inzwischen längst die Wirkung von Schönheitsoperationen an einem klinisch toten Patienten.

> Nicht die einzelne Wohneinheit ist maßgebend; es ist die Anordnung der Wohneinheiten zum Ganzen, welche einen Einfluß auf den sozialen Zustand und die Arbeitsbedingungen in menschlicher Hinsicht ausübt...

Jean Baptiste André Godin, 1871 (25)

Joseff Hoffmann: Öko-Baumhäuser

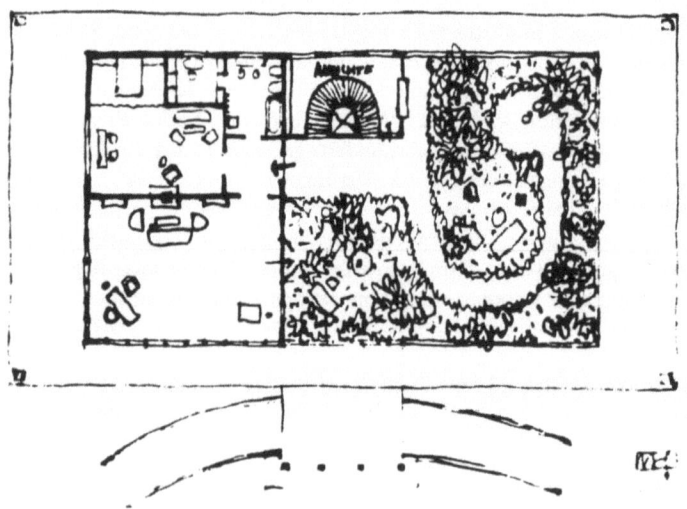

Die Mietskaserne bietet überhaupt keine „Wohnungen", die diesen Namen verdienen und in denen die entsprechenden rechtlichen und ethischen Begriffe sich entwickeln können. In dem Kasernengebäude ist jedes Heimgefühl aufgehoben. Auf Schritt und Tritt besteht der Zwang der Begegnung und der Berührung mit der Nachbarschaft. Für den Aufenthalt, die Bewegung und die Beschäftigung bei oder neben der Wohnung endlich fehlt jede Möglichkeit.
Rudolf Eberstadt, 1908 (26)

Warum der alles umspülende grüne Raum, der wohl ein gemeinsames Medium darstellt, aber — trotz der größten Anzahl Bäume — nie Nähr- und Klangboden der Gesellschaft werden konnte, ist inzwischen deutlich geworden dank der Bewußtwerdung der zentralen Bedeutung des Phänomens „Zwischengebiet" als Schlüssel für das Gefühl von Verbundenheit, das jeder Form von Gemeinschaft zu Grunde liegt.
Herman Hertzberger, 1961 (27)

Die flugs angebrachten Scheinkorrekturen (28) haben sich längst in katalogähnlichen Handbüchern für Quartierverbesserer versammelt.

Aber was kann nun wirklich mit dem Wort „Wohnumfeld" gemeint sein? „Das-zur-Wohnung-Zugehörige" ist darunter eindeutig nicht zu verstehen. (...) Als wohnte man im Freien, so spricht man bereits von „Außenhaus"
Manfred Jaeger, 1984 (29)

Ob Außenhaus oder Wohnumfeld (auch ein Außenumfeld wurde schon bemüht), die Zuständigkeiten wurden über die Köpfe der Bewohner hinweg systemgerecht verteilt, d.h. ohne die sehr breit angelegten Kategorien „Haus" und „Wohnung" näher aufzuschlüsseln.

Wohnumfeld = der Raum unmittelbar um das Haus herum, in dem die Wohnung liegt, was man aus den Fenstern sehen kann, Bürgersteig vor dem Haus, Garten bzw. Hof- oder Abstandsfläche, die Straße bis zur nächsten Kreuzung, der Block.
Felizitas Romeiss-Stracke, 1984 (30)

Landschaftsarchitekt und Grünplaner übernehmen das „Außen" hinter dem Haus, der Stadtplaner das „Umfeld" davor (und der Einfamilienhaus-Bewohner freut sich diebisch, damit nichts zu tun zu haben)? Der Wohnungs-Bau bzw. die Häuser selbst können bleiben, wie sie sind? Dieses „Zwischengebiet" ist nicht gemeint? So wird der notwendige Versuch einer selbstbestimmten Einordnung des Individuums in eine räumliche und soziale Umwelt, die ohne Nivellierung auskommt, „die Wiederherstellung der Ablesbarkeit von tatsächlichen Nutzungen und Zuständigkeiten" (31), zum reinen Ausstattungsproblem aufgeweicht.

... der Begriff des „Wohnaußenhauses ist sicherlich ein etwas menschenfreundlicherer und auch mehr auf die tägliche Praxis ausgerichteter Begriff des städtebaulichen Infrastrukturangebotes.
Detlef Krüger (Neue Heimat), 1984 (32)

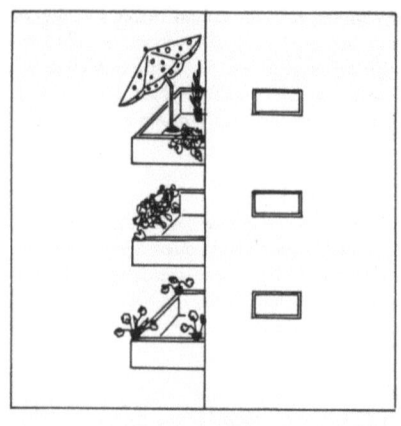

*Empfehlungen
zu „Außenhaus" und „Wohnumfeld".
Gesellschaft
für Wohnungs- und Siedlungswesen e.V.
(GEWOS), 1984*

Ökologische Nische, Freiluftschach, Sitzbänke, Grilltisch und viel public design sollen nach wie vor über die Isolation konventioneller Schubladenunterbringung und über Etagenlabyrinthe hinwegtrösten. Wie einst im Märkischen Viertel, in dem man „am ausgeschwenkten Loggiateil einen Schritt vor die Fassade tun konnte" (33), übernimmt wiederum ein hoffnungslos überforderter Balkon in luftiger Höhe die Mittlerfunktion zwischen Privatbereich und Öffentlichkeit.

> Eigentlich sollte der Balkon als „grünes Zimmer" zur Erweiterung der Wohnung, als Sitzplatz für Erwachsene und Spielplatz für Kinder dienen und eine relativ „geschützte" Verbindung zwischen der privaten Wohnung und dem öffentlichen Raum herstellen.

Heidemarie Hermann (GEWOS) 1984 (34)

Wer sich die Mühe macht, die aktuelle Diskussion der zu Grünanlage und Einkaufsstraße zurechtgestutzten neuen Wortschöpfungen des Wohnungsbaus unter den Praktikern von GEWOS, DEGEWO, SAGA, Neue Heimat usw. zu verfolgen, kann wahrlich das Fürchten lernen. Alexander Mitscherlichs zerlesene, über zwanzig Jahre alte „Anstiftung zum Unfrieden" wird noch eine Weile halten müssen. (35)
Da werden Einkaufsstraße und Wochenmarkt in Köln-Chorweiler als Wohnaußenhaus „verkauft", dort wird das Treppenpodest mit Blumentopf und Etagensymbol „möbliert", eine Bank-/Tisch-Möblierung der Abstandsfläche im Stil von Autobahnraststätten trägt die visionäre Bildunterschrift: „Im Sommer kann man hier feiern, klönen und . . .". Der Rest, wenn es denn einen gibt, wird einfach den Mietern überlassen.

> Die Arbeitsgemeinschaft der Genossenschaften in Hamburg hat kürzlich in einem Rundschreiben ihren Genossenschaftsmitgliedern gesagt: Ihr könnt Treppenhäuser und Gänge anstreichen, Bilder aufhängen, Sessel hinstellen, macht es Euch wohnlich in diesem Bereich, vorausgesetzt die Feuerwehr kommt noch durch . . . Es ist also eine Aufforderung, daß die Genossenschaft ihren Mitgliedern sagt, bitte schön faßt es an. Wenn es keiner anfaßt, dann – meine ich – ist das auch in Ordnung und zu respektieren.

Hartmut Großhans, 1984 (36)

Highrise of Homes — Wohnen nach Art des Hauses

Die Versorgung mit Wohnraum beruht auf zwei sehr ungleichen, sich gegenseitig ausschließenden Grundprinzipien, dem Haus-Bau auf der einen und dem Wohnungs-Bau auf der anderen Seite. Mit der Auflösung der Einheit von Haus und Wohnung vollzog sich in der Geschichte des Wohnens der Sündenfall. Seitdem gibt es zwei grundlegende Qualitätskategorien.

> Bei der großen Bedeutung der Stadt aber und der unendlich großen Zahl von Bürgern muß man unzählige Wohnungen schaffen. Da also Häuser, die nur ein Erdgeschoß haben,

eine so große Menge zum Wohnen in der Stadt nicht aufnehmen können, zwangen die Umstände selbst dazu, daß man sich damit half, die Häuser in die Höhe zu bauen. (37)
Vitruv, etwa 33 v. Chr.

Die „bessere" Wohnung beansprucht ein ganzes Haus allein für sich, die „schlechtere" ist neben, unter und über anderen Wohnungen lediglich Bestandteil eines Hauses.

Die Hausform der INSULAE trug den Lärm, die Gerüche und die Blicke der Außenwelt in die Individualsphäre hinein. Deshalb war für den römischen Bürger die INSULA kein Aufenthaltsort: es wohnten dort fast ausschließlich Sklaven und Freigelassene, Leute, die froh sein mußten, überhaupt ein Dach über dem Kopf zu haben.
Martin Andersch, 1972 (38)

Dieses kontrastreiche Bild — auf der einen Seite die Autonomie des glücklichen (Einfamilien-)Haus-Bewohners und auf der anderen die gestapelten Zwänge des (Geschoß-)Wohnungs-Baus — ist in der Vorstellung aller Beteiligten so fest verankert, daß jede Anstrengung zur Auflösung dieses Dualismus vergeblich scheint. Die simple Differenzierung nach Haus und Wohnung beherrscht die Nachfrage ebenso wie das Angebot. Entweder man „hat ein Haus", oder man „wohnt in einer Wohnung". Mit dem Hinweis auf das Wohn—*Haus*, individuell oder kollektiv, scheint jede Wohnsituation hinreichend genau beschrieben. Der Teufelskreis aus Vorurteil und Status quo schließt sich vor allem zum Nachteil der Bewohner, die in dem Glauben gelassen werden, nur das eigene Haus (bzw. „Heim") erlaube ein selbstbestimmtes und individuelles Wohnen.
Ein anschaulicher Beleg für dieses weit verbreitete Pauschalurteil auf seiten der Bewohner ist das auf dem Markt vorherrschende (und absetzbare) Angebot an Einfamilienhäusern. Es dokumentiert sich darin viel eher ein Sich-absetzen von „schlechteren" Wohnsituationen als ein Sich-hinwenden zu wirklich überzeugenden Lösungen. Denn das gängige Einfamilienhaus ist den Vorwürfen noch keineswegs entkommen. Die alljährlich mehr als 200000 Interessenten allein auf den beiden großen deutschen Fertighausausstellungen setzen ein deutliches Zeichen. (39)

Jedes kleine Einzelhaus mit seiner lächerlicherweise abgesonderten Garage ist ein Doppelfleck in der Landschaft inmitten einer Menge anderer doppelter Flecken. Es gibt vor, ein „individuelles" Eigenheim zu sein ..., wie ein winziges Schloß, einem unabhängigen Mann gehörend, der mit Glücksgefühlen auf *seine quasieigenen* Leitungsdrähte blickt, die von der kreosotduftenden Stange zu *seinem* Stromzähler führen ...
(...)
Und die beiden angrenzenden Häuser werden nach wie vor mit den alten Stilfetzen des Verschönerungsgewerbes — „englisches Landhaus" oder „abgewandelte französische Provence" unter Hollywood-Palmen — behangen sein, und ihr Abortzimmerfenster wird dem Frühstückszimmer unseres Hauseigentümers freundlich gegenüberliegen. In so einer hilflosen und sich selbst widerlegenden Situation ist individuelles Eigentum etwas jämmerlich Eingequetschtes.
Richard Neutra, 1954 (40)

Das Pseudo-Landhaus steht unglücklich in einer zusammengeschrumpften Landschaft – weder vertraulich dicht neben dem Nachbarhaus noch in angemessener Entfernung. Es ist neugierigen Blicken und Lärm ungeschützt ausgesetzt: ein lächerlicher Anachronismus. Der Blick aus dem Panoramafenster fällt auf das Panoramafenster des Nachbarn. Der Platz im Freien, das Stückchen Privatland, das jeder selbst instandhält, umgibt das Haus und verliert sich kümmerlich über die Bordschwelle im Rinnstein. Die leeren unbenutzten Grasinseln dienen lediglich dem Mythos der Unabhängigkeit. Dieser ungegliederte Raum ist weder Stadt noch Land.

Serge Chermayeff/Christopher Alexander, 1963 (41)

Man braucht sich nur an die leblose oder auch gereizte Stimmung in vielen von 500 oder 1500 oder 5000 qm Rasen umgebenen Einfamilienhäusern zu erinnern, um zu begreifen, daß diese Parzellierung der Natur nicht das bringen wird, was der von idealisierten Hoffnungen geschwellte Erbauer eines solchen Einfamilienhauses sich erträumt hatte.

Alexander Mitscherlich, 1965 (42)

Die Reihe derartiger Zitate ließe sich fortsetzen. Wohnungsgröße und -organisation, sogar die Qualitäten des Grundstücks bzw. des Bebauungsplans (ganz zu schweigen von den architektonischen Qualitäten des Gebäudes) werden gegenüber der Tatsache individuellen Wohnens innerhalb einer vermeintlich unabhängigen Wohnumwelt fast schon zu Belanglosigkeiten. Trotzdem versuchen Architekten und Wohnungsplaner nach wie vor, die Geschoßwohnung über solche am Kernproblem vorbei zielenden Details salonfähig zu machen; nach den in der Tendenz gleichlautenden Ergebnissen zahlreicher Wohnwunschbefragungen ein aussichtsloses Unterfangen. Der Bewohner entscheidet sich, vor die Wahl zwischen Individual- und Kollektivhaus gestellt immer noch eindeutig, ohne beim Einfamilienhaus nach flexiblen Grundrissen, avantgardistischer Architektur oder ökologischen Entwurfsprinzipien auch nur zu fragen. „Ein schöner alter Bauernhof, möglichst mit Fachwerk; Scheune als Garage und Schwimmbad umgebaut, Obstgarten als Pferdekoppel, große Wohnräume, alte Bauernmöbel und ein abgerichteter Hund, der keine unverwünschten Gäste zuläßt... (SCHÖNER WOHNEN)" rangiert trotz vieler damit notwendigerweise verbundener organisatorischer Mängel und technischer Risiken weit vor der technisch, hygienisch, organisatorisch und architektonisch angeblich perfekten Stapelware städtischen Wohnungsbaus, selbst wenn die Annehmlichkeiten der Stadt dem Bewohner damit nicht mehr zu Füßen liegen können. Überalterte Bausubstanz und eingeschränkte Funktionalität werden in den gängigen Wunschträumen bewußt in Kauf genommen.

Die galoppierenden Baukosten, die die Planungsfreiheit des privaten Bauherrn immer mehr beschneiden und ihn immer häufiger zu Kataloghäusern und Typenentwürfen greifen lassen, tun ein übriges, die Konkurrenz zwischen Haus (= Einzelwohnhaus) und Wohnung (= Großwohnhaus) immer stärker auf den wesentlichen Punkt zu konzentrieren. Das *Wohnhaus* rückt gegenüber der darin enthaltenen *Wohnung* in den Vordergrund. Die Wohnqualität bestimmt vor allem das Haus, nicht die Wohnung darin. Man wohnt „nach Art des Hauses", nicht „nach Art der Wohnung". Das Interesse der Bewohner gilt damit bewußt oder unbewußt weniger den Wohneinheiten selbst als vielmehr den Zwischenräumen zwischen ihnen. Der konventionelle Geschoßwohnungsbau bietet hier zuwenig Auswahl. In seiner Standardlösung – Treppenhaus, Treppe, Podest, Wohnungstür links, Wohnungstür rechts, Treppe ... – wird er vielmehr zu einem dramatischen Beleg für die These:

> Unser Blick ist von Natur aus auf Dinge gerichtet, ihn auf Zwischenräume zu richten muß man lernen.
> Wolfgang Metzger, 1936 (43)

Wenn Wohnraum dadurch entsteht, daß aus einem öffentlichen, jedermann zugänglichen Bereich eine abgeschlossene private Zone ausgegrenzt wird, dann hängt die Qualität des Wohnens nicht nur vom Standard der speziell dafür vorgesehenen Fläche ab (Wohnung), sondern ist definitionsgemäß in großem Maße – wenn nicht sogar, wie die bevorzugte Wohnpraxis der Bewohner zeigt, vorrangig – abhängig von der Grenze dieser Wohnfläche, die die Privatheit der Wohnung zu anderen übergeordneten Bereichen in Beziehung setzt (Wohnhaus).
Bei dem nur durch Randprobleme (Standortfragen, Finanzierung, Gartenarbeit ...) gestörten Standardtraum vom eigenen Haus geht es – bewußt oder unbewußt – stets um ein komplexes Zusammenspiel von Innenraum und Außenraum, Gebäude und Grundstück, Abgeschlossenheit und Aufgeschlossenheit.

> Obwohl die Vororthäuschen wie auch die Großsiedlungen außerhalb der Stadt gelegen und per definitionem segregationistisch sind, besteht zwischen beiden ein deutlicher Unterschied. So dürftig das Vorstadthäuschen auch war, es ließ seinen Bewohnern doch noch eine gewisse Autonomie. Es ermöglichte ihnen, sich den Raum zueigen zu machen, was sich in geringfügigen Gestaltungsvarianten innerhalb oder außerhalb des Hauses manifestierte. Das Vorstadthäuschen trug der menschlichen Freiheit noch bis zu einem gewissen Grade Rechnung.
> Monique Seyler, 1969 (44)

Vom intimsten Schlafbereich bis zu den mehr oder weniger markierten oder verbarrikadierten Grenzen des eigenen Territoriums in Richtung Nachbarschaft und Straße liegt die Ausfüllung der Leerformel Wohnen und damit auch die Einbindung des Privatbereichs in den öffentlichen Raum ganz im Ermessen des Bewohners. Ganz gleich zu welcher Ausprägung von Abgeschlossenheit oder Aufgeschlossenheit seiner Umwelt gegenüber sich der „Haus-Herr" entschließt, er kann sich „aus freien Stücken", von einem weitgehend selbstbestimmten Territorium aus, in seine räumliche und soziale Umwelt einordnen. Diese durch die Bau- bzw. Wohnform begründete Freiheit läßt sich zwar in der Praxis nur in Grenzen realisieren, die bekannten Einfamilienhausweiden bieten in ihrer Verhäuselung viel zu wenig Öffentlichkeit, ebenso schwer läßt sich dort Gemeinschaft räumlich verankern. Dennoch wird dieses Maß an Selbstbestimmung als beste aller (bekannten) Möglichkeiten akzeptiert.

Im günstigsten Fall nimmt der künftige Bewohner – über einen Fachmann oder nicht – selbst Einfluß auf die Planung. Aber auch in dem viel häufigeren Fall, daß Eingriffe in die Planung weitgehend ausgeschlossen sind, besteht eine Auswahlmöglichkeit zwischen Bautypen mit verschiedenen Umwelt-Orientierungen, etwa zwischen einem voll und ganz introvertierten oder privatheitsorientierten Atriumhaus (klassisches Beispiel: Römisches Atriumhaus à la Mies van der Rohe) oder einem mehr oder weniger extrovertierten, gemeinschafts- oder öffentlichkeitsorientierten Reihenaus niederländischer Prägung. In vielen Fällen wird dem Einfamilienhaus aus dem Erlebnis der Mietwohnung heraus aber auch „blind", also typenunabhängig, ein Höchstmaß an Umweltautonomie unterstellt. Möglicherweise deutet sich hier auf seiten der Bewohner, die nach der Erfahrung einiger ewig gleicher Mietwohnungen in (irgend-)ein eigenes Haus drängen, ein hohes Maß an Unkenntnis gegenüber dem Spektrum verschiedenartiger *Umweltorientierungen* des Wohnens an. (Selbst die quantitativ nicht ins Gewicht fallenden ebenerdigen Gemeinschaftsmodelle reduzieren sich nach der Euphorie des gemeinsamen Aufbaus oft genug auf mit hohem finanziellen Aufwand erworbene leidvolle Erfahrungen.) Auch wenn der direkte Einfluß auf das Gebäude selbst nicht wahrgenommen wird, bietet das eigene Grundstück eine zusätzliche und letzte Korrekturmöglichkeit. Die Grenze zu den Nachbarn bzw. zur Straße kann ein Zaun, eine Hecke oder eine Mauer markieren, der Bewohner kann aber auch auf jede Abgrenzung verzichten. Zwar sind auch hier Einschränkungen zu machen. Diese Freiheit setzt das Einverständnis der Nachbarn, wenn nicht sogar eine behördliche Genehmigung voraus. Trotzdem wird diese relativ autonome Entscheidung über Abgeschlossenheit und Aufgeschlossenheit der eigenen Wohnsituation im Geschoßwohnungsbau in der Regel nicht geboten, weder durch eine (schwer zu realisierende) bewohnerbestimmte Flexibilität der Grenzbereiche der Wohnung noch durch ein hinsichtlich Privatheit, Gemeinschaft und Öffentlichkeit differenziertes Angebot unterschiedlich orientierter bzw. thematisierter Wohnungsgrenzen.
Beim Umzug aus dem Maßstäbe setzenden Haus in eine Wohnung von identischer Größe und Funktionalität nehmen die Freiheiten des Bewohners ganz unabhängig davon, ob es sich um Miet- oder Kaufobjekte handelt, dramatisch ab. Wohnen wird zur Stapelware und Verschlußsache gleichzeitig. Die übliche Geschoßwohnung ist, obwohl introvertiert, weder eindeutig privatheitsorientiert – dieser Ansatz scheitert schon am gemeinschaftlich zu nutzenden *„Treppen"*-Haus – noch durch entsprechende räumliche (Über-)Angebote und Schwellenbereiche dem Gemeinschaftsleben innerhalb des Treppen-*„Hauses"* oder in Verbindung mit ihm verpflichtet. Der direkte Kontakt zur Öffentlichkeit ist durch ein über die reine Erschließungsfunktion hinaus nicht zu nutzendes Niemandsland aus Treppenhaus und Abstandsgrün unterbrochen. Eine über die reine Addition privater Wohnflächen hinausweisende Thematisierung der Wohnungsgrenzen findet nicht statt. Diese Orientierungslosigkeit der Außenbezüge des Wohnens, die der eben genannten Definition des Wohnens als einer gezielten Einordnung des Privatbereichs in den öffentlichen Raum zuwiderläuft, mindert nicht nur die Wohnqualität außer-

halb der Wohnung, sondern stört, indem sie auf das private Wohnen innerhalb der Wohnung zurückwirkt, den gesamten Funktionszusammenhang des Wohnens.

Aus dem Irrtum, daß Individuum und Gemeinschaft sich widersprechende Polaritäten sind, kann kein lebensfaßbares Wohnmilieu entstehen. Individuum und Gemeinschaft sind ambivalent und formen zusammen Zwillingsphänomene.
Aldo van Eyck, 1959 (45)

Öffentlichkeit ist die Vergemeinschaftung von Handlungen und Erfahrungen, Privatheit deren Isolierung. Öffentlichkeit und Privatheit sind also nicht die Enden einer Strecke, die man aufteilen kann in Halb-, Viertel- und vielleicht 3/17-Öffentlichkeit, sondern sie bezeichnen bestimmtes soziales Verhalten, das sich ausdifferenzieren kann und unterschiedliche Inhalte haben kann.
Eduard Führ/Daniel Stemmrich, 1984 (46)

Obwohl sich die für das Wohnen aufgewendeten Mittel auch im Fall der Etage nicht nur auf die privaten Wohnflächen innerhalb der Wohnungsgrenzen beziehen, sondern anteilig ebenso auf Haus und Grundstück einschließlich aller dort vorgegebenen Hürden, Barrieren und Übergänge, endet der Einfluß des Bewohners jetzt an der Wohnungstür. Die Chance, den Privatbereich der Wohnung nach eigenen Vorstellungen in die räumliche und soziale Umwelt einzupassen, wird in der Regel – trotz vorhandener Gegenmodelle – nicht geboten. Angesichts der unbestreitbaren Tatsache, daß sich bei der Aufteilung einer Haus-Einheit in mehrere voneinander abhängige Wohneinheiten hinsichtlich der Gestaltung und Thematisierung der wohnungsexternen Bereiche innerhalb der Hausgemeinschaft unvereinbare Konflikte ergeben können, wird der Verhaltensspielraum der Bewohner voreilig und nur vermeintlich kostengünstig auf den kleinsten gemeinsamen Nenner, die private Wohnfläche, reduziert.

Es ist zu erwarten, daß eine Wohnung um so rentabler wird – und zwar für alle Teile, für Vermieter wie Mieter –, je besser sie den Grundbedürfnissen der Bewohner entgegenkommt. In diesen Grundbedürfnissen sind sowohl die Wohnbedürfnisse im engsten Sinn des Wortes enthalten wie die einfache Möglichkeit, Beziehungen im Umfeld anzuknüpfen, im Haus, in der Arbeit, auf der Straße, aber auch die Möglichkeit, sich zurückzuziehen, unbekannt zu bleiben. Es ist bekannt genug, daß solche Planungen, von denen wir hier utopisch sprechen, durch die gegenwärtig bestehenden Verhältnisse wie aber auch durch das mangelnde Problembewußtsein unter dem Publikum wie unter seinen politischen Vertretern zur Unerfüllbarkeit verurteilt sind.
Alexander Mitscherlich, 1968 (47)

Gemäß den feuerpolizeilichen Bestimmungen wird lediglich der Notwendigkeit stattgegeben, die jeweilige Wohnung über gemeinschaftliche Treppen, Flure und Gänge zu erreichen und zu verlassen. Eine intensive Nutzung der ebenerdigen Freiflächen scheitert ebenfalls daran, daß sie aufgrund mangelnder Strukturierung und Gliederung in eindeutige und überschaubare Nutzungsbereiche anonym bleiben. Eine individuelle und spezielle Raumnutzung durch einzelne Gruppen wird damit innerhalb und außerhalb des Hauses unmöglich. Daß diese schlechteste Variante des Wohnungs-Baus, die simple und ziellose Anhäufung mehrerer Wohneinheiten innerhalb eines „Hauses", beim Publikum durchfiel, kann kaum verwundern. Auch der vielzitierte Neubeginn in Berlin greift den sich am Einfamilienhaus kristallisierenden Wunsch der Bewohner nach einer möglichst individuell bestimmten (territorialen) Einbindung in die räumliche und soziale Umwelt nicht auf. Obwohl in den ersten Ankündigungen und Programmen zur Internationalen Bauausstellung diese Thematik durchaus anklang und einige Architekten dieses Bonbon gerne werbewirksam im Munde führten, wurde dieser Ansatz fast durchgängig formalen Spielereien bzw. Rigorismen geopfert, je nachdem welchem Glaubensbekenntnis das betreffende Gebäude zuzurechnen ist.

> Das Wohnungsvorfeld ist Bindeglied zwischen Privatspähre und öffentlichem Raum. Die Verselbständigung der Einzelperson und ihre Emanzipation sowie der Wunsch nach Eigentum und Selbstidentifikation bedingen neue Bewertungsmaßstäbe bei der Ausformung unserer Erlebnis- und Lebensräume.
> Der Senat von Berlin, 1978 (48)

> Zielsetzung war dabei („Stadtvilla" am Landwehrkanal, K.-D.W.), die Einzelqualitäten des Einfamilienhauses soweit wie möglich im verdichteten innerstädtischen Geschoßwohnungsbau umzusetzen und daraus einen baustrukturell alternativen Typus zum konventionellen Mehrfamilienhaus zu entwickeln.
> D. Bangert/B. Jansen/S. Scholz/A. Schultes, 1979 (49)

Die Leitidee „Innenstadt als Wohnort" läßt den Dualismus zwischen Haus und Wohnung nach wie vor bestehen. In einem besonders krassen Fall werden der Symmetrie zuliebe sogar jeweils zwei Hauszugänge links und rechts des Treppenhauses angelegt, ohne dieser formalen Geste einen sinnvollen Inhalt dadurch zu geben, daß die (durch erheblichen Verkehrslärm am meisten benachteiligten) Erdgeschoßwohnungen separat erschlossen werden. Bei gleichem räumlichen und konstruktiven Aufwand erweitert sich der Handlungsspielraum der Bewohner jetzt lediglich durch die „Freiheit", links- oder rechtsherum ins Treppenhaus einsteigen zu können. Sollte mit diesem funktionalen Ulk tatsächlich der Funktionalismus und die Moderne weitergeführt worden sein, wie der Architekt Oswald Mathias Ungers behauptet? Kommentar aus berufenem Munde:

> Die Wohnbebauung am Lützowplatz in Berlin, eine architektonische Auseinandersetzung mit den Themen Öffentlichkeit und Privatheit . . .
> Vittorio Magnago Lampugnani, 1984 (50)

Aller Funktionalismus-Schelte zum Trotz sind im Wohnungsbau vor der formalen Prächtigkeit noch Probleme der Funktion und Organisation zu lösen; nicht inner-

Der Symmetrie zuliebe:
zwei Haustüren,
zwei Hausnummern,
zwei Klingeln,
zwei Namensschilder,
zwei...

Oswald Mathias Ungers:
Wohnbebauung am Lützowplatz, Berlin

halb, sondern außerhalb der Wohnung, nicht außerhalb, sondern innerhalb des Hauses.

> Sobald Architektur nicht nur sich selbst genügt, sondern den Menschen, den Nutzern, den Bewohnern zu dienen hat, erweist sich die mit virtuosem Zeichengeschick paraphrasierte „Sehnsucht nach Identität" (Kleihues) als unzuständig.
>
> Kristiana Hartmann, 1983 (51)

Die gravierenden Mängel konventioneller Geschoßwohnungen werden durch Nachteile des eigenen Hauses, die von der Mehrzahl der Bewohner jedoch — bewußt oder unbewußt, wissentlich oder unwissentlich — in Kauf genommen werden, noch unterstrichen. Zur Freude des Finanzministers, der — den durchschnittlichen Subventionsbedarf im Auge: für ein Haus 40000 DM, für eine Wohnung jedoch 150000 DM! — sein Interesse in dieser Frage mit dem vorherrschenden Wunsch der Bewohner in Übereinstimmung weiß, werden diese systemimmanenten Schwachstellen kaum diskutiert. Denn der Vorzug der privaten Lösung der Wohnungsfrage — des Wohnungsbaus „auf eigene Faust" —, innerhalb des eigenen Territoriums Übergänge, Grenzen und Barrieren zwischen Privatheit, Gemeinschaft und Öffentlichkeit autonom strukturieren zu können, wird dadurch eingeschränkt, daß einerseits Angebot und Wahlmöglichkeit von sozialen Kontakten im engeren Wohnbereich gering sind, andererseits aber auch viele öffentlichkeitsbezogene Handlungszusammenhänge (Arbeit, Einkauf, Besuch kultureller Veranstaltungen) in der Regel ein Verlassen des Wohngebiets in relativ großen Aktionsradien erforderlich machen. Hier greift also die gängige Diskussion des „Wohnumfeldes" („Wohnen beginnt auf der Straße") viel zu kurz.

Die Bewohner weit angelegter Streusiedlungen oder auch kompakterer Siedlungsmodelle „vor der Stadt" (gemeint sind hier nicht unbedingt nur die Verwaltungsgrenzen der Stadt, sondern auch funktionelle Entflechtungen in ihren Randbereichen) geraten damit schnell in eine zunehmende Privatheits-Orientierung, die sie mit der Entscheidung über ihre Wohnsituation u.U. gar nicht beabsichtigt hatten. In der Konsequenz des unzureichenden Angebots von Kontaktmöglichkeiten im öffentlichen Raum und des aus diesem Grunde nur mittelbaren Bezugs zur Öffentlichkeit — hier nähern sich die Schwächen von Haus (Einzelhaus) und Wohnung (Großwohnhaus) im Ergebnis durchaus an — wendet sich der Bewohner schließlich verstärkt seinem privaten Bereich zu. Das räumliche Angebot der ebenerdigen Wohnform Einfamilienhaus, ihre Aufschließbarkeit gegenüber der Umwelt, bleibt im Ergebnis daher oft ungenutzt.

> Die modernen Kommunikationssysteme vermitteln — wie fragmentarisch und flüchtig auch immer — Eindrücke von Phänomenen und Geräuschen, die niemals zuvor gesehen oder gehört wurden. Ohne sich aus seinem Sessel zu erheben, steht der Mensch mit der ganzen Welt in Verbindung. Aber der Mensch nebenan, vielleicht mit einer anderen Geschmacksrichtung, die häufig in lauten Geräuschen zu vernehmen ist, verwandelt sich vom angenehmen Nachbarn zum aufdringlichen Fremden. Diesen miteinander verkette-

ten, umwälzenden Neuerungen schenkt die Vorstadt keine Beachtung und täuscht vor, eine Dorfgemeinschaft eng verbundener Nachbarn und Freunde zu sein. Die Männer, Frauen und Kinder der Vorstadt sind selten wirklich zusammen und niemals ganz allein.
Serge Chermayeff/Christopher Alexander, 1963 (52)

Zu ganz ähnlichen Ergebnissen führten die Untersuchungen der Berliner Gropiusstadt:

> Deutlich zeigt sich bei den Bewohnern der Gropiusstadt die Tendenz, sich weitgehend in den Privatbereich zurückzuziehen... Der Rückzug in den Privatbereich von Wohnung und Familie (Privatisierungstendenz, K.-D.W.) führt letztlich zu der passiven Alltagshaltung, die die Entwicklung von lokaler Eigenständigkeit erschwert.
> Heidede Becker/K. Dieter Keim, 1977 (53)

Mit einer wenig ausgeprägten Öffentlichkeit kann andererseits durch vermehrte soziale Kontrolle „umwelthungriger" Nachbarn auch ein wenig ausprägbare Privatheit verbunden sein. Übertriebene Distanzzonen, Bollwerke und grenzbegleitende Dickichtstreifen legen davon zwischen Einfamilienhäusern auf Grundstükken, die immer kleiner werden, ein beredtes Zeugnis ab. Dem Bewohner einer Etagenwohnung bleibt in diesem Fall nur die Möglichkeit, innerhalb der ihm durch gemeinschaftliche Erschließungswege aufgezwungenen Berührungsflächen (Treppenhaus, ebenerdige Freiflächen) ein deutliches Abwehrverhalten (mentale Distanz) zur Schau zu stellen, um fortan als Sonderling zu gelten.

Die sterile Anonymität eines Hochhauses, die die erschließungstechnische Enge dieser Wohnform zwar nicht aus der Welt schaffen kann, innerhalb der aber ein hohes Maß an Sturheit als „normal" toleriert wird, läßt sich so auch als Wohnqualität einstufen.

> Verlust der Privatspähre und eines gesicherten Zugangs zur Öffentlichkeit ist für die städtische Wohn- und Lebensweise heute charakteristisch, gleichviel, ob die alten großstädtischen Wohnformen durch die technisch-ökonomische Entwicklung stillschweigend umfunktioniert worden sind, oder ob man auf Grund dieser Erfahrungen neue vorstädtische Siedlungsformen entwickelt hat.
> Jürgen Habermas, 1962 (54)

Der ungebrochene Trend zum Einfamilienhaus, basierend auf einem relativ hohen Niveau der engeren Wohnsituation (Autonomie, Umweltqualität, Naturkontakt) und einem hohen sozialen Prestige, beruht auf Nachteilen der Geschoßwohnform, die noch schwerer wiegen.

> Das Einfamilienhaus als Wohnform ist überholt. Trotz der Asozialität dieser Wohnform ist sie jedoch vielfach noch immer die einzige Form, die ein subjektives Wohnen gestattet, weil das Angebot an Mietwohnungen sowohl in technischer wie auch in grundrißlich räumlicher Qualität der Wohnung selber als auch der Umgebung nicht zumutbar ist.
> DGB, 1969 (55)

Beide Wohnformen zeigen in der Praxis eine unzureichende Vielfalt der Wohnungs-Randbereiche. Das Einfamilienhaus verfügt lediglich über das bessere Notventil einer privaten Abkapselung.

*Glück-liches Wien
oder: Gemeinschaften gegen die Welt*

Die Intentionen des Wohnungs-Baus, das Überbewerten der „inneren" Vorzüge einer Wohnung und das Vernachlässigen ihrer „äußeren" Qualitäten, zeigen sich nicht nur in der gebauten Realität, dem Nachfrageverhalten der Bewohner und der gängigen Praxis, Dokumentationen zum Geschoßwohnungsbau auf die Wohnungs-Grundrisse zu beschränken. Allgemeiner und umfassender dokumentiert sich dieser Mangel auf wissenschaftlicher Ebene in den Schwerpunkten entsprechender Wohnwertmodelle. Die Einbindung der einzelnen Wohneinheit in größere Organisations- und Wohnzusammenhänge spielt darin für die Wohnqualität insgesamt eine äußerst bescheidene Rolle.
Eine österreichische Untersuchung aus dem Jahre 1973 (56), die konsequent die Bereiche „innerhalb der Wohnung" und „außerhalb der Wohnung" unterscheidet, kommt immerhin zu einem Wertigkeitsverhältnis dieser Zonen von 70:30. Dennoch geht die Bedeutung des Wohnhauses auch hier nicht wesentlich über die reine Addition einzelner Wohneinheiten hinaus. Kriterien außerhalb der Wohnung sind mit 13% des Gesamtansatzes reine Standortqualitäten (Immissionen, Infrastruktur), 15% teilen sich die „Beziehung zum ebenerdigen Außenraum" und die Spielmöglichkeiten für Kinder, 2% bleiben für Gemeinschaftsräume vom Versammlungsraum bis zum Autoabstellplatz. Schon die „Möblierbarkeit" der Wohnung allein wiegt jedoch schwerer als alle äußeren Rahmenbedingungen zusammen. Sogar Belanglosigkeiten wie die apparative Ausrüstung von Küche und Bad, die jederzeit nachträglich zu verbessern ist und u. U. sogar vom Bewohner selbst ergänzt werden könnte, stehen in dieser Rangordnung über der Beziehung der Wohnung zum Außenraum. Kaum ein Bewohner käme auf den Gedanken, ein Einfamilienhaus, schon gar nicht den bewußten „schönen, alten Bauernhof", nach ähnlichen Kriterien zu beurteilen. Die gedankenlose Abkapselung der Geschoßwohnung in einer beliebigen Position zwischen Himmel und Erde gilt jedoch als unabwendbar.
Eine jüngere Arbeit des Österreichischen Instituts für Bauforschung aus dem Jahr 1977 (57) reserviert von 28 Kriterien zur Bewertung der Wohnung 3, kaum mehr als 10%, für den Gesichtspunkt „Umweltkontakte". Zur Umwelt der Wohnung zählen der wohnungsbezogene Freiraum, beurteilt nach Art und Qualität, planerische Störfaktoren wie Lärmquellen und unerwünschte Sichtkontakte sowie die nähere Umgebung (Verkehrsstraße, Grünfläche . . .) bzw. die Aussicht aus der Wohnung. Die Erschließung der Wohnung beinflußt in diesem Modell bezeichnenderweise nicht die Bewertung der Wohnung, sondern lediglich die Bewertung der Wohnanlage insgesamt, ganz so als bestände zwischen diesen beiden künstlichen Bereichsgrenzen des Wohnens kein unmittelbarer Zusammenhang. Die Qualitäten von

Hauseingang und Erschließung stehen in ihrer Bedeutung u. a. gleichrangig neben „Heizung und Raumkonditionierung", „Ausbauflexibilität" (Veränderung von Raumanzahl und Raumgrößen) und der Qualität der Pkw-Abstellplätze. Der Hauseingang wird beurteilt nach seiner Verbindung zur Straße, der Anzahl der Stufen vor dem Haus und nach der Existenz einer Vorhalle. Die Erschließung wird nach Art, Belichtung und der Zahl der pro Treppenpodest bedienten Wohneinheiten bewertet. Außenliegende Erschließungsformen – Stufen zwischen Straße und Hauseingang, Laubengänge und offene Treppenhäuser – führen jeweils zu dramatischen Abwertungen, die selbst von Vielspännern, dunklen Innengängen und künstlich belichteten Treppenhäusern nicht erreicht werden. Die Möglichkeit direkt erschlossener Wohnungen im Geschoßbau (Haustür = Wohnungstür) findet keine Berücksichtigung. Aus der Behandlung von „Flachbau-Hangbebauungsformen" läßt sich jedoch interpolieren, daß eine derartige Anlage bei mehr als sechzehn Treppenstufen im Freien eine Abwertung erfährt, die innerhalb des gesamten Bewertungsmodells nur selten in ähnlicher Höhe erreicht wird, so z.B. wenn der Spielplatz nur über eine Verkehrsstraße erreichbar ist, die Aussicht aus der Wohnung durch eine gegenüberliegende Bebauung im Abstand von weniger als zehn Metern stark beeinträchtigt ist, der Freiraum sich auf einen Arbeitsbalkon von 1 m^2 beschränkt oder eine Etagenheizung vom Bewohner selbst mit Brennstoff versorgt werden muß! Eine natürliche Terrassierung, die es nicht nur ermöglicht, jeder Wohnung einen üppigen Freiraum zuzuordnen, sondern auch, sie separat und direkt aus dem öffentlichen Raum heraus zu erschließen, wenn auch über eine freiliegende Treppenanlage, gehört demnach zu den schlechtesten Lösungen – z.B. Pasadena Heights in Mishime/Japan von Kiyonori Kikutake, 1974 (58). Adolf Loos war 1926 anderer Meinung:

... denke ich mir diese Wohnungen (in Mehrfamilienhäusern, K.-D.W.) aus zwei Stockwerken bestehend, mit einem Eingang von der Straße. Die Ergänzung meines Planes muß dann etwas sein, das wie ein Terrassenhaus aussieht, mit einer Stiege, die im Freien liegt und von der aus man auf die verschiedenen Terrassen kommen kann. Man kann diese Terrassen auch eine Hochstraße nennen; jede mit einem eigenen Eingang, mit einer eigenen Laube, wo man sich des Abends, in freier Luft auf der Hochstraße sitzend, aufhalten kann. Die Kinder spielen auf der Terrasse ohne Gefahr, von einem Automobil usw. überfahren zu werden.
Adolf Loos, 1926 (59)

Diese Gegenüberstellungen zeigen mehr als deutlich, daß der „Außenwert" der Wohnung in seiner Bedeutung unterschätzt und daher auch zu undifferenziert beurteilt wird.
Die individuelle Einstellung des Bewohners seiner Wohnung gegenüber, die dieser Bewertungspraxis durchaus widerspricht, nimmt eine weitere schweizerische Arbeit zur „Wohnungsbewertung" aus dem Jahr 1974 zum Ausgangspunkt und stellt, auf eine Umfrage von 1969 Bezug nehmend, fest:

Nur 9% der befragten Personen erleben demnach ihre Wohnung als „möglichst funktional gestalteten Lebensraum" oder als „notwendiges Dach über dem Kopf". Von der Mehrheit der Bewohner wird die rein physische Bedürfnisbefriedigung vielmehr als selbstverständliche Grundbedingung vorausgesetzt. Geborgenheit, Geselligkeit, Persönlichkeitsentfaltung, Selbstverwirklichung sowie bequemes und zwangloses Verhalten sind dagegen für sie die Lebensvollzüge, die eine Wohnung vor allem gestatten soll. (60)

Daß sich dieses Wohn-Wunsch-Programm der Bewohner, u.a. „Persönlichkeitsentfaltung" und „zwangloses Verhalten", nur mit Hilfe von Zwangsmaßnahmen in den Grenzen der Wohnung festhalten läßt, belegt wiederum die verbreitete Vorliebe für das Haus mit *einer* Wohnung. Ginge es in beiden Fällen − Einfamilienhaus und Geschoßwohnung − lediglich um eine geschickte Disposition von Innenräumen, wäre der „Dualismus zwischen Geschoßbau in der Stadt und dem Eigenheimbau außerhalb der Stadt" (61) nicht zu erklären. Trotzdem beschränkt sich auch die zuletzt zitierte Arbeit schließlich auf eine Untersuchung des Wohnungs-Innenraums, wobei in diesem Fall Außen- bzw. Umweltkontakte gar nicht zur Sprache kommen. Statt dessen wird „die Eignung für variable Nutzung als ein oberer Zielwert für den zu entwickelnden Wohnungsstandard bestimmt", ein Gesichtspunkt also, der in dem Wunsch, ein gut gelegenes älteres Einfamilienhaus oder ein billiges Exemplar von der Stange zu erwerben, wiederum nur höchst selten in Erscheinung tritt. Auch das zweite Oberziel, die Eignung der Wohnung für „spezifische Nutzung", die Beziehungsordnung zwischen Teilbereichen der Wohnung sowie ihre physiologisch-technische Eignung, füllt den Wunschtraum „Einfamilienhaus" nur zu geringen Bruchteilen aus. (Die Nichtigkeit dieser Oberziele wird von der Postmoderne immerhin auf geradezu dramatische Art und Weise vorgeführt).

Wer glaubt, daß sich inzwischen die Präferenzen des Wohnungs-Baus nachhaltig verschoben haben, wird durch ein aktuelles Bewertungsmodell aus den Jahren 1983/1985 eines Besseren belehrt. Dieses neue Konzept des Wiener Architekten Harry Glück ist für die weitere Betrachtung von besonderer Brisanz, da die darin vorgestellten Kriterien „überraschend schnell zur theoretischen Basis eines neuen Wohnbauprogramms der Gemeinde Wien herangezogen wurden" (62) und inzwischen von ausgewiesenen Kapazitäten der Postmoderne wie Gustav Peichl, Wilhelm Holzbauer, Hans Hollein, Gino Valle, Heinz Hilmer, Christoph Sattler und Josef Paul Kleihues „mitgetragen" werden (diese in Architektenkreisen beliebte Umschreibung einer „leidvollen" Auftragsannahme mag Ressentiments mitbeinhalten, die jedoch eine ausdrückliche Ablehnung der vorgestellten Thesen keineswegs provozieren konnten). Die empirische „Wohnwertuntersuchung für den sozialen Wohnbau in Österreich" (1983) (63), die „Verhaltensbezogene Grundlagenforschung für den Wohnbau" (1984) (64) und das auf beidem aufbauende Buch „Stadt und Lebensqualität" (1985) (65) dokumentierten zwar einerseits, korrespondierend zu den befragten Bewohnern, die inzwischen eingeleitete Abkehr von der Überbewertung technisch-funktioneller Kriterien innerhalb der Wohnung, erklären andererseits jedoch eben dieses Ausstattungsniveau − auf anderer Ebene − erneut zur Richtschnur künftigen Wohnungsbaus.

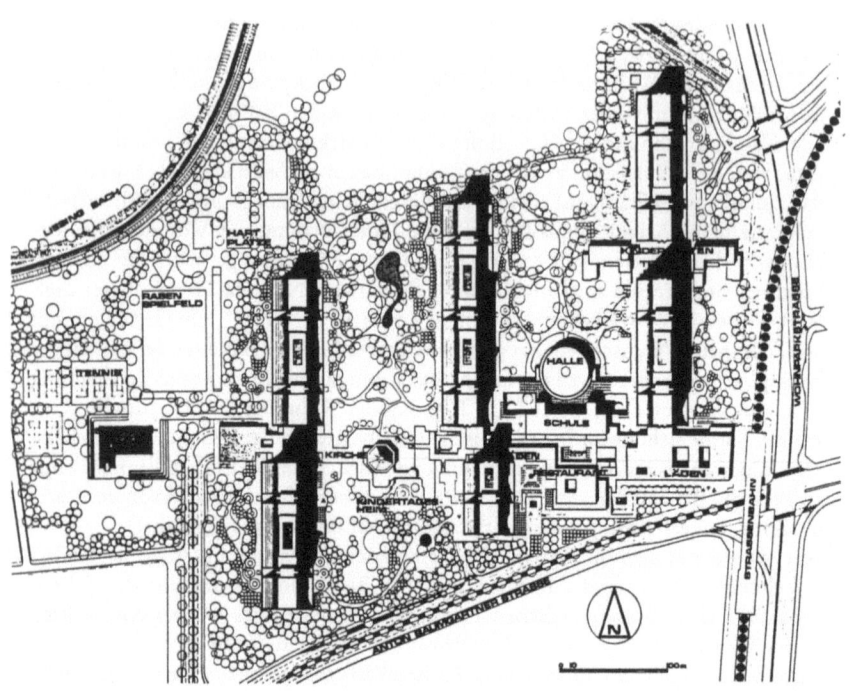

Harry Glück:
Wohnpark Alt-Erlaa, Wien,
1975–82.
Lageplan,
Teilansicht
und Normalgeschoß

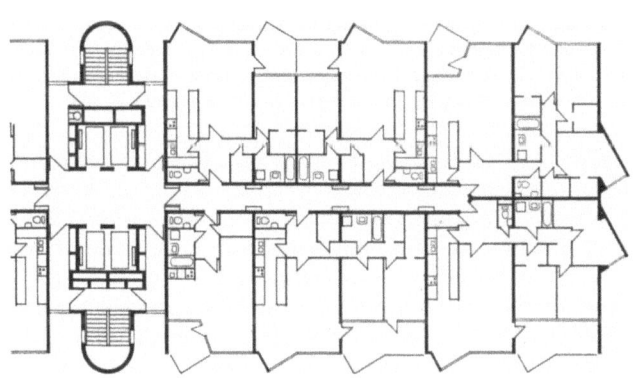

Die untersuchten Wohnungen werden hinsichtlich ihres Wohnwertes nach drei Abstufungen klassifiziert: „vollwertiges", „höherwertiges" und „unvollständiges Austattungsniveau". Zwar betreffen die geforderten Ausstattungsmerkmale, vom privaten Freibereich abgesehen, nicht mehr nur die Wohnung, sondern die Wohnanlage insgesamt. Es bleibt jedoch bei dem schon vorher innerhalb der Wohnung angewandten quantitativen Maßstab „Ausstattung". So einseitig bisher der private Rückzugsbereich Wohnung danach bemessen wurde, so einseitig werden nun Gemeinschaftsbereiche vom Schwimmbad bis zur Sauna gefordert, wobei die Übergänge und Verbindungen zwischen Privatbereich und Gemeinschaftsbereich (oder gar eine gezielte Einbindung der einzelnen Wohneinheit in den öffentlichen Raum) wiederum nicht zur Sprache kommen. Im Mittelpunkt steht nicht der Verhaltensspielraum des einzelnen Bewohners im unmittelbaren Umfeld seiner Wohnung, sondern die technische Ausstattung seiner Wohnsituation. Da stört es auch nicht, wenn man wie im Wiener „Wohnpark" Alt-Erlaa auf 26-geschossige Hochhäuser mit dunklen Innengängen, „einer Art gemeinsamen Wohnzimmers" (66), zurückgreift, um die Wirtschaftlichkeit derartiger Angebote in den Griff zu bekommen.

> Vollwertige Wohnungen haben praktisch immer große Loggia, Terrasse oder Balkon. In der Wohnanlage gibt es ein Freiluftschwimmband mit gemeinsamer Sonnenterrasse, eine gemeinsame Grünfläche, eine Sauna und ein reiches Angebot an Gemeinschaftsräumen. Häufig stehen auch Tennishalle, Gymnastikräume und überdachte Spielplätze für Kinder zur Verfügung. (67)

Wenn eine derartige Zielvorgabe zur allgemeinen Richtschnur des Geschoßwohnungsbaus erhoben wird (in Wien wird dieses Wendemanöver gerade eingeleitet), wirkt diese Ausstattungseuphorie der Tendenz zur Stadtflucht nicht entgegen, wie ein Mieterbeirat aus Alt-Erlaa behauptet, sondern praktiziert sie.

> Diese Leute „leben" im wahrsten Sinne des Wortes im Wohnpark. Überspitzt formuliert, könnte man sagen, daß sie fast unwillig auf Urlaub fahren, weil sie viele ihrer Bedürfnisse in einem optimalen Maß hier ausleben können . . . Einerseits ist es die ständige Ausweitung des Angebots, das die Leute hier hält, sind es auch ökonomische Überlegungen, die z.B. den Besuch des Hausschwimmbades vorteilhafter als einen Badeausflug erscheinen lassen. Andererseits sind es aber auch die immer noch steigende Intensität sozialer Kontakte, die vielen freundschaftlichen Beziehungen − einfach das angenehme Sozialklima des Wohnparks, welches der Tendenz zur Stadtflucht entgegensteht. (68)

Ausstattungskomfort und Autonomie von der städtischen Umwelt erinnern an die künstlichen Innenwelten und Stadtenklaven der amerikanischen Skyscraper-Hotels von John Portman. Ein hauseigenes Schwimmbad steht der Öffentlichkeit nicht zur Verfügung. Die Bewohner eines mit soviel Luxus ausgestatteten Hauses sind − schließlich zahlt man ja dafür − dazu verdammt, ihre Portion „Glück" mit ihren Mitbewohnern zu teilen. Für einen kurzfristigen Hotelaufenthalt ergeben sich daraus keine Probleme. Der Wohnungssuchende findet in derartigen Wohnkomplexen jedoch mit der passenden Wohnung gleich den passenden oder unpassenden Bekanntenkreis. Die Bedingungen und Voraussetzungen für ein gemeinschaftsorientiertes Wohnen durchdringen nicht wie z.b. bei den Experimenten der utopischen Sozialisten das ganze Gebäude in seiner Organisation und seinem Erscheinungsbild, sondern isolierte Gemeinschaftsräume und -flächen werden einer im übrigen mehr als konventionellen Gebäudestruktur aufgesetzt wie die Cocktailkirsche einem schlichten Grießbrei. Dem Wunsch nach Wohn-Gemeinschaft wird ebensowenig akzentuiert entsprochen wie der privaten Rückzugsmöglichkeit (beide Ziele sind in der Größenordnung eines Hochhauses allerdings nicht mehr realisierbar). Privatheit, Gemeinschaft oder Öffentlichkeit lassen sich erst erreichen, wenn das Niemandsland von Aufzug, Treppenhaus und Gang durchdrungen ist. Ein Problem, das sich ganz ähnlich auch in den Unités d'Habitation von Le Corbusier stellt. Denn gerade das Vorbild des Ozeandampfers mit seinem minimierten und größtenteils dunklen Erschließungssystem bietet keine Gewähr für ein repressionsfreies Miteinander-Wohnen im Großwohnhaus. In seiner Untersuchung zum (konventionellen) Wohnhochhaus wies Ulfert Herlyn das Risiko derartig konzentrierter Bebauungsformen hinsichtlich unfreiwilliger Nachbarschaftskontakte bereits nach.

> Die in der Nähe wohnenden Personen sind einem oft mit der Zeit dem Sehen bzw. dem Namen nach bekannt, aber man kann sie sich in der Regel nicht aussuchen, denn sie werden im Normalfall zwangsläufig „mitgemietet". Da jedoch gerade infolge der räumlichen Nähe von diesen Personen, den sog. Nachbarn, Verhaltenserwartungen ausgehen können, die unter Umständen den Bereich der Privatheit durch soziale Kontrollen stören, ist die Chance zu wirksamer Abschirmung nur dann gegeben, wenn durch die bauliche Anlage erzwungene Sozialkontakte möglichst vermieden werden, um die freie, auf eigener Initiative beruhende Wahl der Kontaktpartner weitgehend offen zu halten. (69)

Die bloße Existenz von Gemeinschaftsräumen innerhalb geschlossener Nachbarschaftszirkel oder Hausgemeinschaften bereichert die Auswahl bzw. Freiheit des Bewohners in dieser Beziehung nicht. Die Beispiele dafür sind Legion. Auch in der Berliner Gropiusstadt existiert ein sogenannter „Feierraum" im 27. Geschoß, und selbst im Märkischen Viertel finden sich mitunter auf dem Dach von 2 700 Wohnungen ein Versammlungsraum (für ein Altenwohnheim!) und ein Gesellschaftsraum.
Im Wohnpark des Harry Glück besteht durchaus der begründete Verdacht, daß sich einzelne Bewohner dem Druck einer Mehrheit ausgeliefert fühlen, ohne sich entsprechend distanzieren zu können. Der Anpassungsdruck beschränkt sich nun nicht mehr auf das Wohlverhalten im Treppenhaus, sondern dehnt sich unter Umständen zu dem Zwang aus, entweder an ungeliebten „Gemeinschafts"-Aktionen teilzunehmen oder den Makel eines Sonderlings auf sich zu ziehen.

> Wir haben in Alt-Erlaa für unsere Bewohner 16 Vereine. Alle Klubs im Wohnpark sind von Bewohnern für Bewohner gegründet worden – und bei dieser Vielzahl ist es fast unmöglich, für sich nichts Geeignetes zu finden. (70)

Der Verhaltenskodex des Dorfes, in das jedes Miglied der Dorfgemeinschaft (durchaus nicht jeder Bewohner eines Dorfes) ganz allmählich „hineinwächst", der damit ausschließlich für einen Personenkreis mit relativ engen Bindungen gilt, wird so auf das Wohnen in der Stadt übertragen; und zwar nicht auf Wohn-Gemeinschaften, die sich nach eigenen Gesetzen autonom gebildet haben, sondern auf Haus-Gemeinschaften, die rein zufällig und vorübergehend entstehen. Der Gemeinschaftsidee auf der Basis einer Gleichheit in Armut, wie sie dem Neuen Bauen vorschwebte, wird eine Freizeit-Gemeinschaft im Luxushotel gegenübergestellt.

Die Mietskaserne schafft Disziplin durch Isolierung, und sie bleibt Mietskaserne, ob als Hinterhof, als Zeilenhaus, als Hochhaus oder als elegantes Luxus-Service-Hochhaus. Das Mietshaus ist primär Eigentum seines Besitzers, dann erst Lebensraum seiner Bewohner und muß sich daher als geschlossene Einheit präsentieren, muß auf eine lebensfeindliche Weise „schön", d.h. ordentlich und sauber sein. Dafür sorgen z.T. auch die Hausordnungen, die z.B. das Aufhängen von Wäsche über der Höhe der Balkonbrüstung verbieten, weil das den „ordentlichen" Eindruck stören könnte. Selbst die Eigentumswohnungen folgen diesem Prinzip, nur wachen da die vielen Besitzer über den einen. Dieser Einstellung folgen die Städtebauer, wenn sie den Grundsatz von der Einheit des Baukörpers auch als ästhetische Forderung vertreten. Aber sollen Mikrostrukturen aus eigener Initiative entstehen, also Ausdruck der Lebensfülle sein, müßten Eigentümer und Architekt auf die Einheit des Baukörpers verzichten, der dann nur noch die Basis bilden würde für die Entfaltung individueller Ideen und Möglichkeiten.
Walfried Pohl, 1974 (71)

Nur die Not, die Freiheit des selbstbestimmten Wohnens im Einfamilienhaus (noch) nicht erreicht zu haben, macht diesen Ersatz-Komfort so verlockend.

Der weitverbreitete „Traum vom wirklichen Wohnen" beruht auf unserer historischen Lebensform: Das Dorf als Lebensbereich, wo man gemeinsam etwas tun kann, Gemeinschaftsräume, Treffplätze hat – und die eigene Wohnung, die aber auch im Garten einen gewissen Gestaltungsraum bietet. Was entspricht nun diesem Ansatz im modernen Massenwohnungsbau? Die wesentlichen Grundelemente sind eine Wohnung mit einem Grünraum – Vorgärtchen, Balkon usw. – und Gemeinschaftsbereiche, wo man miteinander spielen, Sport betreiben, reden kann. Dazu gekommen ist noch das Schwimmbad, das in unserer sommerlichen Kultur eine Rolle spielt ... eigentlich geht es bei der Beurteilung von Wohnanlagen um die beiden Grundregeln: Ist der „Einfamilienhaustyp" vorhanden, und wie stark ist der „Dorfcharakter" gegeben?
Ernst Gehmacher, 1983 (72)

Es ist schon bemerkenswert, wie simpel hier gedacht wird. Der Wert des Einfamilienhauses reduziert sich auf seinen Garten. Dieser läßt sich durch einen Balkon ersetzen. Das menschliche Interaktionsspektrum reduziert sich auf die (vermeintliche) Gemeinschaftsidylle des Dorfes. Diese Gemeinschaft läßt sich quasi als Instant-Gemeinschaft ganz flink mit hausinternen Gemeinschaftsbereichen anrühren. – Der Gedanke ist verlockend: Bijlmermeer in Amsterdam, das Märkische Viertel in Berlin mit Balkonen von 5 m² (= Einfamilienhaustyp), mit Grünanlagen, überdachten Gemeinschaftsräumen und Schwimmbädern auf den Dächern (= Dorfcharakter) garantieren von heute auf morgen eine „vollwertige" Bedürfnisbefriedigung der Bewohner. Zwei dieser Kriterien, z.b. Grünanlage (welcher Wohnanlage fehlt schon eine?) und überdachter Gemeinschaftsraum (vgl. in Karlsruhe-Dammerstock die Bauten von Gropius, Roeckle und Riphahn), garantieren immerhin ein „höherwertiges" Ausstattungsniveau. Erst wenn keine der genannten Anforderungen erfüllt wird, ist die Ausstattung „unvollständig".

Ein Richter am Amtsgericht Essen-Borbeck sah 1978 den mietrelevanten Nutzwert der „Grünanlage" bereits bei nur acht Wohnparteien weitaus gelassener:

> Der Garten kann von den Beklagten nicht alleine genutzt werden. Er steht immerhin 8 Familien im Hause der Kläger zur Verfügung. Eine echte Erhöhung des Wohnwertes ist daher nicht zu erkennen. (73)

Evident wird der falsche Ansatz einer derartigen Sozialmontage nicht beim Schwimmbad, das in der genannten Untersuchung eine so große Rolle spielt. Dazu ist dieses Freizeitvergnügen zum einen viel zu beliebt und zum anderen viel eher ein individueller als ein kollektiver Spaß oder Sport, besonders auf engen und hochgelegenen Dachterrassen von 26-geschossigen Hochhäusern. Henri Sauvage und selbst Walter Gropius – Projekt für 11-geschossige Wohnhochhäuser am Rande eines Fluß- oder Seeufers (74) – bewiesen in dieser Frage bereits mehr Sachverstand, indem sie diese Freizeitattraktion in den öffentlichen Raum einbanden. Die Fragwürdigkeit des Prinzips, das gemeinschaftsorientierte Wohnen zur Richtschnur der allgemeinen Entwicklung zu machen, wird deutlicher bei Angeboten, die tatsächlich eine gemeinsame Initiative oder auch nur gegenseitige Rücksichtnahme erfordern. So werden verordnete Gemeinschaftsräume selten anders genutzt als im Rahmen von Kinderveranstaltungen. Warum sollte man in Behelfsräumen den Gitarrenklängen eines Hobbymusikers aus der 17. Etage lauschen, wenn in der Stadthalle Keith Jarrett spielt? Der mangelnde Gemeinschaftssinn wird in diesem Fall jedoch schnell auf das Fehlen entsprechender Animateure zurückgeführt.

> Wir müssen uns damit auseinandersetzen, wie Gemeinschaft gegründet werden kann. Denn was nützt ein großer Raum, wo man beieinander sitzt. Es bedarf einer Kreativität, um Gemeinschaft geistig auszufüllen. Dazu müßte es Animatoren geben.
> Viktor Hufnagel, 1983 (75)

Dem Bewohner wird in einer auf das Wohnhaus beschränkten Neuauflage der Nachbarschaftsidee generell unterstellt, er suche die Nähe seiner Mitbewohner und Nachbarn und wolle seinen individuellen Kontaktkreis vor allem mit ihnen ausfüllen, ein Prinzip, das dem Traum vom Ein-Familienhaus ebenfalls grundsätzlich zuwiderläuft. Dieser auch in Alt-Erlaa existierende Traum konnte bei der Befragung der Bewohner nur dadurch abgefangen werden, daß die Fragestellung nach der idealen Wohnform die begrenzten finanziellen Möglichkeiten der Bewohner mit einschloß.

Welche Wohnmöglichkeiten würden Sie für sich als ideal bezeichnen? Berücksichtigen Sie dabei aber wieder Ihre familiären Umstände und finanziellen Möglichkeiten. (76)

Daß sich jemand, der mit der Etage leben muß, über ein Schwimmbad freut, bedarf keiner wissenschaftlichen Anstrengung. In „Stadt und Lebensqualität" heißt es dennoch, peinlicherweise ohne jeden die eingeschränkte Fragestellung erwähnenden Zusatz und fern aller Selbstkritik, daß unter den Bewohnern von Alt-Erlaa (Block A) lediglich noch 28 Prozent das Einfamilienhaus als ideale Wohnform gelten ließen. (77) An diesem Maßstab gemessen, versagen vor allem auch traditionelle angelsächsische und niederländische Wohnformen, die den privaten Wohnbereich möglichst unmittelbar an einen öffentlichen Bereich angrenzen lassen, um damit jede Form einer lediglich von der Gebäudestruktur bestimmten Haus-Gemeinschaft zu umgehen.

Der Verdacht liegt nahe, daß als Antwort auf die anonymen bzw. in ihrer äußeren Zielrichtung unbestimmten Wohnsituationen der Vergangenheit jetzt eine einseitige Gegenbewegung in Richtung Gemeinschaft Abhilfe schaffen soll. Gemeinschaftsorientiertes Wohnen kann jedoch nur ein Angebot unter anderen sein. Insofern haben darauf zielende Modelle und Experimente ihre Berechtigung. Ob dieses Ziel allerdings mit der Kombination Hochhaus plus Gemeinschaftseinrichtungen erreichbar ist, bleibt der Untersuchung am konkreten Einzelfall vorbehalten und darf gerade in diesem Fall bezweifelt werden. Die allgemeine These,

> Bauten mit hohem Wohnwert offerieren demnach den Bewohnern optimale Chancen zu sozialer Aktivität und Kontaktaufnahme mit den Nachbarn und Mitbewohnern (78),

muß in ihrer einseitigen Festlegung auf einen gemeinschaftsorientierten Verhaltenstyp des Bewohners jedoch grundsätzlich in Frage gestellt werden, zumal der Wandel derartig wissenschaftlicher Fundierungen dem Tempo von Wohn-Design und Stadt-Dekor offenbar nicht nachsteht:

> Die Sphäre der Privatheit, aber auch der Identifikation ist derzeit großteils auf den Wohnungsinnenraum beschränkt – und damit ergibt sich eine beträchtliche Einengung des Entfaltungsraumes überhaupt. (. . .) Diese Freiluft-Freizeit-Zonen (moderner Wohnanlagen, K.-D. W.) werden nich adäquat als private Räume akzeptiert . . .
> Ernst Gehmacher, 1972 (79)

Oder sollte mit Privatheit auch Gemeinschaft gemeint sein? Das neue Buch von Harry Glück, dreizehn Jahre nach diesen Thesen eines seiner wissenschaftlichen Kronzeugen, eignet sich mehr für eine Studie der Selbstdarstellung eines Architekten unter Aufbietung aller verfügbarer „Wissenschaftlichkeit" als für den Aufbau einer neuen Philosophie bzw. Politik des Wohnungsbaus oder gar der Stadt. Die Waghalsigkeit der Thesen innerhalb eines Forschungselaborats von nahezu 1 000 Seiten regt dennoch mitunter zum Schmunzeln an, etwa wenn der in Architektenkreisen nicht ganz unbekannte Name Ungers mit den Vornamen „Oskar Maria"

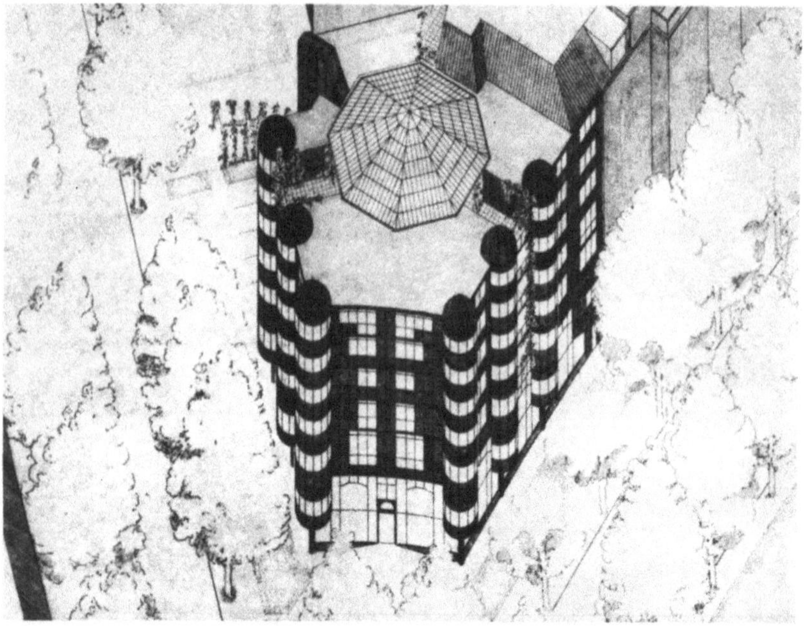

◁ Seite 139:
Gottfried Böhm,
Züblin-Haus in Stuttgart-Vaihingen, 1985.
Große Halle

Gottfried Böhm: Miethaus
am Fasanenplatz, Berlin-Wilmersdorf, 1984.
Skizze, Foto der Halle
und Grundriß 1:500

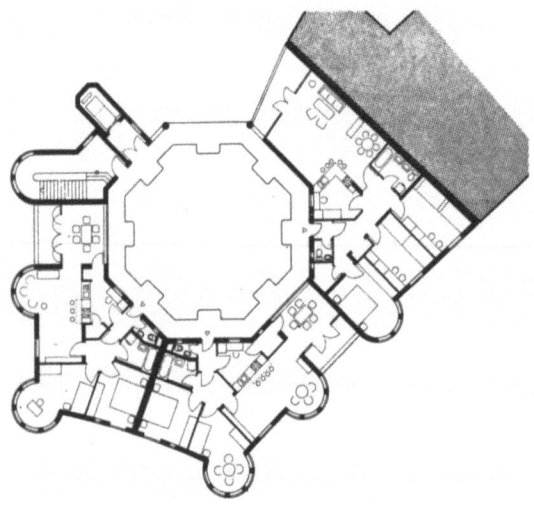

geschmückt wird (80) oder Peter Behrens mit dem Zitat „Weniger ist mehr" (81). Die Repräsentanten der avantgardistischen Architekturästhetik, die zusammen mit Harry Glück von Wien aus den Wohnungsbau revolutionieren wollen, scheinen in einer offensichtlichen Theorieschwäche einem Taschenspielertrick aufgesessen zu sein.

Privatheit, Geselligkeit . . . Zivilisation

„Dem Teppich fällt es leichter bunt zu sein als dem Bild, dem Bild leichter als dem Haus, dem Haus leichter als dem Leben darin" (82). Teppich, Bild und Haus waren nie „bunter" als heute. Die Anstrengung der Architektur muß sich mit Ernst Bloch auf das Leben konzentrieren.
So beeindruckend z.B. die „Bilder" des Züblin-Hauses in Stuttgart von Gottfried Böhm sind, die riesige Halle bleibt leer, sie symbolisiert und schmückt die Größe eines Unternehmens, widmet sich nicht dem „Leben", schon gar nicht dem städtischen (83). Der Vergleich zum Wohnen am Berliner Fasanenplatz (84) belegt die Diskrepanz trotz aller Zwänge der vorhandenen, in den sechziger Jahren mit allzu leichter Hand entstellten Blockstruktur. Die Wohnungen wenden sich von ihrer aufwendig gestalteten, aber relativ dunklen Erschließungshalle eher ab. Neben Küche, WC und Abstellraum wagen pro Etage lediglich zwei von drei Eß- bzw.

Wohnbereichen einen (zweiten) Blick. Der vollkommen regelmäßige Grundriß des quasi hausinternen Laubengangs mit seinen allerdings nur in drei von acht Fällen auf Wohnungszu- bzw. -ausgänge bezogenen Aufweitungen erinnert an die weit schlichtere, aber prinzipiell ähnliche Struktur der Laubenganghäuser von Walter Gropius in Karlsruhe-Dammerstock. Schon dort fiel auf, daß ein Laubengang dieser Breite trotz seiner mehr formal als funktional begründeten Aufweitungen dem Bewohner wenig Nutzungschancen läßt, da diese Erschließungsform immer den Durchgangsverkehr mehrerer Wohneinheiten aufnehmen muß. Daneben wird diesem Raum ein Teil seiner Berechtigung schon dadurch entzogen, daß die Vertikalerschließung ausschließlich über geschlossene, abseits liegende (monofunktionale) Erschließungselemente vonstatten geht. Der Ansatz bleibt im „Bild"-Hinweis auf Godins Familistère in Guise stecken; das formal angeschlagene Thema „Gemeinschaftsorientiertes Wohnen" findet im täglichen Gebrauch keine akzentuierten und überzeugenden Anhaltspunkte. Die ursprüngliche Idee des Architekten gab dem gemeinschaftsorientierten Innenleben des Gebäudes durch großzügigere räumliche Überangebote innerhalb eines erweiterten Hallenbereichs und zwanglosere Schwellenbereiche zwischen Privatbereich und Gemeinschaftshalle weit mehr Gewicht (und minimierte die zur Nachbarbebauung klaffende Lücke durch eine vierte Wohnung stärker als jetzt geschehen). Das Ergebnis bleibt trotzdem symptomatisch. Warum nicht den Verhaltensspielraum der Bewohner in dieser dafür prädestinierten Grundstückssituation in Richtung auf Gemeinschaft erweitern? Konventionelle (Ausweich-)Angebote sind wahrlich genug vorhanden.
Um einem Einwand von Josef Paul Kleihues zuvorzukommen: Er plante 1977 für das Zentrum Berlins den „Park Lenné", sechs gewaltige gleichartige Baublöcke, deren 60 m breite Höfe durch eine leichte Stahlkonstruktion mit verfahrbarem „Himmel" offensichtlich eine Dauernutzung nahelegen sollten (85). Andererseits erstickt das zum Bild erstarrte, auf mathematischem Wege ästhetisierte „Leben" im Wohn- und Einkaufszentrum Wulfen in seiner traurigen Verdrossenheit jede positive Vision im Keim.

> Ich glaube, sie (die Identität einer Stadt, eines Stadtzentrums oder eines Ortes, K.-D. W.) hängt in höchstem Maße von zwei Aspekten ab: erstens von dem Bild, das eine Stadt oder ein Gebäude von sich vermittelt, und zweitens hängt sie ab von dem geistigen und sozialen Zustand, den die Bewohner einer Stadt im Wechsel der Zeiten von sich selbst vermitteln,
> Josef Paul Kleihues, 1983 (86)

Ist es nicht doch umgekehrt, ist es nicht „die Anordnung der Wohneinheiten zum Ganzen, welche einen Einfluß auf den sozialen Zustand . . . ausübt"? Muß denn ein Ofenfabrikant vor hundert Jahren der (geschichtsbewußten?) Postmoderne so weit voraus sein? Oder soll sich der Mensch seiner physischen Umwelt anpassen wie Tier und Pflanze, ohne gerade an der Peripherie seiner Persönlichkeit, an den Grenzen seiner durch die Wohnungstür markierten Individualsphäre mitentscheiden zu können?

Gemeinhin läßt sich feststellen, daß die regelnde Teilnahme an zwischenmenschlicher Interaktion mit zur Bauaufgabe gehört. Häuser und Städte trennen die Menschen voneinander oder führen sie zusammen; es entstehen „Milieus", die zu verschiedenen öffentlichen oder privaten Tätigkeiten passen.
Christian Norberg-Schulz, 1963 (87)

Schon der Wunsch, Handlungen zu verrichten, hängt von dem vermuteten oder tatsächlichen Handlungsspielraum ab.
Rotraut Weeber, 1971 (88)

Spricht es einem Zitat von Walter Benjamin:

> Jede undialektische Konstruktion der Individualität – und die bürgerliche ist eine solche – muß fallen. Die dialektische aber kristallisiert sich um die Verantwortung... (89)

nicht hohn, wenn sich im gleichen, jüngst erschienenen Handbuch zum Wohnen die Wahlfreiheit des Bewohners simplifiziert auf die Hinweise:

> Den mehrgeschossigen Wohnungsbau von heute kann man nach dem Erschließungssystem in Spännertypen und Laubengangtypen einteilen. (...) Dem Wesen nach lassen sich folgende Grundtypen von Wohngebäuden unterscheiden: einfache Geschoßbauten, Hochhäuser, Terrassenhäuser, Sonderformen.
> Franz Kuzmich/Ottokar Uhl, 1984 (90)

Ob die Bewohner wissen was ein Spännertyp oder eine Sonderform ist? – Die geläufigen Typologien des Geschoßwohnungsbau beziehen sich zwar neben Geschoßzahl und Hausform vor allem auf das Kriterium „Erschließung", jedoch nicht um den Verhaltensspielraum der Bewohner daran zu messen, sondern weitgehend unter gebäudetechnischen Gesichtspunkten. So wie die Wohnung an den quantitativen Größen Gesamtfläche, Stellfläche, Ausstattung gemessen wird, findet das Wohnhaus seine Ordnungssystematik in der leicht ablesbaren Gebäudeerschließung. Laubengang bleibt so Laubengang, ganz gleich, ob Stirlings Runcorn oder Rossis Gallaratese oder Erskines Byker Wall gemeint ist. Jede dieser akribisch weit aufgefächerten Typologien suggeriert zwar ein breites Angebot verschiedener Wohnformen, vom Publikum wird diese vermeintliche Vielfalt aber offenbar nicht ernst- oder erst gar nicht wahrgenommen. Zur Unterscheidung divergierender Wohnqualitäten haben sich diese Fachbegriffe in der Praxis der Betroffenen (bis auf das an das „Haus" anknüpfende „Terrassenhaus") nicht durchsetzen können. Warum also von Dreispännern reden, wenn „orientierungslose" oder auch „gemeinschaftsorientierte" Etagenwohnungen gemeint sind?
Wie sollen sich die Bewohner einer Stadt „selbst vermitteln" (Kleihues), wenn nicht in erster Linie an den Grenzen ihrer Behausung, die auf Grund der großen Zahl im Sinne von Stadt nur „Wohnung" sein kann, nicht „Haus"?

Zwangskontakte jeder Art sind zu vermeiden. Der Mensch braucht die ungehinderte Entfaltung seiner privaten Persönlichkeit, welche nur in einer relativen Freiheit möglich ist. (. . .) Wohnlichkeit heißt deshalb auch unter Menschen wohnen, mit denen sich jenes abgewogene Verhältnis von Nähe und Distanz herstellt, das man sucht,
Internationaler Verband für Wohnungswesen, Städtebau und Raumordnung, 1974 (91)

> Jeder Versuch, einen präziseren und konkreteren Begriff des Wohnens zu bilden, führt zu einer Einengung auf bestimmte Kulturen, Epochen, Lebensphasen und gesellschaftliche Gruppen. Dies ist nicht verwunderlich. Der Mensch ist ein instinktreduziertes Wesen. Die Antworten darauf, wie er seine unabweisbaren Bedürfnisse befriedigen soll, sind ihm nicht eindeutig in Instinkten vorgegeben. Er muß sie selbst finden. Und sie sind, was das Wohnen betrifft unendlich vielfältig ausgefallen.
> Hans Paul Bahrdt, 1979 (92)

Niemand kommt auf die Idee, eine Schuhgröße 36–42 anzubieten, die Additionsformen der Etage setzen einen derartigen Konsens dennoch voraus (93). Sollte nicht endlich der Hinweis der Soziologie ernstgenommen werden, daß unterschiedlichen Menschen unterschiedliche Wohnformen entsprechen müssen, wobei die „Form" hier nicht das Bild, sondern seinen Inhalt meint?

> Die Wohnung wird allgemein als privater Binnenraum verstanden und genutzt; gesamtgesellschaftliche Funktionen wie die dargestellte Form der Repräsentation bestehen nicht mehr und damit auch kein Öffentlichkeitsbezug. Jede Wohnung grenzt jedoch an die Öffentlichkeit als Bereich, als „Umgebung", und jede Wohngruppe hat damit einen mehr oder weniger „offenen" Zugang zum öffentlichen Bereich. Der Grad des Interesses an diesem Zugang ist verschieden, und man kann nach dem *Verhältnis Familie-Umgebung* den *Öffentlichkeits-orientierten* und den *Privatheits-orientierten Typ* unterscheiden. Der eine Typ interessiert sich in hohem Maße für alles, was (anonyme oder unbekannte) „Umgebung der Wohnung" ist, der andere nicht.
> Norbert Schmidt-Relenberg, 1968 (94)

Die Orientierungslosigkeit unseres Wohnungsbaus läßt sich keineswegs mit dem Kunstgriff wegargumentieren, der das „Privatissimum" eines privatheitsorientierten Wohnens als gesellschaftlichen Rückschritt denunziert. Denn der „konservative" Bedarf manifestiert sich in jedem einzelnen „my home is my castle" aufs neue. Wenn der Bewohner einer Wohnung nicht durch eine unterprivilegierte Wohnform bevormundet werden soll, steht ihm das gleiche Recht zu. Vor allem muß eine an ihren Grenzen gesicherte Privatsphäre nicht eo ipso zum Hemmnis der gesellschaftlichen Entwicklung werden, etwa nach der Devise von Alfred Krupp.

> Die Angelegenheiten des ganzen Vaterlandes sollen Jedem wichtig und theuer sein, aber dazu hilft gar nichts das Kannegiessern, das Schwatzen über politische Angelegenheiten, das ist nur Aufwieglern willkommen und stört die Pflichterfüllung. (. . .) Nach gethaner Arbeit verbleibt im Kreise der Eurigen, bei den Eltern, bei der Frau und den Kindern. Da sucht Eure Erholung, sinnt über den Haushalt und die Erziehung. Das und Eure Arbeit sei zunächst und vor Allem Eure Politik. Dabei werdet Ihr frohe Stunden haben. (95)

Dieser Rückzug aus der gesellschaftlichen Verantwortung ist ausdrücklich nicht gemeint, im Gegenteil:

> Privatheit impliziert daher nicht nur die Komponente des Ausschließens anderer Personen und des Rückzuges, sondern auch die des „Sich Öffnens", der selbstbestimmten Bereitschaft zu Sozialkontakten und Interaktionen mit anderen. Diese Bereitschaft zur Interaktion muß als wesentlicher Bestandteil in das Konzept der Privatheit integriert werden. (...) Die Möglichkeit der an eigenen Bedürfnissen orientierten Kontrolle unterscheidet Privatheit von Isolation.
>
> Dorothee Obermeier, 1980 (96)

> Es ist schwer vorstellbar, daß eine nennenswerte Autonomie und kulturelle Eigenständigkeit auf die Dauer behauptet werden kann, wenn es nicht auch eine Öffentlichkeit gibt, in der das Recht auf eine private Existenz verteidigt werden kann. Und umgekehrt dürfte wohl eine Öffentlichkeit rasch degenerieren oder sich in eine Scheinöffentlichkeit verwandeln, wenn die Menschen, die durch ihre Teilnahme Öffentlichkeit tragen sollen, kein privates Reservat, kein „Hinterland" besitzen. Die Privatsphäre ist gewissermaßen die Hausmacht des mündigen Bürgers einer Demokratie.
>
> Hans Paul Bahrdt, 1979 (97)

Die Scheinöffentlichkeit zwischen einem „isolierten" Privatraum und einem „isolierten", nur noch konsumierbaren Stadt-Erleben in der Fußgängerzone wird durch ein großbürgerlich gestaltetes Treppenhaus ebensowenig aufgeweicht wie durch wiederum „isolierte" Gemeinschafts-Inszenierungen auf oder vor dem Haus. Richard Sennett spricht in diesem Zusammenhang von einer „unzivilisierten Gemeinschaft".

> Sitte und seiner Generation ging es noch um die Gemeinschaft in der Stadt; den Urbanisten heute geht es um die Gemeinschaft gegen die Stadt. (98)

Die heile Welt einer auf das Haus begrenzten Freizeit-Gemeinschaft ist zwar als Antwort auf die Scheinöffentlichkeit der großen Stadt verständlich; man sucht nach „intimen, lokalen Maßstäben für menschliches Erleben, das lokale Territorium wird zum moralischen Heiligtum, das Getto wird sakrosankt" (99). Es besteht aber die Gefahr, daß diese willkürlich begrenzte Form von „Brüderlichkeit" zum Fetisch wird, der nur dazu dient, dem Interaktionsraum der Stadt und ihren Problemen nicht ganz unentschuldigt fernzubleiben. Ein gut instrumentierter Freizeitaktionismus, dem es auf dem Weg zu einem „richtigen Menschen" ausreicht, mit anderen Leuten gemeinsam etwas zu „tun", und wenn es nur das gemeinsame Betrachten von Fernsehprogrammen ist (100), schafft sich im Grunde ebenso eine Enklave außerhalb der Zivilisation wie der Einfamilienhausbesitzer, der sein Unterhaltungsprogramm alleine goutiert.

> ... die Menschen innerhalb der Gemeinschaft (verlieren) häufig den Wunsch, sich jenen Anstößen auszusetzen, die ihnen in unvertrautem Terrain begegnen. Solch Anstöße sind

145

aber unerläßlich, wenn der einzelne eine Vorstellung von der Vorläufigkeit seiner Anschauungen, die eine Grundvoraussetzung aller Zivilisiertheit ist, entwickeln soll. Die Überwindung der aus lauter Gettos bestehenden Stadt ist ein psychologisches und politisches Gebot.
Richard Sennet, 1983 (101)

So ist die Kritik eines passiven, konsumorientierten, apolitischen Verhaltens längst nicht mehr auf die „heile Welt" des Einfamilienhauses zu begrenzen.
Eine Wohnung, die introvertiertes Wohnen im positiven Sinne sicherstellt, ist demgegenüber gerade nicht die an einem belanglosen Treppenturm irgendwo zwischen Himmel und Gesellschaft aufgehängte Kapsel, die Privatheit nur auf sich bezieht, nicht auf den Weg zwischen dem Privatbereich der Wohnung und der Öffentlichkeit der Stadt. Eine in diesem Sinne verschwommene Zielsetzung, wie sie sich in den nur vordergründig alternativen Modellen bzw. „Wohnregalen" von SITE, Yona Friedmann (102) oder Frei Otto offenbart, kann nicht gemeint sein.

> Die heutige Gesellschaft ist aufnahmebereit für extreme Planungen von kilometerhohen Wohngebirgen für Millionen und sogar für Monumentalkunstwerke eines Paolo Soleri, wenn eine Bedingung erfüllt ist: der unantastbare, ungestörte Individualbereich.
> Frei Otto, 1973 (103)

Yona Friedman: Geschoßflächen über der Stadt, 1956.
Rückzug des Individualismus aus dem Dschungel der Metropolen?

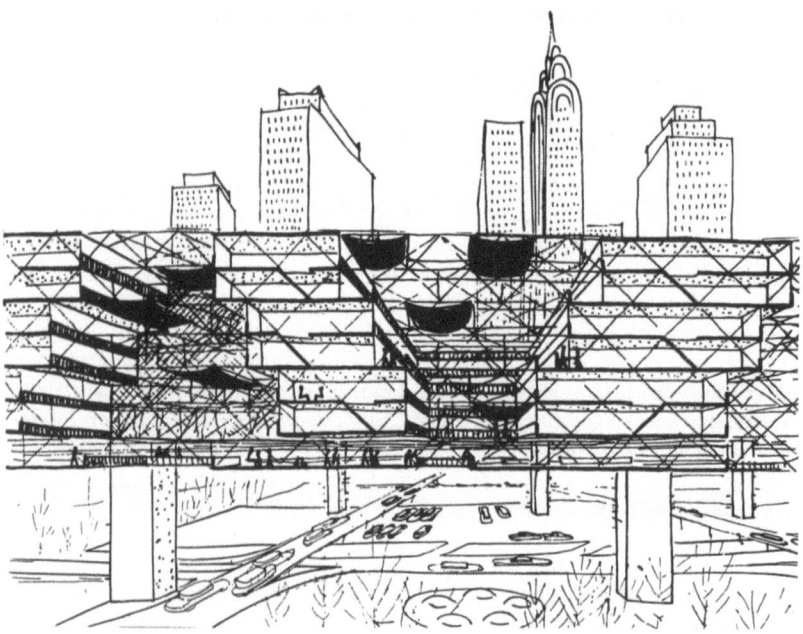

Die Öko-Baumhäuser für Berlin sind zwar inzwischen zurechtgestutzt, die ursprüngliche Planung von fünfzehn Geschossen stand der Einzelhausmultiplikation von SITE in der Höhenentwicklung jedoch kaum nach. (104)
Eine unkritische Anbiederung an das den Applaus des Publikums garantierende Einfamilienhaus greift ebenso zu kurz wie eine Neuformulierung des Stadtraums nur auf ästhetischem Wege. Die auf den Formenreichtum der Vergangenheit aufbauende gestalterische Harmonie bietet mitunter zwar einen würdigen und formellen Rahmen für eine Befreiung des Stadtbewohners, läßt ihn diese jedoch tatsächlich nicht vollziehen.
Wenn sich Rob Krier gegen Mitbestimmungsprojekte wendet und dem Bewohner statt dessen die Wahlfreiheit innerhalb eines differenzierten Angebotes aus der Hand des Architekten eröffnen will, muß er sich fragen lassen, welches sein über gestalterische Fragen hinausweisender Beitrag dazu ist.

Mieter kommen viel eher zu einer bedarfsgerechten Wohnung, wenn ein sehr differenziertes qualitätvolles Wohnungsangebot zur Verfügung steht. Die Mitbestimmung in Form einer breiten Auswahlmöglichkeit ist die bei weitem effizientere.
Rob Krier, 1984 (105)

Private Geschoßflächen mit Wohnungen und Stockwerksgärten

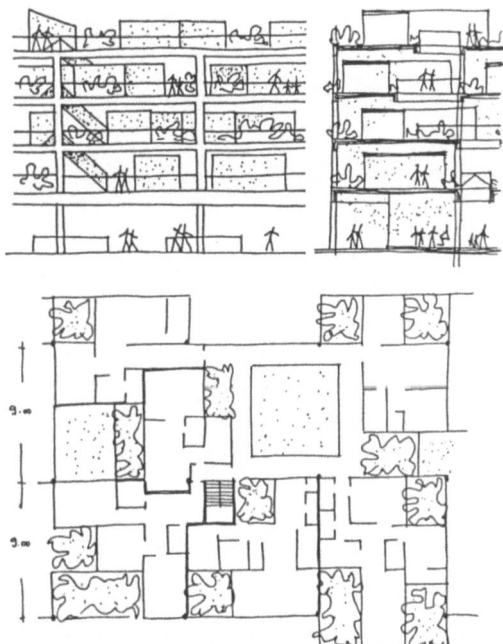

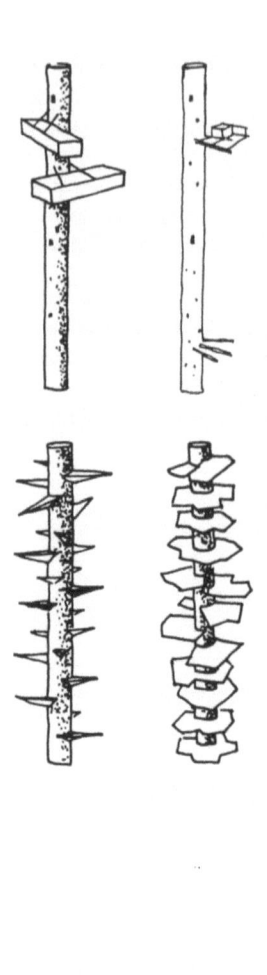
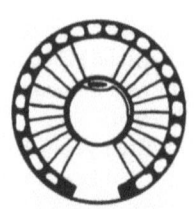

Frei Otto:
Öko-Baumhäuser
für Berlin, Projekt.
Das neue Haus
der neuen Stadt?

0
10
20
30

KOMPAKT
AUFGELOCKERT
FLÄCHENNUTZUNGS-SCHEMA
KOMMUNIKATIONSGARTEN 10%
INNENGÄRTEN 10%
SONSTIGE WOHNFLÄCHE 70

KOMPAKT
AUFGELOCKERT

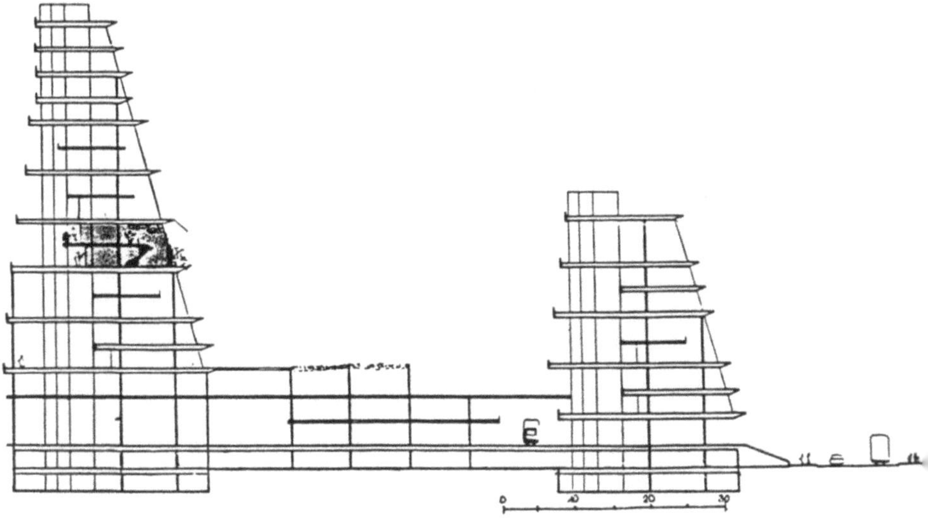

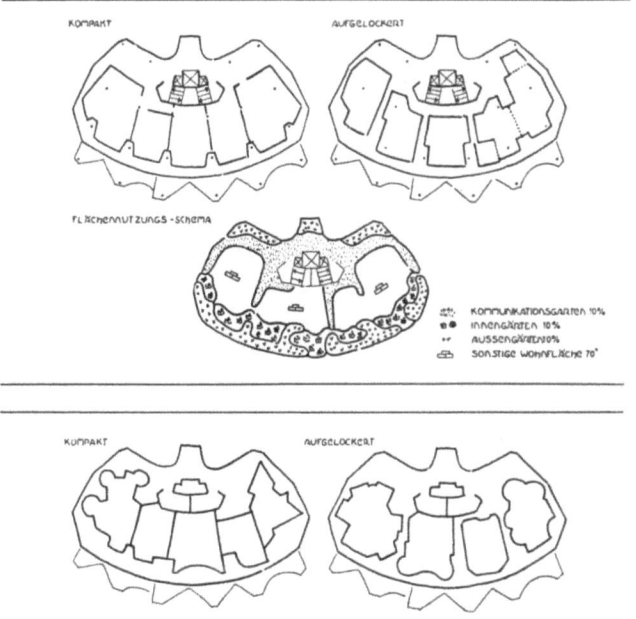

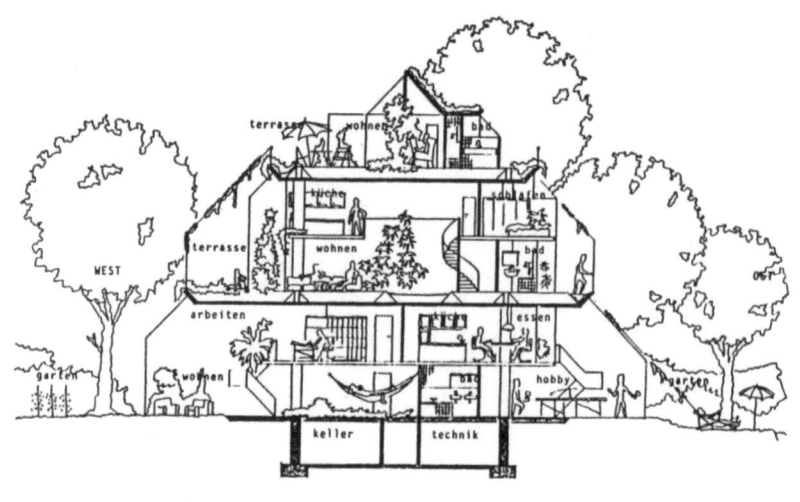

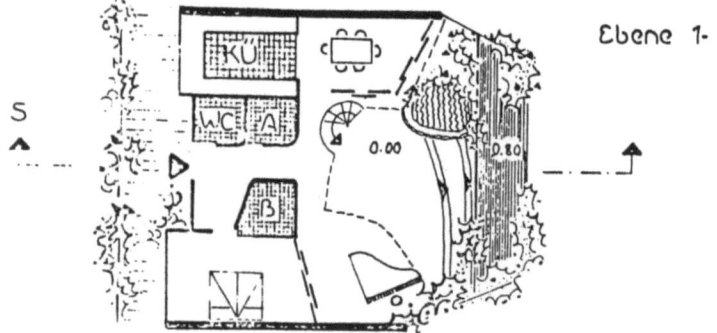

6 Zi., Kü, 3 Bäder, WC, Garten-
terrasse, 5 Wohnebenen

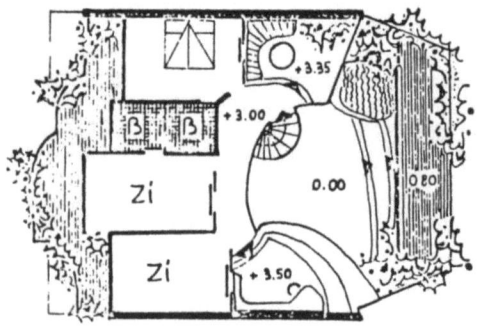

*Projekt
von Frei Otto*

Die Brauchbarkeit seiner ausdrücklich auf persönlichen Vorlieben beruhenden (106), auf den Wohnraum als Zentrum orientierten Wohnungsorganisation dahingestellt, steht ein von Wohnung zu Wohnung (z. B. I. u. F. Spengelin, W. Holzbauer) oder von Haus zu Haus wechselndes „sehr differenziertes" Angebot, das nicht nur Form meint, sondern auch soziale Handlungsfreiheit, noch aus.

Die ästhetische Fassung des Platzvolumens ermöglicht *allein* nichts, nur durch bestimmte soziale Handlungsanreize und -anlässe wird eine je spezifische Öffentlichkeit erreicht. Die Stadtraumdiskussion, die sich an Camillo Sitte festmacht (und ihren prominentesten Vertreter in Rob Krier gefunden hat), schließt diesen Zusammenhang aus: ihr ausschließliches Streben nach gestalterischer Harmonie muß verstanden werden als Indiz für das Ausweichen vor den Irritationen und Widersprüchlichkeiten sozialer und inhaltlicher Öffentlichkeiten heute.
Eduard Führ/Daniel Stemmrich, 1984 (107)

Wie sehr die Bewohner selbst die Mehrdeutigkeit und Unentschiedenheit im Grenzbereich ihrer Wohnungen empfinden können, zeigt sich in der Verkettung mehrerer Wohneinheiten zu einer sogenannten „Mehrfamilienvilla" im Berliner Grunewald (108). Die kleine Begebenheit, die hier als Indiz angeführt werden soll, ist so unglaublich, daß sie gar nicht besser erfunden werden könnte. Vom Werbeslogan der Mehrfamilien-„Villa" beeindruckt, glaubt der Bewohner an seinen Status als „Haus"-Herr und fragt sich (als Wohnungs-Benutzer wäre er nie darauf verfallen), was es mit dem Raum vor seinem Privatbereich auf sich hat. Denn immerhin übertrifft dieser dank seines Glasdachs taghelle Raum jede der vier darüber erschlossenen Wohneinheiten, sowohl der Grundfläche als auch dem Volumen nach. (Daß das ganze Gebilde eine Hommage auf ein und dasselbe Quadrat ist, hat er gar nicht bemerkt.) Als er über Nutzungsmöglichkeiten dieses Raumüberschusses nachdenkt, kommt ihm bald der Gedanke, ob es nicht sinnvoller gewesen wäre, neben der Zugangsmöglichkeit durch die Tür auch über das ein oder andere Fenster zu diesem (begrünbaren?) Innenhof zu verfügen (zumal der eigene Flur im Obergeschoß, ganz ohne Öffnung, so hell nicht ist). Da er die auf ihn entfallenden Kosten dieser unverständlichen Raumkunst nicht beziffern kann, bleibt es zunächst beim bloßen Erstaunen über die „moderne" Architektur. Doch Groll kommt auf, als einer seiner „Mit"-Bewohner dieses Brachland im Sturm erobert und zur Klärung seines Territoriums Möbel auffährt (als Wohnungs-Benutzer hätte auch er den Mut nicht gefunden). Da trifft es sich gut, daß eines Tages kamerabehängte Architekturstudenten über das Gelände ziehen. In der Hoffnung, endlich Klarheit zu gewinnen, stürzt er aus seinem „Haus", um sie nach Namen und Anschrift des Architekten zu fragen . . .
Wäre es nicht konsequenter und vor allem für die Einzugsentscheidung der Bewohner hilfreicher gewesen, entweder mit Hilfe des guten alten Kreuzgrundrisses die Privatheit zu wahren (Querlüftung gibt es bei Oswald Mathias Ungers schließlich auch nicht) oder im Sinne von Familistère und Paletuvier Gemeinschaft zu provozieren?

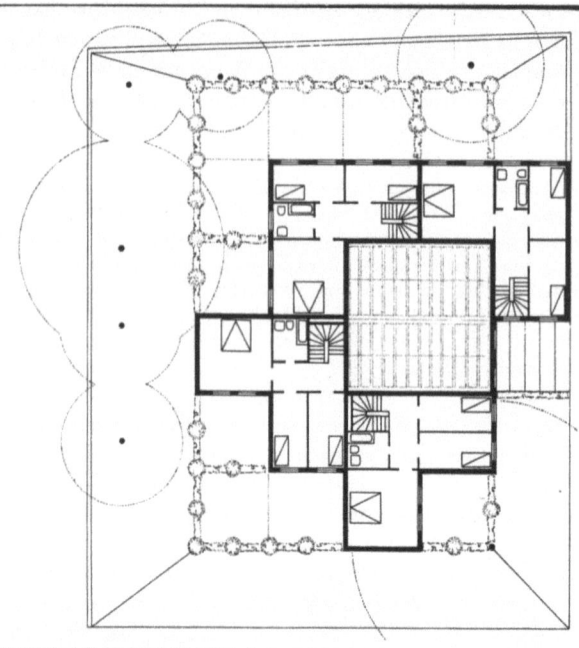

*Oswald Mathias Ungers:
Mehrfamilienvilla
für Berlin-Grunewald*

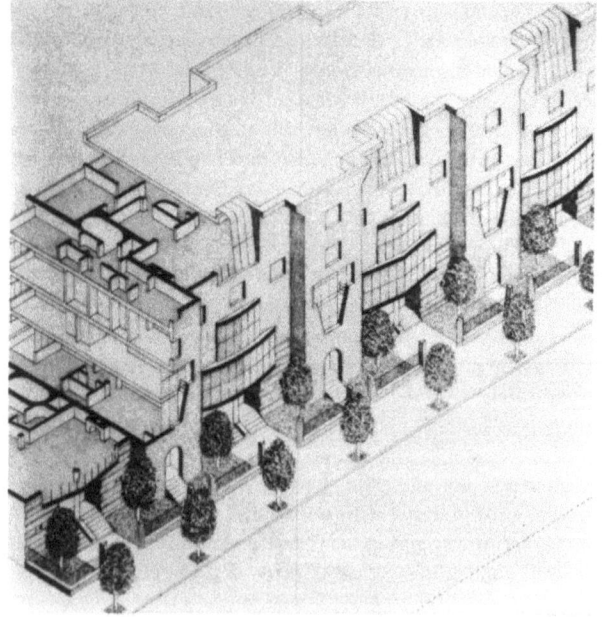

*James Stirling:
„Luxury town housing",
Projekt für Manhattan*

Ist es nicht generell sinnvoller, die Verhältnisse zwischen den Bewohnern eines Hauses über die Architektur zu thematisieren, die Aufmerksamkeit der Bewohner für die Formulierung ihrer Verhältnisse zueinander über eine dezidierte Auswahl zu provozieren, als sich grundsätzlich auf unentschlossene Kompromisse einzulassen? Könnte die Typologie des Wohnungsbaus nicht in einem qualitativen Sprung den Bewohner in den Mittelpunkt stellen und aufgeschlüsselt nach dem Grobraster *privatheits-, gemeinschafts- und öffentlichkeitsorientiertes Wohnen* ein neues Sortiment vorlegen, nicht deterministisch, aber das soziale Handeln im unmittelbaren Anschluß an die Wohnung fundierend? Gelingt es, eine derartige Wahlfreiheit an den Grenzen der Wohnung zu realisieren, erweitert sich mit dem Handlungsspielraum im unmittelbaren Anschluß an die Wohnung die Wohnqualität insgesamt in stärkerem Maße, als es über weitere, die Wohn-Kosten immer mehr strapazierende „Extras" innerhalb der Wohnung zur Zeit möglich ist. Der Hinweis auf die schwierige Finanzierungssituation des Wohnungsbaus und stetig steigende Mieten ist an dieser Stelle zwar berechtigt, sieht sich jedoch mit der Frage konfrontiert, ob es langfristig sinnvoll sein kann, mit staatlichen Mitteln Notlösungen zu finanzieren, wenn gleichzeitig die Chance besteht, bei geringem Mehraufwand bzw. geänderten Prioritäten eine Wohnqualität zu erreichen, die die Bewohner zu eigenen finanziellen Anstrengungen motiviert, wie sie für das sogenannte „Eigenheim" trotz aller damit verbundenen Nachteile gerne in Kauf genommen werden.

Das Dilemma, in Additionsformen von mehreren Wohneinheiten anders als beim Haus mit einer Wohnung den unterschiedlichen Umwelt-Orientierungen der Bewohner nicht flexibel nachgeben zu können, läßt sich dadurch auflösen, daß das „territoriale Wohnumfeld" haus- bzw. etagenweise thematisiert wird. Der Bewohner trifft so eine auf seine Person bezogene begründete Auswahl. Dem Einwand, daß der Bewohner damit in seinen Wohnerfahrungen und -kenntnissen überfordert wird, ist entgegenzuhalten, daß dieser Hinweis auf jedes die Konvention überschreitende Angebot zu beziehen ist, ganz gleich, ob innerhalb (flexible Wohnungsgrundrisse, Split-level- oder Maisonette-Typen . . .) oder außerhalb der Wohnung (Laubengänge, Mietergärten . . .). Dem finanziellen Abenteuer „Einfamilienhaus" stehen ebenfalls große Risiken der Festlegung auf eine bestimmte Wohnform gegenüber, nur mit dem Unterschied, daß die einmal getroffene „Wahl" aufgrund der aufgewendeten Mittel kaum noch zu revidieren ist.

Vereinzelte Beispiele, die die funktionale Gleichförmigkeit der Addition städtischen Wohnens bereits durchbrechen, belegen die Praxistauglichkeit dieser Überlegungen nicht nur in historischer Beweisführung (109). Zu nennen wären u.a. die privatheitsorientierten Ansätze von Jeremy und Fenella Dixon, vor allem bei den Starter Flats der Londoner Lanark Road (110), oder von James Stirling in seinem Projekt „Luxury town housing" auf Manhattan (111). Der gemeinschaftsorientierte Ansatz verkörpert sich sehr anschaulich in dem Sanierungsprojekt „Galéries Barbès" der Architekten Jacques Lévy und Christian Maisonhaute in Paris (112) oder – aufgrund der komplexeren Randbedingungen viel weniger augenfällig – im Byker Wall von Ralph Erskine, während sich das öffentlichkeitsorientierte Mo-

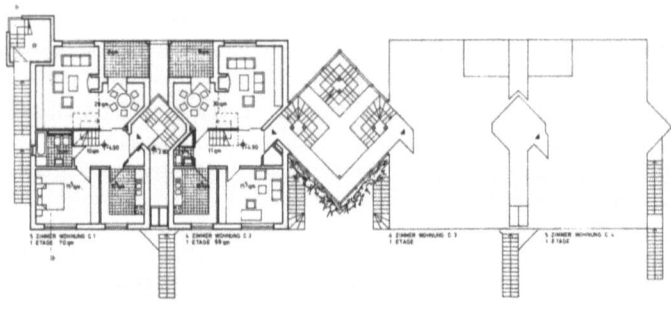

Robert Witt:
Studienentwurf, dem „privatheitsorientierten Wohnen"
gewidmet.
Drei Ansichten
und Grundriß des 2. Obergeschosses 1:500

ment, ein privates Wohnen mit einem individuellen, etwa an den alten „Beischlag" erinnernden Übergangsfeld innerhalb des öffentlichen Straßenraumes, in Arbeiten von Aldo van Eyck, Stadtsanierung Zwolle (113), oder Herman Hertzberger, Wohnstraße in Amsterdam (114), erahnen läßt. Da derartige Beispiele jedoch nicht von ihren besonderen Rahmenbedingungen zu trennen sind, können sie nur sehr bedingt Vorbildcharakter annehmen. Da es zum anderen hier nicht darum geht, einen bestimmten „Stil" oder eine besondere, personenbezogene „Architektur" zu küren, soll die mögliche Bandbreite städtischen Wohnens anhand der Arbeiten von drei Studenten verdeutlicht werden, die ohne das Nadelöhr der Realisierung noch konsequenter vorgehen können.

Robert Witt, Universität Hannover, widmete seinen Entwurf dem „privatheitsorientierten Wohnen". Das Entwurfsthema entstand aus der Idee, zu einem bestehenden Etagen-Wohnungsbau eine Alternative in Form eines „Häuser-Hauses" zu entwickeln. Bis auf zwei Ausnahmen verfügt jede der 16 Wohnungen in diesem 6-geschossigen Gebäude über einen individuellen Zugang. Alle Wohneinheiten weisen hausähnliche Qualitäten auch in ihrem Inneren auf (Maisonette-Typen, Raumüberhöhungen und -durchdringungen, akustische Abschirmung, adäquate Freiräume in Form von Gartenanteilen, Wintergärten und Loggien). Das Flächenangebot reicht von der 3-Zimmer-Wohnung mit 70 m^2 bis zur 5-Zimmer-Wohnung mit 127 m^2 (wobei die großen Wohnungen, um den Erschließungsaufwand gering zu halten, allerdings oben liegen). Links und rechts des zentralen Erschließungsturms gleicht keine Wohnung der anderen. Vier prinzipiell unterschiedliche Zugänge werden verwendet. An den Schmalseiten des Gebäudes führt eine Freitreppe zu einem (in Anlehnung an die Nachbarbebauung) als Erker entwickelten Treppenhaus. Diese Zugänge erschließen insgesamt zwei 4^1/$_2$-Zimmer-Wohnungen in den letzten beiden Obergeschossen (ganz oben wird der Erker damit unmittelbarer Bestandteil der Wohnung). Direkte Zugänge im Erdgeschoß erschließen vier 3-Zimmer-Wohnungen. Zwei eingeschobene, über einen Gebäudeschlitz belichtete Treppenhäuser erschießen vom Erdgeschoß aus insgesamt zwei 3-Zimmer-Wohnungen im ersten Obergeschoß und daneben, über eine Freitreppe vom ersten Obergeschoß aus zu betreten, die erste Etage einer jeweils darüberliegenden 5-Zimmer-Wohnung. Die noch fehlenden sechs Wohnungen in den Obergeschossen des mittleren Gebäudeabschnitts werden über eine vollkommen verglaste Treppenhalle erschlossen, die drei individuell verfügbare (jedoch optisch nicht abgeschirmte) Treppenanordnungen aufnimmt. Die 3-Zimmer-Wohnungen des ersten Obergeschosses werden von den seitlichen Treppen innerhalb dieser Halle aus zugänglich. Die Bewohner der beiden darüberliegenden 4-Zimmer-Wohnungen steigen über eine eigene Freitreppe von außen eine Etage später in diesen Zubringer zu. Die beiden letzten (Maisonette-)Wohnungen (4^1/$_2$-Zimmer) im vierten und fünften Obergeschoß teilen sich die dritte Treppe dieses „Mehrfach"-Treppenhauses und sind nach jeweils vier Treppenläufen erreicht. Im Gegensatz zu den entsprechenden Wohnungen der äußeren Gebäudeabschnitte, deren Zugang durch den Wechsel von Freitreppe und Treppenhaus abwechslungsreicher ausfällt, dürfte der relativ lange Aufstieg hier trotz des ansprechenden räumlichen Rahmens (und der Aussicht) etwas monoton wirken. Ein Aufzug für diese beiden Wohnungen könnte Abhilfe schaffen und daneben, durch die Wahlmöglichkeit zwischen beiden Wegen, die Individualität dieses einzigen gemeinsamen Zugangs ausbauen. Grundrisse und Ansichten können als gelungen gelten. Die verdreht eingeschobenen Treppentürme behindern die Nutzung der Wohnungen an keiner Stelle, sondern führen im Gegenteil zu einer angenehmen Variation. Die Treppentürme werden in Teilen geschickt dem Wohnbereich zugeschlagen; lediglich im zentralen Bereich wird diese Chance nicht genutzt.

Carola Wiese und Bert Dietz, Technische Hochschule Darmstadt, widmeten sich dem „gemeinschaftsorientierten Wohnen". Das Wettbewerbsthema (Rudolf Lodders Preis 1983) verlangte auf der Basis einer innerstädtischen Blocklücke experimentelle Ansätze zum städtischen Wohnen (u. a. „neue Möglichkeiten der Gebäudeerschließung und Freiflächenzuordnung" unter Einbeziehung der Themen „Haus im Haus", „Energieeinsparung" usw.). Das gewählte Beispiel aus der ersten Rangstufe zeigt eine zentrale Halle, die vom Erdgeschoß bis zum Dach – durch insgesamt sieben Geschosse – das ganze Gebäude durchzieht und – unterstützt durch den Wohnungen vorgelagerte Wintergärten – die enorme Bautiefe von 17 m (zulässig 18 m) ermöglicht. Der von den Verfassern als „Treppenhof" bezeichnete Gebäudekern wird über Dach und – in Anlehnung an die traditionelle Schlitzbauweise der Nachbarhäuser – durch einen südwestlich orientierten Gebäudeschlitz im rückwärtigen Bereich ausreichend mit Tageslicht versorgt. Im Erdgeschoß umfaßt die Halle über einen zur Straße gewandten Ausläufer den Hauseingang und ein zwischen Gemeinschaftsraum und öffentlicher Straße vermittelndes Restaurant. Die Verdrehung der einzelnen Elemente des Treppenhofes (Aufzug, Treppen, Stege, Brücken, Brückenköpfe) schafft bei geringem Flächenaufwand einen spannungsvollen Raum, der über vermittelnde Zwischenzonen vor den Wohnungstüren und durch die Binnenorientierung aller Eßbereiche ein gemeinschaftsorientiertes Wohnen zuläßt und nahelegt. Im Dachgeschoß findet der straßenzugewandte, vergrößerte Aufenthaltsbereich des Erdgeschosses seine Entsprechung in einer großzügigen Sonnenterrasse, die wie alle übrigen (privaten) Freibereiche und der Treppenturm insgesamt als thermischer Puffer in das Energiekonzept des Hauses eingebunden ist. (Die Hofansicht geht auf diesen Raum leider zuwenig ein). Die gezeigten Wohnungsaufteilungen können als üppig und z.T. als unkonventionell gelten, die Teilbarkeit der einzelnen Geschoßhälften links und rechts der Erschließungsachse wird jedoch nachgewiesen. Die Spannweite reicht von der 5-Zimmer-Wohnung über 4, 3 und 2 Zimmer bis zur 1-Zimmer-Wohnung. Die doppelte Erschließung einzelner die gesamte Bautiefe umfassender Raumzusammenhänge erlaubt eine weitergehende Abtrennung kleinerer Räume. Die Flexibilität der Grundrisse zeigt insgesamt sehr vielfältige Nutzungsmöglichkeiten und macht auch vor den Anforderungen größerer Wohngemeinschaften nicht halt.

Die Erschließung ist im Vergleich etwa zu Corbusiers Unités d'Habitation eindeutig thematisiert und konsequent konzipiert. Die Möglichkeiten des Grundstücks

Carola Wiese und Bert Dietz:
Studienentwurf, "gemeinschaftsorientiertes Wohnen"

Der Treppenhof
Kommunikative Funktion der Erschließung
kein kalter minimierter Treppenhausschacht
kein Niemandsland, sondern Schaffung
einer Übergangszone zwischen öffentlicher Straße
und privater Wohnung
Klimatische Funktion
Belichtung bei großer Gebäudetiefe
Belüftung
Energieeinsparung

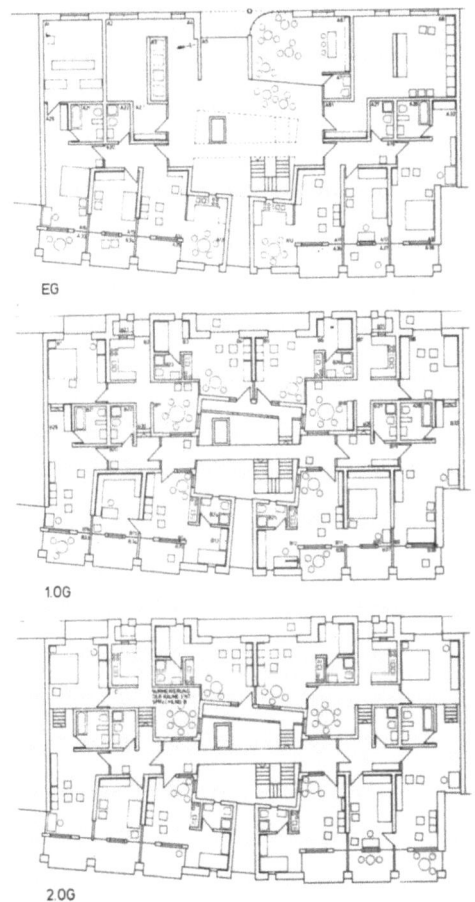

EG

1.OG

2.OG

werden voll ausgeschöpft. Durch die Schematisierung der vorgelagerten Wintergärten wird die Vielfalt im Inneren des Gebäudes außen jedoch nicht deutlich. Wie steckte Fouriers Schüler Victor Considérant das Ziel des Wohnungsbaus ab?

> Es handelt sich nicht darum, die Hütte des Proletariers, das Haus des Bürgers, die Stadtvilla des Aktienspekulanten oder des Grafen zu bauen; es soll ein Palast werden, in dem der Mensch wohnt.
> Victor Considérant, 1847 (115)

Dieser auf einem demokratischen Anspruch gegründete „Palast" verlangt heute – mit den Worten von Adolf Arndt – „ein individualisierendes Aufgliedern der Räumlichkeiten" (116), nicht nur formal, sondern auch funktional.

> Die demokratische Aufgabe des Bauens ist, daß ein jeder Mensch sich als Mensch für sich und Mensch im Gefüge gewahrt. (...) Sollte es nicht einen Zusammenhang geben zwischen dem Öffentlichkeitsprinzip der Demokratie und einer äußeren wie inneren Durchsichtigkeit und Zugänglichkeit ihrer öffentlichen Bauwerke?
> Adolf Arndt, 1960 (117)

Sollten die Wohnhäuser der Stadt am öffentlichen und gesellschaftlichen Leben nicht gleichfalls beteiligt werden? Nach der hygienischen Revolution gilt die zweite Befreiung des Wohnens seinen sozialräumlichen Zwängen.

Broschüre der Landeshauptstadt Hannover

Anmerkungen

(1) Felicitas Lenz-Romeiss, Freizeit in unseren Wohnquartieren, Schriftenreihe „Städtebauliche Forschung" des BM Bau 03.049, Braunschweig 1977, S. 155.
(2) Joseph Stübben, Der Städtebau (1890), Braunschweig 1980, S. 16.
(3) Hannah Arendt, Vita activa oder Vom tätigen Leben, München 1981, S. 52.
(4) Aldo van Eyck (1959), zit. nach: Josef Lehmbrock / Wend Fischer, Von Profitopolis zur Stadt der Menschen, München 1979, S. VI/9.
(5) Christopher Alexander, Die Stadt ist kein Baum (1965), in: Bauen + Wohnen 7/1967.
(6) Alexander Mitscherlich, Die Unwirtlichkeit unserer Städte, Frankfurt 1965.
(7) Hans Paul Bahrdt, Umwelterfahrung, München 1974, S. 30f.
(8) Christoph Hackelsberger, Wohnen – ja, aber wie?, in: Spengelin/Nagel/Luz, Wohnen in den Städten?, Akademie der Künste, Berlin 1984, S. 43.
(9) Hans Paul Bahrdt, Über das private Wohnen in unserer Zeit, in: Lehmbrock/Fischer, Von Profitopolis zur Stadt der Menschen, München 1979, S. 196.
(10) Vgl. Monique Seyler, Städteplanung und Gesellschaftsklassen, in: Architektur Extra (1969), Frankfurt 1971, S. 112.
(11) Alexander Mitscherlich, Was soll aus unseren Städten werden?, in: Bauen + Wohnen 3/1968, S. 81.
(12) Heinz Tesar, Eigener Kommentar zu seinem Projekt Wien, Einsiedlergasse 13, Bauwelt 6–7/1985.
(13) Gilles Barbey, WohnHaft, Braunschweig 1984, S. 64.
(14) Jacques Bardet, Die Revolution im Städtebau hat noch nicht stattgefunden, in: Architektur Extra (1969), Frankfurt 1971, S. 238.
(15) Vgl. Klaus-Dieter Weiß, Die Schlange bläst Trübsal, Bauwelt 8/1985 (s.a. Anm. 35).
(16) Josef Frank, Volkswohnhaus und Individualismus, Der Neubau 11/1924, S. 118.
(17) Charles Jencks, The Language of Post-Modern Architecture (1977), London 1978, S. 9.
(18) SITE, Highrise of Homes, New York 1982, S. 47.
(19) Rem Koolhaas, Delirious New York, New York 1978, S. 69.
(20) Eduard F. Sekler, Josef Hoffmann, Wien 1982, S. 464.
(21) Vgl. Klaus-Dieter Weiß, Landsitz auf Manhattan, 18. Etage, Bauwelt 29/1982, S. 1174.
(22) Roland Rainer, Die zweckmäßigste Hausform für Erweiterung, Neugründung und Wiederaufbau von Städten, Breslau 1944, S. 23f.
(23) Christoph Hackelsberger, Plädoyer für eine Befreiung des Wohnens aus den Zwängen sinnloser Perfektion, Braunschweig 1983, S. 57.
(24) Vgl. Karolus Heil, Kommunikation und Entfremdung, Stuttgart 1971, S. 21; IDZ-Symposion „Das Außenhaus", in: Stadt 11/1982.
(25) Jean Baptiste André Godin, Solutions sociales (1871), zit. nach: Werk 12/1969, S. 822.
(26) Rudolf Eberstadt, Handbuch des Wohnungswesens (1908), zit. nach: Rainer Nitsche (Hrgs.), Häuserkämpfe 1872/1920/1945/1982, Berlin 1981, S. 30f.
(27) Herman Hertzberger, in: Forum 8/1961, S. 159f., zit. nach: Arnulf Lüchinger, Strukturalismus in Architektur und Städtebau, Stuttgart 1981, S. 30.
(28) Vgl. Dieter Hoffmann-Axthelm, in: Stadt 11/1982, S. 11.
(29) Manfred Jaeger, Draußen wohnen, d.h. vor und hinter dem Haus, in: architektur + wettbewerbe 119/1984, S. 6.
(30) Felizitas Romeiss-Stracke, Lokale Identität zwischen Inszenierung, Protest und Selbstverständlichkeit, in: Spengelin/Nagel/Luz, Wohnen in den Städten?, Berlin 1984, S. 26.

(31) Lucius Burckhardt, in: Stadt 11/1982, S. 19.
(32) Detlef Krüger, in: GEWOS, Das „Außenhaus" im Wohnquartier, Hamburg 1984, S. 44.
(33) Peter Pfankuch / Dieter Enke, Bauwelt 47−48/1971, S. 1916f. (Antwort auf die Frage: „Welche Richtung sollte das Wohnen haben...?").
(34) Heidemarie Hermann, Möglichkeiten und Probleme bei der Ausstattung und Gestaltung des „Außenhauses" im Wohnquartier, in: GEWOS, Das „Außenhaus" im Wohnquartier, Hamburg 1984, S. 34.
(35) Vgl. Klaus-Dieter Weiß, Architekten, Häuser, Sensationen... die Vorstellung läuft!, in: Der Architekt 4/1985.
(36) Hartmut Großhans, in: GEWOS, Das „Außenhaus" im Wohnquartier, Hamburg 1984, S. 96.
(37) Vitruv, Zehn Bücher über Architektur, Darmstadt 1976, S. 115.
(38) Martin Andersch, Miethäuser im alten Rom, Bauwelt 1−2/1972, S. 27.
(39) Vgl. Johannes Cramer/Niels Gutschow, Bauausstellungen, Stuttgart 1984, S. 24.
(40) Richard Neutra, Gestaltete Umwelt (1954), Dresden 1968, S. 209ff.
(41) Serge Chermayeff / Christopher Alexander, Gemeinschaft und Privatbereich im neuen Bauen (1963), Mainz 1971, S. 57f.
(42) Alexander Mitscherlich, Die Unwirtlichkeit unserer Städte (1965), Frankfurt 1970, S. 60.
(43) Wolfgang Metzger, Gesetze des Sehens (1936), Frankfurt 1975, S. 31.
(44) Monique Seyler, Städteplanung und Gesellschaftsklassen, in: Architektur Extra (1969), Frankfurt 1971, S. 114.
(45) Aldo van Eyck, in: Forum 7/1959, S. 199/202/205, zit. nach: Arnulf Lüchinger, Strukturalismus in Architektur und Städtebau, Stuttgart 1981, S. 32.
(46) Eduard Führ / Daniel Stemmrich, Inhalte von Öffentlichkeiten, in: archithese 4/1984, S. 11.
(47) Alexander Mitscherlich, Was soll aus unseren Städten werden?, Bauen + Wohnen 3/1968, S. 81f.
(48) Der Senat von Berlin, Vorlage − zur Beschlußfassung − über die Vorbereitung und Durchführung einer internationalen Bauausstellung in Berlin im Jahre 1984, Drucksache 7/1352, 30. 6. 1978, S. 19.
(49) Dietrich Bangert / Bernd Jansen / Stefan Scholz / Axel Schultes, Die „Berliner Stadtvilla" − Eine Alternative zum konventionellen Mehrfamilienhaus, in: neue heimat Monatshefte 5/1979, S. 32.
(50) Vittorio Magnago Lampugnani, in: art 9/1984, S. 118.
(51) Kristiana Hartmann, Fragen an die neuere Tradition, beantwortet durch den Deutschen Werkbund 1907−1932, in: Bauwelt 15/1983, S. 587.
(52) Serge Chermayeff / Christopher Alexander, Gemeinschaft und Privatbereich im neuen Bauen (1963), Mainz 1971, S. 58.
(53) Heidede Becker / K. Dieter Keim (Hrsg.), Gropiusstadt: Soziale Verhältnisse am Stadtrand, Stuttgart 1977, S. 301f.
(54) Jürgen Habermas, Strukturwandel der Öffentlichkeit (1962), Neuwied/Berlin 1976, S. 190.
(55) Deutscher Gewerkschaftsbund, Initiativantrag unter dem Thema „Zeitgerechtes Planen und Bauen", Mai 1969, zit. nach: Deutsche Akademie für Städtebau und Landesplanung (Hrsg.), Zwischen Stadtmitte und Stadtregion, Stuttgart/Bern 1970, S. 106.
(56) Urs Hettich, Qualitätsmodelle und ihr praktischer Einsatz, in: Wohnbauforschung 5−6/1973, S. 35.

(57) Christof Riccabona / Michael Wachberger, Wohnqualität, Wien 1977.
(58) Vgl. Bauen + Wohnen 3/1975, S. 115.
(59) Adolf Loos, Die moderne Siedlung, in: Trotzdem (1931), Wien 1982, S. 205f.
(60) Hildebrand Frey, Wohnungsbewertung, Stuttgart 1974, S. 7.
(61) Roland Frey, in: Filmer/Jungk, Terrassenturm und Sonnenhügel, Düsseldorf 1970, S. 27.
(62) Wohnbau 7–8/1985, „Wien im Aufbruch – Neue Tendenzen im sozialen Wohnbau", S. 40; Magistrat der Stadt Wien (Hrsg.), Wiener Wohnbau Wirklichkeiten (Ausstellungskatalog), Wien 1985, S. 324 ff.
(63) Dr. Fessel/Gesellschaft für Konsum-, Markt- und Absatzforschung/Institut für empirische Sozialforschung, Wohnwertuntersuchung für den sozialen Wohnbau in Österreich (Forschungsbericht des Bundesministeriums für Bauten und Technik F 743/1 und 2), Wien 1983.
(64) Institut für empirische Sozialforschung IFES, Verhaltensbezogene Grundlagenforschung für den Wohnbau (Forschungsbericht des Bundesministeriums für Bauten und Technik F 867/1 bis 4), Wien 1984.
(65) Irenäus Eibl-Eibesfeldt / Hans Hass / Kurt Freisitzer / Ernst Gehmacher / Harry Glück, Stadt und Lebensqualität, Wien 1985.
(66) Wohnbau 9/1983, S. 11.
(67) Alfred Früh, Wohnwert und seine humane Dimension, in: Wohnbau 9/1983, S. 6 (vgl. Untersuchungsbericht F 743/1, S. 16).
(68) Wohnbau 9/1983, S. 9.
(69) Ulfert Herlyn, Wohnen im Hochhaus, Stuttgart 1970, S. 49.
(70) Wohnbau 9/1983, S. 9.
(71) Walfried Pohl, Die reduzierte Architektur – das Dilemma des modernen Städtebaus, in: Der Architekt 11–12/1974, S. 281.
(72) Ernst Gehmacher, in: Wohnbau 9/1983, S. 14.
(73) Amtsgericht Essen-Borbeck (6 C 227/78).
(74) Bauwelt 35/1931, S. 55.
(75) Viktor Hufnagel, in: Wohnbau 9/1983, S. 16.
(76) Wohnwertuntersuchung für den sozialen Wohnbau in Österreich, F 743/2, Wien 1983, S. 13.
(77) Kurt Freisitzer, in: Stadt und Lebensqualität, Wien 1985, S. 48.
(78) Wohnbau 9/1983, S. 11.
(79) Ernst Gehmacher, Intimsphäre und Öffentlichkeitsraum im Wohnbereich, Wien 1972, S. 3f.
(80) Institut für empirische Sozialforschung IFES, Verhaltensbezogene Grundlagenforschung für den Wohnbau Bd. 1, Wien 1984, S. 88.
(81) Harry Glück, Stadt und Lebensqualität, in: Stadt und Lebensqualität, S. 160.
(82) Ernst Bloch, Spuren, 1910–29, zit. nach Stadt 11/1982, S. 30.
(83) Vgl. moebel interior design 10/1985, S. 48.
(84) Vgl. Arbeitsgemeinschaft „Bauen in der Innenstadt", Bauen in der Innenstadt, Berlin 1983, o.S.
(85) Vgl. Heinrich Klotz, Moderne und Postmoderne, Braunschweig/Wiesbaden 1984, S. 291.
(86) Josef Paul Kleihues, Wohn- und Einkaufszentrum Neue Stadt Wulfen, Bauwelt 9/1983, S. 301.
(87) Christian Norberg-Schulz, Logik der Baukunst (1963), Braunschweig 1980, S. 120.
(88) Rotraut Weeber, Eine neue Wohnumwelt, Stuttgart 1971, S. 153.

(89) Walter Benjamin, Schriften II, S. 53f., zit. nach: Rudolf Dirisamer / Gernot Figlhuber / Ottokar Uhl (Hrsg.), Wohnen – Ein Handbuch, Wien 1984, S. 153.

(90) Franz Kuzmich / Ottokar Uhl, Wohnungsbau – Städtebau, in: Dirisamer/Figlhuber/ Uhl (Hrsg.), Wohnen – Ein Handbuch, Wien 1984, S. 208/212.

(91) Internationaler Verband für Wohnungswesen, Städtebau und Raumordnung, Die engere Umwelt der Wohnung, in: Bauen + Wohnen 4/1974, S. 154f.

(92) Hans Paul Bahrdt, Über das private Wohnen in unserer Zeit, in: Lehmbrock/Fischer, Von Profitopolis zur Stadt der Menschen, München 1979, S. 189.

(93) Vgl. Nicole Sonolet, Sozialer Wohnungsbau?, in: Architektur Extra (1969), Frankfurt 1971, S. 124.

(94) Norbert Schmidt-Relenberg, Soziologie und Städtebau, Stuttgart 1968, S. 165.

(95) Alfred Krupp, Ein Wort an die Angehörigen meiner gewerblichen Anlagen, Essen 1877, S. 10, zit. nach Eduard Führ / Daniel Stemmrich, Inhalte von Öffentlichkeiten, in: archithese 4/1984, S. 12.

(96) Dorothee Obermeier, Möglichkeiten und Restriktionen der Aneignung städtischer Räume, Dortmund 1980, S. 63/75.

(97) Hans Paul Bahrdt, Über das private Wohnen in unserer Zeit, in: Lehmbrock/Fischer, Von Profitopolis zur Stadt der Menschen, München 1979, S. 192.

(98) Richard Sennett, Verfall und Ende des öffentlichen Lebens – Die Tyrannei der Intimität (1977), Frankfurt 1983, S. 331.

(99) Richard Sennett, a.a.O., S. 332.

(100) Vgl. Jürgen Habermas, Strukturwandel der Öffentlichkeit (1962), Neuwied/Berlin 1976, S. 191

(101) Richard Sennett, Verfall und Ende des öffentlichen Lebens – Die Tyrannei der Intimität (1977), Frankfurt 1983, S. 333

(102) Yona Friedmann, Konzept einer „Grünen Architektur", in: Ekhart Hahn (Hrsg.), Siedlungsökologie, Karlsruhe 1982, S. 80

(103) Frei Otto, Die Europastadt (1973), in: Ders., Schriften und Reden 1951–1983, Braunschweig/Wiesbaden 1984, S. 111

(104) Vgl. Deutsche Bauzeitung 7/1982, S. 15

(105) Rob Krier, in: Wohnbau 10/1984, S. 25

(106) Rob Krier, in: arch+ Nr. 79, 1/1985, S. 27

(107) Eduard Führ/Daniel Stemmrich, Inhalte von Öffentlichkeiten, archithese 4/1984, S. 14

(108) Vgl. Die Mehrfamilienvilla als Bautyp, Berlin 1983

(109) Vgl. Klaus-Dieter Weiß, Erschließen – Verschließen, Zur Konkurrenz zwischen Haus und Wohnung, in: Bauwelt 25/1981, S. 1046

(110) Vgl. archithese 5/1983, S. 27; Architectural Design 5–6/1983, S. 18

(111) Vgl. International Architect 5/1981, S. 27; Architectural Design 7–8/1980, S. 11–12/31

(112) Vgl. Baumeister 5/1981, S. 474; L'Architecture d'Aujourd'hui Nr. 209 (1980)

(113) Vgl. Ziegel 16/1982

(114) Vgl. L'Architecture d'Aujourd'hui Nr. 225 (1983), S. 56

(115) Victor Considérant, Destinée sociale, Paris ^{2}1847, S. 419, zit. nach: Franziska Bollerey, Architekturkonzeptionen der utopischen Sozialisten, München 1977, S. 124

(116) Adolf Arndt, Demokratie als Bauherr (1960), Berlin 1961, S. 21

(117) Adolf Arndt, a.a.O., S. 20

Günther Fischer, Ludwig Fromm

Neue Lofts —
ein nachfunktionalistisches Hauskonzept

Die aktuelle Situation im Wohnungsbau erinnert an gewisse Szenen aus „Metropolis" oder „Moderne Zeiten": eine riesige, holpernde, altersschwache Maschinerie aus verkrusteten Normen, irrationalen Finanzierungsbedingungen und Arbeitsbeschaffungsmaßnahmen für die Bauindustrie stößt am laufenden Band Wohnungen aus, die eigentlich niemand mehr braucht oder haben will. Qualitativ gesehen, sind sie immer noch zu klein, zu hellhörig, zu steril, zu disfunktional und obendrein zu teuer; quantitativ gesehen, sind sie schlichtweg überflüssig, wir haben bereits zu viel davon, und immer mehr stehen leer. Daran ändern auch die aktuellen Versuche nichts, diese Situation allein durch Einlösung ästhetischer Ansprüche ändern zu wollen, im Gegenteil — es verschleiert und übertüncht die Probleme nur und trägt so zur Perpetuierung einer an sich sinnlos gewordenen Form der Wohnungsbauproduktion bei.
Es muß zu denken geben, daß Wohnungsleerstände im Altbau nahezu unbekannt sind, und man fragt sich, was hundert Jahre technischer Fortschritt eigentlich gebracht haben, wenn wir uns heute offensichtlich nicht in der Lage sehen, den dort von den Bewohnern festgestellten Qualitäten zumindest etwas Gleichwertiges entgegenzusetzen.
Vierzig Jahre lang brauchten sich angesichts des Wohnungsmangels der Nachkriegszeit Politiker, Bauindustrie und Architekten nicht um dieses Phänomen zu kümmern, auch wenn es nicht an Versuchen gefehlt hat, die zuerst unerkannte, dann lästige Konkurrenz durch Flächensanierung zu beseitigen (stellenweise war das fast gelungen, bevor die Entwicklung durch massive Bevölkerungsproteste gestoppt wurde). Inzwischen aber haben sich im Zeichen einer quantitativen Marktsättigung Nachfrage und Bedarf von Quantität auf Qualität verlagert, und das einzige, was Wohnungsneubau überhaupt noch legitimieren kann, sind Ansätze, durch grundlegende Veränderungen der Gesamtstruktur zu neuen, bisher nicht realisierten Qualitäten zu kommen.
Der Name „Loft" verweist auf *einen* möglichen Ausgangspunkt. Loft ist das amerikanische Wort für mehrgeschossige, parzellierte Fabrikationsgebäude, Lagerhallen und Werkstätten. Gleichzeitig bezeichnet es eine bestimmte neue Wohnform,

die sich aus der Umnutzung dieser Gebäude entwickelt und rasch an Beliebtheit gewonnen hat (Wohnen in Fabriketagen). Diese faszinierende Mischung aus fester und offener Struktur, aus äußerer Ordnung und innerer Freiheit, aus Überschaubarkeit und Differenzierungsmöglichkeiten bei einem Minimum an Aufwand und einem Maximum an experimenteller Freiheit gab einen wesentlichen Anstoß für die nachfolgenden Überlegungen, die schließlich zur Entwicklung eines neuen Wohnungsbaukonzepts führten.

„Neu" ist dabei allerdings nur relativ zu verstehen. Im Wohnungsbau gibt es kaum grundsätzlich Neues, dafür aber eine fast unüberschaubare Fülle von neuen Kombinationen bereits bekannter Lösungen. So zeigt die Geschichte der letzten hundert Jahre ein ständiges Auf und Ab zwischen revolutionären Neuansätzen einerseits, Wiederbelebungsversuchen überholter Konzepte andererseits; sie schließt den Verlust von bereits gesicherten Errungenschaften ebenso ein wie den Rückfall in alte Fehler. Und das weist bereits auf die prinzipiellen Schwierigkeiten dieser Erörterung hin: Es ergibt wenig Sinn, lediglich das fertige Konzept vorzustellen, ohne nicht wenigstens in Ansätzen dargelegt zu haben, aus welchen schon vorhandenen Theorien und Begründungszusammenhängen die jeweils gefundenen Lösungen resultieren oder daß sie sich gerade im Gegensatz dazu entwickelten. Fast zwangsläufig beginnt eine solche Auseinandersetzung mit den Zwanziger Jahren, da wir dieser Zeit sowohl die entschiedensten und wichtigsten Neuerungen als auch die radikalsten Fehlentwicklungen verdanken. Immer wieder stellt sich dabei heraus, daß eine Diskussion über diese inzwischen sechzig Jahre zurückliegende Architekturepoche so bald nicht abzuschließen ist.

I Das funktionale Konzept

1.

Keine Bauaufgabe greift in so starkem Maße in den privaten, den persönlichen Bereich der Menschen ein wie der Wohnungsbau: Wer Grundrisse entwirft, antizipiert gleichzeitig menschliche Handlungsmuster und -möglichkeiten. Immer sind es auch Aussagen über *Lebensverhältnisse*, über Strukturen und Formen des Zusammenlebens, die mit jedem neu gebauten Grundriß unversehens in eine feste Form gerinnen, zu Stein oder zu Beton werden. Solange dies in direktem Kontakt mit dem späteren Bewohner geschieht, wie z.B. beim Einfamilienhausbau, erwachsen daraus keine besonderen Probleme: der Bauherr wird in der Regel genau das bekommen, was seinen Bedürfnissen (oder besser: seinem Geldbeutel) entspricht. Das wirkliche und bis heute unbewältigte Problem, nämlich die mögliche *Diskrepanz* zwischen Grundrißangebot und Bewohnerwünschen, taucht erst dort auf, wo dieses direkte Verhältnis aufgelöst und ersetzt wird durch ein über den Markt vermitteltes — mit dem massenhaften Mietwohnungsbau, der in diesem Ausmaß erst im 19. Jahrhundert begann. Erst seit dem ist der Architekt in der fatalen Situation, Wohnungen für Menschen planen zu müssen, die er nicht kennt und die er auch nie kennenlernen wird – geschweige denn ihre spezifischen Bedürfnisse. Die daraus resultierende Rollenveränderung ist bis heute für beide Teile unbefriedigend: Schizophrenie auf Seiten des Architekten, der für anonyme Nutzer Wohnungen zu planen hat und dabei doch nur die eigenen Mittelschichtsschemata reproduzieren kann – Schizophrenie auf Seiten des normalen Mieters, der ein Leben lang seine eigenen Wohnvorstellungen „quer" zu einer fremden, vorfabrizierten Hülle realisieren muß (falls er nicht Glück hat, weil sie zufällig paßt).

2.

Nun spielten Bewohnerbedürfnisse zu einer Zeit, in der es im wesentlichen um die Kasernierung der vom Lande in die Großstadt strömenden Arbeitermassen ging, eine höchst untergeordnete Rolle. Erst die zwanziger Jahre machten den Massenwohnungsbau mit all seinen gesellschaftspolitischen Implikationen zu einem zentralen Thema architektonischer Anstrengungen. Aus dieser Zeit stammt denn auch der erste Ansatz, das Problem des Massenwohnungsbaus in neuer Form zu lösen: Der Versuch, verallgemeinerbare Normen und Richtlinien für das Wohnen aller aufzustellen, Wohnbedürfnisse wissenschaftlich zu erfassen und qua Grundrißorganisation zu optimieren – ein Lösungsmuster, das noch heute den Sozialen Wohnungsbau bestimmt.
Damals markierte diese Form der Wohnbau-Architektur einen entscheidenden gesellschaftlichen Fortschritt und schlug sich in vielen bemerkenswerten Wohnsiedlungen nieder. Es ist deshalb nicht verwunderlich, daß die Architekten nach dem Zweiten Weltkrieg, angesichts einer ähnlichen Mangelsituation wie in den Zwanziger Jahren, reibungslos an dieses Konzept anknüpften. Erst als Ende der sechziger Jahre die dringendste Wohnungsnot beseitigt war, begann sich auf unterschiedlichen Ebenen Kritik zu regen, und zwar mit zunehmender Vehemenz – und immer gerieten auch die Architekten mit in die Schußlinie.
Die erste Ebene war, kann man sagen, noch rein inner-funktionalistisch: die Wohnungen funktionierten nicht oder nicht mehr angesichts gestiegener Ansprüche: die Kinderzimmer waren zu klein, der Flur zu eng, das Schlafzimmer stand den ganzen Tag leer, während in der Küche Gedrängel herrschte usw... Diese Kritik führte zu einem bis heute andauernden Prozeß der Änderung, Anpassung und Modifizierung von Normen und Richtlinien, ohne daß der grundlegende Widerspruch, die Normierung selbst, angetastet wurde.
Die zweite Ebene der Kritik setzte tiefer an: sie basierte auf der zunehmenden Erkenntnis, daß die soziologische Grundlage des funktionalistischen Schemas, die intakte bürgerliche Kleinfamilie, in der Realität kaum noch eine Entsprechung fand. Integration der Frauen in den Produktionsprozeß, gleichwertige Ausbildungschancen, Abbau der Abhängigkeitsverhältnisse zwischen Mann und Frau in Richtung auf Gleichberechtigung, Aushöhlung der Ehe als institutionalisierte Form des

bürgerlichen Zusammenlebens, Anstieg der Scheidungsrate auf 50% – dies sind nur einige Stichpunkte der tiefgreifenden gesellschaftlichen Umwälzung, die noch keineswegs abgeschlossen ist und die das 3-Zimmer-Heile-Welt-Schema des Sozialen Wohnungsbaus tatsächlich zum überholten Rollenklischee degradierte.
Wieder versuchten die Architekten, auf die Zerfallstendenzen der bürgerlichen Kleinfamilie und das Entstehen alternativer Wohnformen mit entsprechenden neuen Grundriß-Konzepten zu reagieren. Von hier aus war es dann nur noch ein kleiner Schritt zu der dritten Ebene der Kritik, die dann den wahren Kern der Sache traf: Kritik als Weigerung, sich überhaupt weiterhin in das starre und überholte Korsett staatlicher Normierungs- und Standardisierungstendenzen zwängen zu lassen – oder auch als entschiedene Forderung nach Mitbestimmung der Bewohner bei einer Sache, die sie schließlich selbst ganz elementar betrifft. Wohnungsbau wurde zum Schauplatz gesellschaftspolitischer Auseinandersetzungen.
Dabei stand ein Teil der Architekten durchaus auf Seiten der Bewohner: zum einen lehnten sie es ab, sich zum Vollstrecker bürokratischer Wohnungsbaunormen degradieren zu lassen, zum anderen waren sie es leid, zu Prügelknaben einer Entwicklung zu werden, die von ihnen verlangte, neben ihrem Beruf gleichzeitig noch Soziologe, Psychologe und Sozialarbeiter zu sein.
Das war die Geburtsstunde der Flexibilitätsmodelle der siebziger Jahre: mit ihnen schienen die Probleme der Bewohner und Architekten gleichermaßen zufriedenstellend gelöst: der Architekt stellt einen Systembaukasten bereit – der Bewohner kann sich damit *jede* Grundrißlösung, jedes Wohnbedürfnis selbst erfüllen.
Bekanntlich ist auch dieser Weg gescheitert. War vorher der Architekt überfordert, indem von ihm verlangt wurde, Grundrisse für Wohnbedürfnisse zu entwerfen, die er gar nicht kannte, die sich ständig veränderten und die nur zufällig auch einmal seinen eigenen entsprachen, so waren es jetzt die Bewohner: sie sahen sich alleingelassen mit den installierten Möglichkeiten der Selbstverwirklichung, sahen sich in einen „Raum der Freiheit" gestellt, der eher lähmend wirkte statt stimulierend. Das war nicht Mitbestimmung, sondern Allein-Bestimmung als Folge der Weigerung des Architekten, bei der Umsetzung von Bedürfnissen in räumliche Konzepte weiterhin Hilfe zu leisten und Verantwortung zu übernehmen. Kein Wunder, daß die Bewohner sich weigerten, nun ihrerseits den Architekten zu spielen und sich dabei bloß als Dilettanten zu ertappen.
An diesem Punkt brach die Entwicklung mehr oder minder ergebnislos ab, das Interesse wandte sich anderen Dingen zu. Der funktionalistische Grundriß wurde in modifizierter Form aufs neue gesellschaftsfähig, und die Anstrengungen der Architekten konzentrierten sich wieder im wesentlichen auf neue räumliche Organisationsformen, z.B. im Sinne von Rob Krier, der, frei nach Palladio, den Zentralraum für den Sozialen Wohnungsbau zu adaptieren und sich im übrigen an großbürgerlichen Wohnvorstellungen des 19. Jahrhunderts zu orientieren suchte. Was paßt auch besser zu einer Zeit, in der restaurative Tendenzen auf allen Gebieten unübersehbar sind, und zu einer Gesellschaft, deren Perspektive sich in den letzten zwanzig Jahren vom „Alles ist möglich" zum „Nichts geht mehr" gewandelt hat?

3.

Auf Dauer allerdings hat es wenig Sinn, den Kopf in den Sand zu stecken und darauf zu hoffen, daß die „guten alten Zeiten" wiederkehren. So, wie sich die „bürgerliche Ehe" in Wirklichkeit zu einer Vielzahl unterschiedlicher Beziehungsformen entwickelt hat, schreitet der Prozeß gesamtgesellschaftlicher Segregation unaufhaltsam fort und bringt eine immer unüberschaubarere Anzahl von Subkulturen mit jeweils eigenem Lebensstil, eigenen Lebensformen und eigenem Selbstverständnis hervor. Schon gehört jeder von uns in der Regel mehreren dieser Subkulturen gleichzeitig oder nacheinander an: als Student, als Akademiker, möglicherweise dann als Arbeitsloser; als Alleinstehender oder Verheirateter; mit Freundin oder Freund isoliert oder in einer Wohngemeinschaft lebend; mit Kindern oder ohne; und dies auf vielen Altersstufen und Stufen der beruflichen Tätigkeit – man lebt tatsächlich jeweils anders, und entsprechend verändern sich auch die Bedürfnisse in Bezug auf die Wohnsituation. Erweitert man diese Feststellung in je angemessener Weise auf große gesellschaftliche Gruppierungen: Arbeiter, Kleinbürger, Angestellte, Bildungsbürger, Freiberufliche, Stadt- und Landbevölkerung, Arm und Reich, so wird die Situation vollends unüberschaubar. *Das Kennzeichen unserer Gesellschaft ist die Heterogenität der Lebensformen.*
So wenig sie sich auf einen Nenner bringen lassen, so wenig können wir sie homogenisieren über genormte Grundrißtypen. Weder über die alten, funktionalistischen, mit all ihren Klischees und Spiegelungen überholten Rollvenverhaltens, dem Grauen und der Öde der „Elternschlafzimmer", der repräsentativen Starre der „Wohnzimmer", in denen immer noch „heile Familie" gespielt wird – noch durch neue, wiederum genormte oder jedenfalls doch vorformulierte Konzepte!
„Alle Menschen sind unterschiedlich", sagte Hans Scharoun in Abwandlung unseres Grundgesetzes, und das heißt: Jeder Grundriß, der für den einen *gut* ist, ist für einen anderen *schlecht*. Das provoziert die Frage, ob eine Homogenisierung überhaupt erstrebenswert ist. Ist das, was die einen als apokalyptischen Niedergang und Strukturverfall beklagen, nicht eigentlich eine großartige Zielvorstellung und Utopie? Die „Offene Gesellschaft" ohne fixierte Strukturen, wo die Dinge im Fluß bleiben, dynamisch und für Veränderungen offen? War sie nicht immer schon ein plattes Mißverständnis von Demokratie, die Verkürzung auf: alle Menschen sind gleich, alle Wohnungen sind gleich – also stapeln wir sie einfach übereinander? Ist Demokratie nicht eigentlich, wie Scharoun sagt, das genaue Gegenteil: das *gleiche* Recht auf *Unterschiedlichkeit*, auf freie und individuelle Entfaltung? und hat nicht „Demokratie als Bauherr" genau dieser Forderung Rechnung zu tragen?
Was wir dazu brauchen, sind neue (oder auch alte) *Hauskonzepte* (also Architektur), die unterschiedlichste *Wohnkonzepte* (also Bedürfnisse) *ermöglichen* (aber nicht präjudizieren) – Konzepte also, die diese beiden Aufgaben nicht total miteinander vermengen und damit in unlösbare Widersprüche geraten, sondern die im Gegenteil gerade eine neue Grenze definieren, die eine ungestörte Entfaltung beider Bereiche ermöglicht.

4.

Ausgangspunkt hierfür ist und bleibt der offene Grundriß, die Trennung von tragender und raumbegrenzender Struktur. Dieses Konzept, das ja auch den Flexibilitätsmodellen der siebziger Jahre zugrunde lag, ist eben nicht nur eine funktionale Möglichkeit – und nur als solche ist es gescheitert (totale Mobilität) –, sondern zunächst einmal und vor allem ein Ansatzpunkt, genau jenes indirekte und anonyme Verhältnis zwischen Architekt und Bewohner aufzuheben, das im Zentrum der gesamten Problematik des Mietwohnungsbaues steht: Die Konzeption des offenen Grundrisses bietet die strukturelle Möglichkeit, fertige Häuser bauen zu können, ohne – zunächst einmal – fertige Grundrisse. Diese sind dann in einer 2. Phase, in *direktem* Verhältnis zwischen Nutzer und Architekt, einzufügen, doch auch nun nicht für die Ewigkeit, als festbetonierte Struktur, sondern in Leichtbauweise, also später einmal für einen neuen Nutzer veränderbar, so daß das Haus als Ganzes seinen Gebrauchswert behält und sich von innen heraus erneuern kann.

Die Wohnung verliert damit ihren Warencharakter, man mietet sie nicht mehr von der Stange, als Teil aus der Strangpresse. Und das Haus bekommt eine Geschichte, es verändert sich mit seinen Bewohnern, wird alt und dann wieder jung, kommt herunter und wird wieder neu aufgemöbelt – Haus und Wohnen als Prozeß . . .

Keine leere Hülle also, sondern aus der Zusammenarbeit von Architekt und Bewohner entstandene individuelle räumliche Lösungen – allerdings auf der Basis einer neutralen Tragstruktur, die spätere Veränderungsmöglichkeiten gewährleistet: vom Einfamilienhaus auf der Etage bis zur Studentenbude, vom Generationenhaus bis zur Künstlerkolonie, vom raffinierten architektonischen Raumdesign bis hin zum alternativen Selbstbau . . . Die Möglichkeit schließlich, *gleichzeitig Häuser für die Massen zu bauen und Wohnungen für den Einzelnen.*

Das nimmt die totale Mobilität der Flexibilitätskonzepte zurück und reduziert den „Raum der Freiheit" innerhalb solcher Neubauten genau auf jenes Maß von Anpassungs- und Veränderungsmöglichkeiten, das auch die Attraktivität und Lebendigkeit vieler vorhandener Altbauten ausmacht und deren Überleben gegenüber jedem noch so optimierten, aber erstarrten Neubaukonzept gewährleistet.

5.

Gleichzeitig ist damit ein Ansatz gewonnen, das Wohnen insgesamt aus seiner ideologischen Einengung zu befreien. Die Kritik am funktionalistischen Grundriß, an der staatlich genormten Zuordnung von Räumen zu Funktionen, die ein Funktionieren der Bewohner zur Voraussetzung wie zur Folge hatte, machte ja an der Wohnungstür nicht halt. Sie kritisierte mit gleicher Schärfe die Zerlegung und Zerstückelung städtischen Lebens in Wohn- und Fabrikationsghettos in den Vorstädten und Vergnügungs-, Dienstleistungs- und Verwaltungsghettos in der Innenstadt mit dazwischenliegenden Verkehrswüsten – kurz: die gesamte Ideologie der *Mo-*

nofunktionalisierung, auf die Wohnung wie auf die Stadt bezogen; das Auseinanderreißen von gewachsenen Zusammenhängen, das in den Schemagrundrissen ebenso seinen trostlosen, aber folgerichtigen Ausdruck fand wie in der Öde und Isolation der Trabantenstädte.

Welch eine Vorstellung, dort, im vierzehnten Stock eines Wohnhochhauses, arbeitslos zu werden! Welch eine soziale Zeitbombe! In einer Zeit, in der sich Arbeit als sinnvolle und nützliche menschliche Lebensäußerung immer mehr ablöst von ‚bezahlter Arbeit', die zum Privileg wird; einer Zeit, in der unser soziales Überleben davon abhängt, ob wir neue Formen der Verteilung und Bewertung von Arbeit finden; einer Zeit schließlich, in der einerseits ganze Werkhallen nur noch vor Robotern bevölkert werden, andererseits dadurch potentiell Kräfte freigesetzt werden für neue, individuellere Arbeitsformen, die die rigide Trennung zwischen Wohnen und Arbeiten tendenziell wieder aufheben – in einer solchen Zeit werden Häuser, die immer noch unter den Maximen einer monofunktionalistischen Wohnideologie errichtet werden, schlichtweg *dis*-funktional, unbrauchbar, wertlos – und der ganze Begriff vom „reinen Wohnen" unsinnig.

Oder anders gesagt: Die Dynamik, die bei der Entwicklung der zwischenmenschlichen Beziehungen zu beobachten ist, findet ihre Entsprechung, vielleicht sogar ihre letzte Ursache in der Dynamik sich immer schneller verändernder Produktivkräfte und Produktionsverhältnisse – wer weiß schon, wie unsere Arbeitsplätze in nur 15 Jahren , also im Jahre 2000 aussehen werden?

In jedem Fall ist diese Dynamik nicht länger mit der Lebensdauer eines Gebäudes synchronisiert – und wenn man nicht alle zehn oder zwanzig Jahre die Häuser einreißen will, was auch ökonomisch nicht zu empfehlen ist, braucht man wiederum die offene Grundriß-Struktur, in der *unterschiedliche* und *wechselnde* Nutzungen möglich sind: Häuser, die eine horizontale und vertikale Durchmischung, einen fließenden Übergang zwischen Wohnen und Arbeiten zulassen; Hauskonzepte (nicht: Wohnhaus-Konzepte), die sich auf diese Weise wieder eingliedern lassen in den lebendigen Transformationsprozeß der Stadt.

II Das räumliche Konzept

1.

Schon der Ausdruck „Wohnungsbau" weist bei näherer Betrachtung auf einen konzeptionellen Mangel hin: Früher baute man Miets*häuser*, Einfamilien*häuser*, Villen – heute baut man Wohnungen ... Das ist, baugeschichtlich gesehen, eine ziemlich neue Entwicklung. Am Anfang waren Haus und Wohnung nicht voneinander getrennt, waren sogar lange Zeit als Begriffe inhaltsgleich: Raum ausgrenzen aus dem Außenraum, Innenraum schaffen, die Grenze definieren zwischen Innen und Außen – so fing „wohnen" (oder besser „hausen") an: als Schutz vor Witterung (und Feinden), Rückzugsmöglichkeit, Ausgrenzung privaten Territoriums.

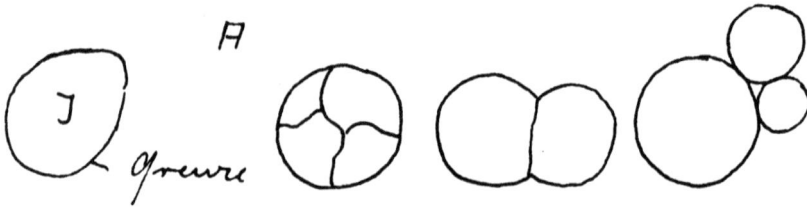

Mit der weiteren kulturellen Entwicklung setzte dann ein Prozeß zellularen Wachstums ein, Zellteilungen im Inneren oder Anlagerungen außen, abhängig von den konstruktiven Möglichkeiten der jeweiligen Region.

Komplexere soziale Strukturen, verbesserte Techniken und steigender Wohlstand ließen das Haus dann weiter wachsen, in die Breite und in die Höhe; in der Regel erfolgte eine Reintegration von ausgelagerten Funktionen, z.B. von Wirtschafts- und Produktionsräumen, was zu den Bauformen des Bauernhauses (horinzontale Integration), des Handwerker-, des Kaufmannshauses führte (vertikale Integration: Kontor, Repräsentationsräume, Wohnen, Speicher).

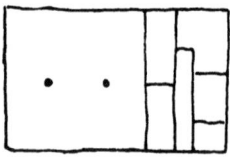
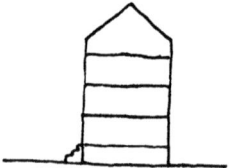

Das Haus als strukturelle, soziale und räumliche Einheit war der Grundbaustein unserer Städte und blieb es bis in unser Jahrhundert hinein, obschon sich die soziologische Struktur (eine Familien- und Produktionseinheit) mit dem Aufkommen der Mietskasernen bereits grundlegend zu verändern begonnen hatte. Das Haus definierte den Maßstab der Stadt, prägte den Stadtraum und war doch gleichzeitig eingebettet in das komplexe Gewebe hierarchisch geordneter Maßstabsebenen:

Zimmer
Wohnung
Haus
Block
Quartier
Stadt

Es war das erklärte Ziel des Bauens der Zwanziger Jahre, dieses räumliche Gewebe, das mittelalterlich, finster und unhygienisch erschien und dies zum großen Teil auch sicherlich war, zu zerstören. Man erreichte das, indem man einfach eine Maßstabsebene übersprang: die des Hauses – der Rest zerfiel dann von allein: nämlich in die isolierte Wohnung und in jenes stadträumliche Vakuum, daß die Großformen Zeile, Block und Hochhaus herstellten.

In der Regel wird dieses Vorgehen des Neuen Bauens nur in Richtung auf die Zerstörung des Stadtraums diskutiert. Die Auswirkungen auf die nächst kleinere Ebene, die Wohnung, waren indes nicht weniger drastisch: sie war plötzlich isoliert, ohne Zentrum und übergeordnetes Organisationsprinzip.
Die Wohnung, die „Zelle" (Le Corbusier) wurde zum neuen Grundbaustein, und ihre Multiplikation ergab ohne Zwischenschritt die städtebauliche Großform: „Diese Zellen müssen zu Millionen zusammenfügbar sein" oder: „Das Haus darf nicht mehr nach Metern – es muß nach Kilometern gebaut werden". (Le Corbusier, Feststellungen, 1929) Das Prinzip dieser Zusammenfügung aber war das gleiche wie im Städtebau: lineare Addition – und bildete damit einen extremen Gegensatz zu der integrierten Struktur des Vor-Funktionalismus.

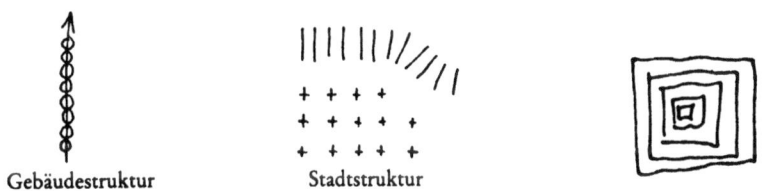

So wie das funktionale Konzept der Zwanziger Jahre – Zerstückelung und Zerlegung in Einzelfunktionen – sowohl für die einzelne Wohnung als auch für den Städtebau galt und auf beiden Ebenen zu fatalen Konsequenzen führte, so war auch das räumliche Organisationsprinzip für Gebäude und Stadt identisch: Addition und Stapelung. Häuser und Städte aus der Strangpresse. Maschinenideologie!
Feststeht, daß die additive Struktur ein sehr einfaches Schema ist, kaum in der Lage, komplexe Beziehungen aufzunehmen oder auszudrücken. In der linearen Addition findet kein Sprung von der Quantität zu einer neuen Qualität statt, die quantitative Häufung allein erzeugt noch keine neue Struktur.
Die Blindheit vieler Architekten der Zwanziger Jahre in diesem Punkt ist auch heute noch nicht ganz nachvollziehbar, um so weniger, als die Villen, die die gleichen Architekten bauten, oft Meisterwerke funtionaler und räumlicher Komplexität waren – in vieler Hinsicht bis heute unübertroffen. Da waren sie auf einmal wieder:

Häuser, nicht Stapelware; integrierte Strukturen, nicht addierte Raum-Schemata; brilliante Architektur, nicht lähmende Monotonie! Das erfordert schon eine gewisse Schizophrenie (oder aber ein verinnerlichtes Zwei-Klassen-System): die Villen als Häuser, als Einheiten, als eigenständige Entitäten zu entwerfen – und dann auf einmal umzuschalten und massenhaft zu stapeln! Warum kam man nicht darauf, für Mehrfamilienhäuser nach dem gleichen, nur auf die andere Aufgabe zugeschnittenen Prinzip zu verfahren, um auf diese Weise entsprechende räumliche und funktionelle Qualitäten zu erreichen? Der Titel eines Vortrages von Le Corbusier: „Ein Mensch – eine Zelle; Zellen = die Stadt" (1929) charakterisiert schlagend die fehlende Vermittlungsebene, das ideologische Loch: Stadt fing direkt vor der Wohnungstür an. Polarisation: das Individuum – und dann gleich die Masse. Keine Beziehung zwischen den einzelnen Wohnungen über das minimierte Transportsystem hinaus; Zerschlagung nicht nur der räumlichen, sondern auch gleichzeitig aller gewachsenen soziologischen Strukturen, Vernetzungen, Beziehungssysteme. Aber das menschliche Bewußtsein hat seine eigene Dynamik, es verkraftet solche Maßstabsprünge nicht, weder zeitlich (wie bei Flugreisen) noch räumlich, es braucht Vermittlungsebenen, den schrittweisen Übergang, sonst folgen Desorientierung, Identitätsverlust.

Räumlich auf die Spitze getrieben wurde dieser Effekt dann zusätzlich durch die betonte Loslösung der Häuser vom Grund und Boden, durch das Schweben über den Bäumen, den Ozeandampfer-Effekt. Damit wurde auch die Parzelle, das hauseigene Grundstück – integraler Bestandteil jeden Hauskonzeptes – eliminiert, die Gemeinschaftstiftende Funktion eines Außenraums, Hofs, Gartens aufgehoben und das letzte Band einer räumlichen Verankerung gelöst: „Schiffe auf hoher See" hieß das Bild, und darin der Einzelne in mönchischer Isolation. Aber die Realität machte etwas anderes daraus: Stadt als Schiffsfriedhof (gestrandeter Ozeanriesen).

2.

Bedauerlicherweise orientierten sich die fünfziger, sechziger und siebziger Jahre wie schon funktional auch räumlich eher an den negativen Errungenschaften der Zwanziger Jahre. Die Ergebnisse sind bekannt.

Interessanter ist, daß auch die Flexibilitätsmodelle, die immerhin ein neues funktionales Konzept waren, an dieser Stapelarchitektur festhielten, sie sogar noch stei-

gerten bis hin zu krebsartig wuchernden, anonymen Skelettstrukturen – und daran scheiterten. Um so erstaunlicher aber ist die Tatsache, daß auch aktuelle Versuche alternativer Architektur, die Wohnungsbaumisere zu überwinden, immer noch vom Stapelprinzip ausgehen. Entwürfe wie das „Wohnregal" von P. Stürzebächer, die „Wohnplattform" von Frei Otto, aber auch die neu aufgelegten, gestapelten Einfamilienhäuser der New Yorker Gruppe „SITE" sind Beispiele hierfür.
Es ist das unbestreitbare Verdienst der achtziger Jahre, den Hausmaßstab wieder in die Architektur eingeführt und damit wesentlich zur räumlichen Reorganisation von Stadtstruktur beigetragen zu haben (z.b. „Stadtraum" von R. Krier). Leider aber erschöpften sich auch diese Beiträge oft in der Wiederherstellung von Maßstab und Fassade: dahinter wird fleißig weitergestapelt, werden funktionalistische Zellen addiert. Die wesentliche Entwurfsaufgabe besteht dann darin, die äußere Illusion einer gewachsenen, integrierten und differenzierten Hausfigur (Stadt-Villa) mit der hinter die Fassaden gebrachten Stapelware in Einklang zu bringen.

3.

Das Loft-Konzept versucht nun, den räumlichen Ansatz der Zwanziger Jahre vom Kopf wieder auf die Füße zu stellen.

Nicht: Wohnung · X = Haus
Sondern: Haus   : X = Wohnung

Das Haus ist die städtebauliche und räumliche Einheit – nicht die Wohnung! Ein Haus muß bestehen bleiben können, auch wenn sich in seinem Inneren einmal Funktionen oder Raumaufteilungen ändern; die äußere Gestalt kann sich nicht an kurzlebigen inneren Abläufen orientieren; der städtische Raum schließlich kann nicht determiniert werden durch die Multiplikation eines temporären Funktionsschemas. Notwendig ist also ein Hauskonzept, das den städtischen Raum ordnet, den städtebaulichen Maßstab definiert und ein gewisses Maß an räumlicher Homogenität und zeitlicher Kontinuität gewährleistet; ein Hauskonzept, das gleichzeitig im Inneren funktionale und räumliche Freiheiten ermöglicht, wie z.B. das Vergrößern, Verkleinern oder Zusammenlegen von Räumen und ganzen Wohneinheiten oder die Umnutzung von Wohn- in Arbeits- und Dienstleistungsbereiche. Kurz: *innere Freiheit und äußere Ordnung sind die beiden Fixpunkte eines solchen Konzeptes.* Es leitet sich deshalb auch nicht aus den Grundrissen der einzelnen Wohnungen ab, sondern aus übergeordneten räumlichen, funktionalen und maßstäblichen Überlegungen.
Die erste Überlegung gilt der Überwindung des linearen Additionsprinzips. Was für die Wohnungen sehr früh abgelehnt wurde, das Kammer-Gang-System, ist ja für das Haus immer noch die Regel.

Aber so, wie die einzelnen Zimmer erst durch ein Zentrum, eine Mitte, zu einer funktionierenden räumlichen Einheit zusammengeschlossen werden, braucht auch das Haus ein solches räumliches Zentrum, eine Mitte, auf die hin es sich orientiert.

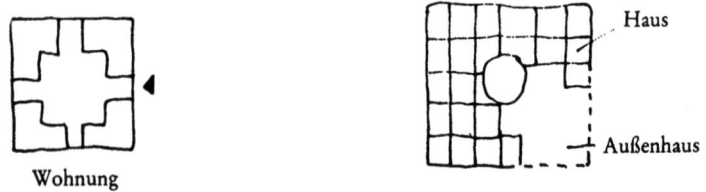

So wie Diele, Halle, Zentralraum den öffentlichen Raum oder Außenraum für die privaten Zimmer bilden, sind Außenhaus, Hof, Erschließung und hauseigene Freifläche das gemeinschaftliche Zentrum für die Wohnungen. *Haus und Außenhaus bilden eine Einheit!* Das schlägt sich auch im Schnittbild nieder.

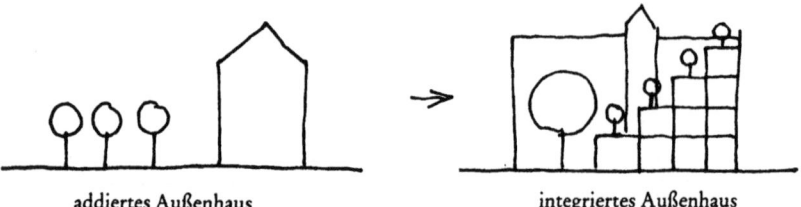

Die zweite Einflußgröße ist folglich die Parzelle: ihre Größe, ihre Form (Zuschnitt) und ihre Lage (Orientierung). Wenn ein ausreichend großes, funktionierendes Außenhaus gewährleistet sein soll, hängt das Maß der Bebauung, die Hausgröße, zwangsläufig von der Grundstückgröße ab oder wird durch sie begrenzt. Umgekehrt wird natürlich bei neu zu erschließenden Baugrundstücken, wo eine Parzellierung noch nicht vorgenommen ist, die Größe der Parzellen von dem angestrebten städtebaulichen Maßstab der Bebauung bestimmt.

Dieser – und damit sind wir bei der dritten Einflußgröße – hat allerdings seine räumlichen und funktionalen Obergrenzen. In der Horizontalen wird die Ausdehnung seitlich begrenzt durch das räumlich-funktionale Grundprinzip: Eine Erschließungseinheit = ein Haus; in der Tiefe durch die erforderlichen Belichtungsmöglichkeiten und Abstandsflächen. In der Vertikalen ergibt sich eine natürliche Begrenzung daraus, daß Wohnungen mit jeweils zugeordnetem Außenhaus-Anteil sich nicht unbegrenzt kombinieren lassen, ohne daß es wieder auf die überholte Stapelung hinausläuft.

Innerhalb dieser Maßstabsgrenzen bleibt uns nun eine Vielzahl sinnvoller Variationsmöglichkeiten, von der Villa am Stadtrand bis zum 6-geschossigen Wohn- und Geschäftshaus in der Innenstadt. (Hochhäuser allerdings sind ausgeschlossen – sie sollten Nutzungen vorbehalten bleiben, die der städtebaulichen Signifikanz dieses Bautyps angemessen sind.) Das Ergebnis ist ein „integrierter Stadtbaustein", Organisationsprinzip für die Wohnungen und zugleich Maßstabseinheit für die Stadt.

III Das konstruktive Konzept

1.

Konstruktive Neuerungen und technologische Innovationen waren, wenn man den Äußerungen der Architekten und ihrer Begeisterung für die neuen Errungenschaften der Ingenieursbaukunst Glauben schenken will, ein wesentlicher Ausgangspunkt des Neuen Bauens. Beton wurde hier als Baustoff salonfähig und zum Synonym für moderne Architektur schlechthin. Hinzu kamen Stahl und Glas mit ihren neuen, faszinierenden Möglichkeiten, der Curtain-Wall wurde erfunden, die konstruktiven Systeme von Schotten- und Skelettbau wurden zu ihrer reinsten Form entwickelt und das Grundkonzept der konstruktiven Dreiteilung jedes Bauwerks in Tragstruktur, Ausbau und technische Installation formuliert. Aber all das war im eigentlichen Sinne noch keine Industrialisierung, war nicht die erstrebte Annäherung von Maschinenbau und Wohnungsbau, sondern vollzog sich weiterhin auf der Basis handwerklicher Produktionstechniken, nur in anderem Maßstab. Versuche zur realen Industrialisierung des Bauwesens setzten in großem Umfang erst Mitte der sechziger Jahre ein. Der Ausgangspunkt war ohne Zweifel richtig: die technologische Schere zwischen Bauindustrie und anderen industriellen Bereichen (z.B. Elektronik, Automobilbau) öffnete sich immer mehr, die Bauleistungen wurden entsprechend immer teurer und auf lange Sicht das gesamte Bauen unwirtschaftlich. Dennoch: welch ein absurdes Ergebnis dieser Nachhol-Bemühungen: die Häuser waren technologisch minderwertiger als jedes konventionell erstellte Gebäude – und im Endeffekt nicht einmal billiger! Schuld daran war die Anwendung einer Groß-Technologie, die sich gerade für die Komplexität von Wohnungsbauten als völlig ungeeignet erwies: ein Auto besteht aus ca. 75.000 Einzelteilen, die exakt miteinander koordiniert sind – die Baufertigteilindustrie fertigte dagegen monolithische Betonraumzellen und Großtafeln. Schuld war aber auch die maßstabslose Schachtel- und Stapelarchitektur dieser Zeit, die zu solcher Großtechnologie geradezu verführte. Wäre der gesamte Wohnungsbau von vornherein, also vom Entwurf her, kleinteiliger, differenzierter und maßstabsgerechter gewesen, wäre niemand auf diesen technologischen Ansatz gekommen. So aber führte die Verknüpfung industriellen Bauens mit den sog. städtebaulichen Megastrukturen zu einem ideologischen Teufelskreis: Wenn wir sowieso Großsiedlungen bauen, können wir auch hervorragend rationalisieren. Um rationalisieren zu können, brauchen wir die große Serie.

Diese Entwicklung ist um so bedauerlicher, als wir weiterhin auf eine sinnvolle Industrialisierung im Bauwesen angewiesen bleiben, alle Versuche in dieser Richtung aber mit dem Scheitern der Großtechnologie zunächst einmal einschliefen. So sieht sich der Architekt heute mit einem technologischen Chaos konfrontiert: mit einer Vielzahl von zersplitterten, teils hochspezialisierten, teils minderwertigen Teil-Technologien; mit immer differenzierteren und spezialisierten Komponenten für die Abdeckung jeweils *eines* bauphysikalischen Komplexes, ohne daß ihr Zusammenwirken für ihn noch kontrollierbar ist. So blickt er fast neidvoll auf gewisse aktuelle Versuche, parallel zu der formalen Ausplünderung der Vergangenheit die konstruktiven Methoden des letzten Jahrhunderts zu reaktivieren: Mauerwerksbau mit scheitrechtem Sturz und Zierverband.

Aber auch der ist meist nur aufgeklebt, „echtes" Mauerwerk ist wegen der veränderten bauphysikalischen Anforderungen an die Außenwand längst unwirtschaftlich geworden. Dennoch läßt sich tatsächlich vom Mauerwerksbau auch heute noch eine Menge lernen. Schließlich ist der Mauerziegel das älteste, universellste und erfolgreichste „Fertigteil" der Baugeschichte. Er weist die Richtung, in die eine Industrialisierung und technologische Erneuerung gehen muß:
– Zerlegung in Komponenten
– Kleinteiligkeit
– Vielfältigkeit der Einzelteile bei genormten Anschlußmöglichkeiten
– Austauschbarkeit
– Handhabbarkeit

Was wir brauchen, ist eine „mittlere", intelligente, flexible Technologie: offene, variable Komponentenpakete und Bausätze, die auch den Selbstbau ermöglichen – überhaupt vieles, was in den siebziger Jahren angedacht wurde, nun aber auf der Basis eines total veränderten Haus- und Städtebaumaßstabs: Kleinteiligkeit und Anpaßbarkeit anstelle von starren, raumfressenden Großstrukturen.

2.

Innovationen sind vor allem aus dem Modernisierungsbereich zu erwarten. Hier ist die Aufgabe die gleiche wie bei den Lofts: das Haus ist schon da (oder wird einmal errichtet), das Innere hingegen verändert sich und paßt sich den wechselnden Bedürfnissen an. Das führt direkt zum *strukturellen* Konzept der Neuen Lofts: Die Trennungslinie zwischen den einzelnen Bauteilen und -phasen verläuft an anderer Stelle als beim konventionellen oder auch industrialisierten Hochbau. Nicht mehr: Rohbau, Ausbau, technische Versorgung (oder auch: Primär-, Sekundär- und Tertiärstruktur), sondern: offene Tragstruktur, Begrenzungswände, Dach, Fenster, Fußböden und technische Versorgung bilden die *Basisstruktur*, das funktionierende, aber nutzungsneutrale Haus – Trennwände und nutzungsspezifische Einbauten die veränderbare *Aufbaustruktur*.

So einfach und harmlos, wie dieser Ansatz zunächst klingt, hat er doch seine Tükken für den Planer: Wie soll man z.B. eine Fassade entwerfen, wenn man überhaupt noch nicht weiß, was dahinterliegt – ein Eßplatz, ein Bad oder ein Kinderzimmer? An welcher Stelle muß das Treppenhaus liegen, um unterschiedliche Wohneinheiten pro Etage jeweils optimal anzuschließen? Wo liegen die vertikalen Versorgungsstränge, die nicht verändert werden können? Wie läßt sich die Grenze zwischen Innenraum und privatem Außenhaus in der Form so definieren, daß sie sowohl ökologischen Anforderungen gerecht wird, als auch Aneignungs- und Gestaltungsspielraum für die Bewohner läßt? Läuft nicht doch alles wieder auf die offene Skelettstruktur der siebziger Jahre hinaus?

Der strukturelle Lösungsansatz der Neuen Lofts für diese Probleme beruht auf einer organischen Analogie, die sich zwanglos ergibt, wenn man noch einmal das räumliche Basiskonzept betrachtet. Oder anders gesagt: wenn man das große Vorbild der Zwanziger Jahre, die Maschine, ersetzt durch ein älteres und vielleicht angemesseneres: die Natur.

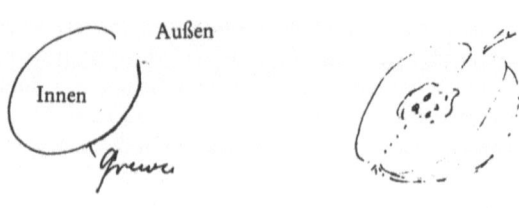

Eine Kernfrucht kann als Beispiel dienen. Sie verwandelt sich ständig, wächst, dehnt sich aus, verändert Gestalt und Farbe, aber die Struktur bleibt: Kern, Fruchtfleisch, Schale. So ist auch das Haus historisch gewachsen, vom Einraum der Hütte bis zu den ungezählten Zimmern eines Palastes, ohne die Form zu sprengen, sich jeweils anpassend an den neuen Maßstab. Auf das Loft bezogen, heißt das: Kern (Erschließung), Skelett (offene Nutzungsstruktur), Hülle (Fassade und Dach).

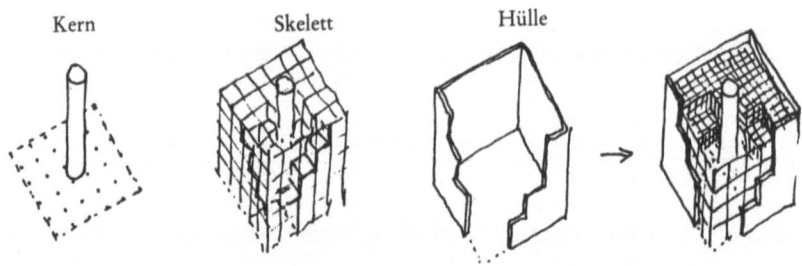

Es ist die dritte Ebene, die Hülle, die den entscheidenden Neuansatz bringt: Fassade und Dach als Grenze zwischen Innen und Außen, als Filter, Membrane, als differenzierbare Außenhaut und regulierbare Pufferzone, die die vielfältigsten und unterschiedlichsten Vermittlungsfunktionen zu übernehmen hat: klimatische, maßstäbliche, ökologische und gesellschaftliche – Fassade als selbständiges Bauteil, nicht nur als Reflex einer spezialisierten inneren Nutzungsstruktur oder als anonymer Curtainwall.

Das Außen		Grenzen, Filter, Pufferzone	Das Innen	
Außenklima	→		←	Innenklima
Stadt, öffentl. Raum	→		←	Wohnung, priv. Raum
Gesellschaft	→		←	Individuum
Dynamik (20-Jahres Zyklus)	→		←	Dynamik (2-Jahres-Zyklus)

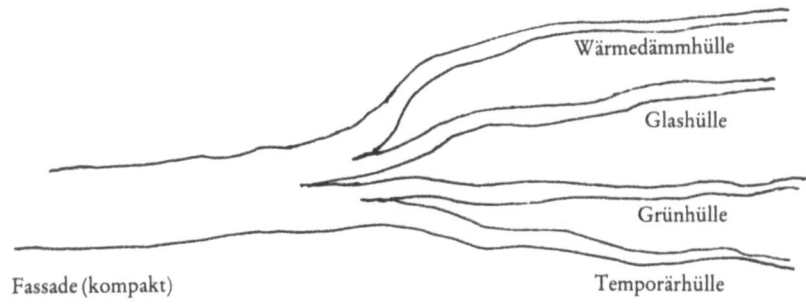

Fassade (kompakt)   Temporärhülle

Solchermaßen komplexe Funktionen sind nur durch Differenzierung zu bewältigen. So hat jedes Neue Loft eine äußere Hülle: der Stadt zugewandt, unveränderlich und Träger der Identität – und eine zweite, innere Hülle, die veränderbar ist und anpaßbar an Nutzerwünsche und wechselnde klimatische Bedingungen. Die starre, eindimensionale Betrachtungsweise von Fassade und Dach wird aufgegeben zugunsten eines ökologischen Schichtenmodells.

		Fassade	Dach
WD	Wärmedämmung	Masivbauweise Mauerwerk • Lehm Leichtbauweise • Paneele • Fachwerk • Brettschalung Dreifach-Verglasung	Grasdach Hochgedämmtes Warmdach (Terrasse) Kaltdach
GL	Glashülle	Einfach-Verglasung (Pufferzone)	Gewächshaus • Stahl-, Holzprofil
GR	Grünhülle	Rankgewächse	Pergolen Laubdächer
TW	Temporärer Wärmeschutz	Jalousien Fensterläden	Markisen Zeltkonstruktionen

Dieses ermöglicht einerseits das flexible Eingehen auf den Tag-Nacht- und Sommer-Winter-Zyklus, die Schaffung von thermischen Pufferzonen und damit Energiegewinnung oder -einsparung, andererseits das Eingehen auf sich verändernde Nutzungen, z.B. die Umwandlung einer Terrasse in einen Wohnraum und umgekehrt – kurz: es läßt Aneignung und aktiven Umgang der Bewohner mit ihrer direkten Wohnumwelt zu.

Damit läßt sich der strukturelle Gesamtaufbau eines Neuen Lofts wie folgt charakterisieren:

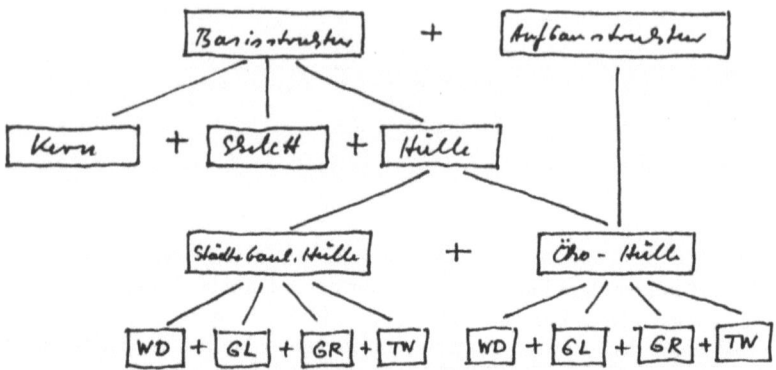

Entscheidend ist dabei die partielle *Autonomie* der einzelnen Elemente: die Basisstruktur läßt unterschiedliche Aufbaustrukturen zu, der Kern (Erschließung) unterschiedliche räumliche Anordnungen der Tragstruktur, diese wiederum verschiedene Ausformulierungen der Hülle, und auch die Hülle selbst ist je nach entsprechenden Anforderungen differenzierbar. Das heißt: Angeboten wird nicht ein in sich geschlossenes Modell oder eine bestimmte, fixierte Architektur, sondern eine *offene Struktur*, ein neuer *Haus-Typus*, der die zwei wesentlichen Bedingungen jeder Struktur erfüllt: Offenheit und Widerspruchsfreiheit.

1) Es gibt keine fertigen, determinierten Lösungen, der Innovation und Kreativität der Architekten sind keine Schranken gesetzt. Es werden nur die Ausgangsbedingungen für den kreativen Prozeß neu zurechtgerückt und aus dem luftleeren Raum der Formvariationen auf den Boden zurückgeholt.

2) Die für die verschiedenen Bereiche (Funktion, Raum, Konstruktion) vorgeschlagenen Lösungsansätze sind untereinander verträglich, sie schließen sich weder gegenseitig aus, noch weisen sie in unterschiedliche Richtungen. Die Metapher vom *Haus als Kern + Skelett + Hülle* schließt die Möglichkeiten des freien Grundrisses, der Umnutzung, der Elementierung und Rationalisierung von Bauteilen und die Entwicklung eines Filtersystems zwischen Innen und Außen (Ökologie) mit ein und läßt gleichzeitig genügend Spielraum für eine unendliche Zahl formaler Lösungen.

IV Das ästhetische Konzept

1.

Lineare Addition ist ein sehr begrenztes räumliches und funktionales Konzept. Gleiches gilt erst recht für die Ästhetik: die Einfachheit des Schemas, die Mühelosigkeit, es nachzuvollziehen, die Informationsarmut also, die das Interesse für kaum mehr als Sekundenbruchteile zu fesseln vermag, erzeugen zwangsläufig Monotonie und Langeweile.

Das ist zum einen eine Maßstabsfrage. Zwei addierte Einheiten, z.B. Fenster, können Polarität ausbilden, drei Einheiten Symmetrie oder einen Schwerpunkt, vier oder fünf Einheiten vielleicht ein Thema formulieren – erst bei 10, 20, 50 Einheiten reduzieren sich mögliche Spannungsverhältnisse zwischen den Elementen auf das eine, simple Schema der Addition.

Zum anderen ist es eine Frage der Elemente selbst. Wenn die einzelne Einheit schon banal ist, wird ihre Addition kaum höheren ästhetischen Reiz erbringen, es sei denn, sie ergibt ein neues, übergeordnetes Thema. Wenn die einzelnen Einheiten außerdem vollständig identisch sind, verstärkt dies die Monotonie noch.

Kompensiert wurde dieser Mechanismus in den zwanziger Jahren durch die Sensation, die den Konzepten als Ganzen innewohnte: solche Ungeheuer an projektierter Baumasse, Länge und Höhe (z.B. Hilbersheimer) waren als Typus brandneu und schon daher von so hohem Informationswert und Intersse, daß Fragen der Detail-Gliederung eine untergeordnete Rolle spielten. Erst als in den fünfziger und sechziger Jahren der Neuigkeitswert solcher Gebäude gegen Null ging, ohne daß neue, komplexere Gliederungsformen eingeführt wurden, kam die im additiven Schema angelegte Monotonie voll zum Tragen und führte zu den ästhetischen Wüsten unserer Vorstädte. Im Gegensatz dazu bilden historische Straßenzüge, die ja auch auf dem Basis-Schema der linearen Addition beruhen, *zusätzlich* eine übergeordnete, faszinierende vielfältige Struktur aus: Sie sind maßstäblich gegliedert in einzelne Häuser und ordnen sich doch zusammen einem höheren Prinzip unter, der Definition des öffentlichen Raumes; die Häuser selbst sind in der Regel untereinander differenziert, formulieren aber als Vertreter des gleichen Typus „Variationen über ein Thema", sind also gleichweit entfernt von ästhetischer Anarchie wie von Monotonie. Das räumliche Prinzip des Ineinander, der Hierarchienbildung und des stufenweisen Ansteigens von Komplexität findet so seine Entsprechung in dem ästhetischen Prinzip der geordneten Steigerung von Informationen.

2.

Diejenige Architektur, die gleichzeitig an das ästhetische Credo ,form follows function' gebunden war, hatte es da natürlich besonders schwer. Das betrifft Teile der Zwanziger Jahre, vor allem aber die fünfziger, sechziger und siebziger Jahre:

Solange die funktionale und räumliche Konzeption des Wohnungsbaues additiv und linear blieb, war jede vermittelnde, maßstabs- und hierarchienbildende Gestaltung des Gesamtgebäudes ebenso verpönt wie Variantenbildung im Detail. Die Ideologie des sturen *Sichtbarmachens* der Funktion, aus der allein man gestalterische Funken zu schlagen hoffte, konnte aber nur funktionieren, solange diese Funktionen nicht so entsetzlich banal waren! Oder besser: banal gemacht wurden. Die funktionalistische Ideologie hat es ja erst fertiggebracht, noch die komplexesten menschlichen Lebensäußerungen durch Zerlegung und Reduktion in sauber verpackte Funktionseinheiten zu verwandeln — und damit gleichzeitig unendlich viele Ansatzpunkte für differenzierte Gestaltung und ästhetischen Ausdruck zu eliminieren.

Funktional gesehen, ist auch der Mailänder Dom nichts weiter als ein Container — Funktionen sind in diesem Sinne überhaupt immer banal: nur ist vorher noch niemand auf die Idee gekommen, daß es ein ästhetisches Konzept sein könnte, gerade die Banalität (also die „reine Funktion") adäquat zum Ausdruck zu bringen!

Bereicherung also, nicht Reduktion, *Komplexität*, nicht Linearität sind die eigentliche Aufgabe zumindest überall dort, wo Architektur über die Stufe der reinen Bedürfnisbefriedigung hinausgelangt ist. Dieser Reichtum läßt sich allerdings nicht (oder nur oberflächlich) erzeugen, wenn man lediglich das ästhetische Konzept verändert (wie viele aktuelle Architekturbeispiele), er erfordert vielmehr eine *adäquate Komplexität der gesamten Gebäudestruktur*: funktional, räumlich, konstruktiv *und* ästhetisch. Er erfordert weiter *Spielräume* innerhalb und zwischen den einzelnen Ebenen, um auf die jeweilige Aufgabe, den Ort und die konkrete städtebauliche Situation angemessen und individuell reagieren zu können.

Neue Lofts sind in diesem Sinne zunächst einmal Typen, keine konkrete Architektur. Funktionen, Raumform, Maßstab, Proportionen, Gliederung, Konstruktion, Material und Farbigkeit sind aufeinander bezogene Variable innerhalb eines definierten Rahmens. Die ästhetische Gesamtstruktur ergibt sich jeweils erst aus der konkreten Umsetzung. Das steht im Gegensatz nicht nur zum Massenwohnungsbau der Zwanziger Jahre, sondern ebenfalls zum ästhetischen Konzept ihres Villenbaues, dem man Banalität und Eindimensionalität ja wirklich nicht nachsagen kann. Die Villen, z.B. die von Le Corbusier, waren in sich geschlossene Kunstwerke, bei denen die kleinste Veränderung, das Anbringen einer Dachrinne etwa oder der Ersetzen der schwarzen, schlanken Stahlrahmenfenster durch braune Holzfenster, sofort und unwiderruflich zur Zerstörung führte — ganz zu schweigen von der Ersetzung weißen Betons oder Putzes durch Sichtmauerwerk oder sonstige Materialien. Diese Villen sind in ihrer Einmaligkeit erstarrte Skulpturen! Bei Villen mag das gerechtfertigt sein, doch als Basis für die allgemeine Aufgabe „Wohnungsbau" ist ein solches geschlossenes Konzept zu schmal, zu begrenzt, zu starr, zu wenig anpaßbar und variierbar. Hinzu kommt, daß ein derartiges Konzept die Bewohner zur absoluten Passivität verdammt — schon die Anbringung von Blumenkästen oder Fernsehantennen wirkt zerstörerisch; Aneignung kann, wenn überhaupt, nur im Inneren stattfinden. Ein Wohnhaus aber muß das aushalten können,

auch ästhetisch. Es muß auch altern können, ohne desolat zu wirken, und selbst einen Supermarkt im Erdgeschoß mitsamt seiner schreienden Reklame verkraften können.
So kann die Lösung weder in einer puristischen Kunstauffassung noch in der Anarchie individueller Selbstdarstellung liegen, auch nicht in einer sonstwie gearteten neuen ästhetischen Doktrin, die in einem direkten Gegensatz zu der Offenheit nachfunktionalistischer Architektur stünde; sie liegt vielmehr in der Konzeption der Fassade als differenzierbarem und komplexem Bauteil, das aufgrund seiner verschiedenen Schichten und Ebenen den jeweils *unterschiedlichen* ästhetischen Anforderungen gerecht werden kann: denen der Stadt (äußere Hülle) – und denen der Bewohner (innere Hülle).

V Das organisatorische Konzept

1.

Heterogenität und Dynamik, so hatten wir gesagt, sind die Kennzeichen unserer heutigen Gesellschaft, Komplexität und Offenheit die architektonische Antwort: Prozeßarchitektur. Das zielt auf die Bewohner – als Überwindung der starren, funktionalisierten Zelle, der entfremdeten und aufgezwungenen Miethülle zugunsten der *Aneignung* von Lebensraum.
Wie aber soll das funktionieren? Aneignung setzt Verfügungsgewalt voraus, diese wiederum Eigentum – jedenfalls in unserer Gesellschaft. Nur dadurch ist ja die gleichbleibende Konjunktur im Einfamilienhausbau zu erklären, die erstaunliche Tatsache, daß viele Bauherren immer noch bereit sind, zwanzig Jahre lang den Gürtel enger zu schnallen, bloß um diese Form von Eigentum zu erwerben, die von ihrem reinen Wohnflächenangebot oft nicht mehr bietet als eine großzügige Mietwohnung. Das „Mehr" liegt tatsächlich woanders, in der Verfügungsgewalt, in dem archaischen Moment, sein „eigener Herr" zu sein; eine Redewendung, durch die noch die alten Herrschaftsverhältnisse hindurchschimmern: entweder Herr – oder Knecht. Die drohende Aussicht, abhängig zu sein, sich fügen zu müssen, fremden Regeln unterworfen, der Willkür anderer ausgeliefert zu sein – das liefert die Schubkraft für die Lebensaufgabe Einfamilienhausbau, und die Verheißung am Horizont lautet: Selbstbestimmung, Sicherheit, Rückzugsmöglichkeit – Aneignung.
Das bleiben positive Werte, auch wenn sie identisch mit jenen sind, die immer wieder im Interesse reaktionärer Ideologien mobilisiert werden, gerade auch heute. Das Interesse der politischen Reaktion deutet lediglich auf die Falle hin, die in diesem Konzept verborgen ist, den Preis der Freiheit: Anpassung überall sonst! Zwanzig Jahre lang schuften, den Rücken krumm machen, nicht aufmucken, um den Arbeitsplatz fürchten, da bei Kündigung die Hypothekenzinsen nicht mehr gezahlt werden können. Immobil durch Immobilien werden, abhängig von Nach-

barn, Banken und Arbeitgebern – und fast zwangsläufig politisch abstinent. Kurz, der Preis für die „Wohn"-Freiheit, mit der hier politischer Schindluder getrieben wird, ist hoch – zu hoch. Hinzu kommt die städtebauliche Misere: Zersiedelung, Monotonie, Landschaftsfraß.
Es bleibt also die Frage nach grundsätzlichen organisatorischen Alternativen. Oder anders gesagt: man kann davon ausgehen, daß der Wunsch nach dem Einfamilienhaus nur deshalb so stark ist, weil keine adäquaten Alternativen vorhanden sind. Weil die normale Mietwohnung im Sozialen Wohnungsbau als entfremdeter Käfig keine Alternative ist. Weil die Wohnung als Ware, als fremdbestimmte Hülle, als Abschreibungs- und Spekulationsobjekt ein Unding bleibt. Weil der Mieter weiterhin zum wehrlosen Objekt für ihn undurchschaubarer Bau- und Finanzierungsprozesse degradiert wird, wie z.B. gegenwärtig bei der Umwandlung von einst teuer subventionierten Sozialbauwohnungen in Eigentumswohnungen (Neue Heimat). Weil die gemeinnützigen und genossenschaftlichen Wohnungsbaugesellschaften ihren sozialen Auftrag vollständig verdrängt haben, organisatorisch verkrustet sind und mit den ideologischen Wurzeln, aus denen sie einmal in den Zwanziger Jahren hervorgingen, nichts mehr gemein haben.

2.

Die Zwanziger Jahre sind in den vorangegangenen Kapiteln teilweise stark kritisiert worden; aber sicher wird der Leser bemerkt haben, daß diese Kritik verkürzt war: Selbst die „Zellen" Le Corbusiers fanden ihre Ergänzung in einem großzügig geplanten (wenn auch selten realisierten) gemeinschaftlichen Service-Angebot, und die funktionalistische Wohnung war zumindest bei den genossenschaftlich organisierten Projekten eingebettet in ein übergeordnetes soziales Beziehungsnetz. Erst in der Nachkriegszeit ließ man in radikaler Weise die notwendige kompensatorische Ergänzung individueller Minimierung: das großzügige Gemeinschaftsangebot einfach weg, oft schon im Planungsstadium. Ganze Märkische Viertel wurden ohne begleitende infrastrukturelle Maßnahmen gebaut; in Berlin „vergaß" man sogar die U-Bahnanbindung, als wollte man mit den an den Stadtrand abgeschobenen Bewohnern künftig nichts weiter zu tun haben.
Was hingegen in den Zwanziger Jahren an sozialen Organisationsformen entwickelt und teilweise in Realität umgesetzt wurde, hat immer noch Vorbild-Charakter. Die Gründung von Genossenschaften als Ausweg aus der Polarisation: hier privilegierter Eigentümer, dort rechtloser Mieter; als positiver Ansatz für Miteigentum, Mitverantwortung, Mitbestimmung; als einzige Möglichkeit für die breiten Bevölkerungsschichten, dem reinen Mieterstatus zu entkommen, – sie bleibt eine geschichtliche Tat. Auch und gerade weil sie den *sozialen Charakter* von Wohnen zum Ausgangspunkt hatte. Es ist eine hypothetische Frage, welche Wohnqualitäten erreicht worden wären, hätten den Genossenschaften damals die gleichen horrenden Geldsummen zur Verfügung gestanden, wie sie heute im Sozialen Woh-

nungsbau verpulvert oder ominösen Abschreibungsgesellschaften in den Rachen geworfen werden. Aber es ist keine Hypothese, sondern eine Tatsache, daß mit diesem finanziellen Aufwand heute im Rahmen neuer Genossenschaftsmodelle wesentlich befriedigendere Ergebnisse zu erzielen wären als im Rahmen des anonymen, zweckentfremdeten Sozialen Wohnungsbaus. Wer die Mieter nur kaserniert, darf sich über Vandalismus nicht beklagen. Miteigentum schafft auch Mitverantwortung; die gemeinschaftliche Aneignung als Genossenschaftsbesitz löst auch die Frage der Mitbestimmung und Selbstverwirklichung der Bewohner diesseits der Anarchie der Einfamilienhaussiedlungen.

Das hat allerdings drei Voraussetzungen:

1) Ein neues Genossenschaftsrecht. Der vor einigen Jahren neu gegründete „Wohnbund" hat in unzähligen Veröffentlichungen die selbstnutzende Gemeinschaft als Bauherr und Erwerber propagiert und darauf hingewiesen, daß die Durchsetzung solcher Modelle von neuen Maßnahmen des Gesetzgebers abhängig ist.

2) Die Frage der Größenordnung. Es gehört zu den Gründen für das Scheitern der damaligen Wohnungsbaugenossenschaften wie auch der nach dem Krieg gegründeten Nachfolgerinnen, daß sie zu schnell zu groß wurden, was zwangsläufig zu Bürokratisierung, Verkrustung und Erstarrung der Organisationsform führte und sie sofort in Widerspruch zu den Zielen der Mitbestimmung und Mitverwaltung geraten ließ. Die Voraussetzung für Mitbestimmung ist *Dezentralisation*. „Kleine Netze" ist heute das entsprechende Schlagwort aus der Alternativbewegung; Beweglichkeit, Überschaubarkeit, Kontrollmöglichkeit sind die notwendigen Bedingungen für jede neu zu gründende Genosssenschaft.

3) Es wird nur eine neue, breite Genossenschaftsbewegung geben, wenn sie auch tatsächlich eine neue Qualität des Wohnens anbietet, so wie der Genossenschaftsbau der Zwanziger Jahre mit dem funktionalistischen Grundriß eine neue Qualität anbot. Nur liegt diese Qualität heute im genauen Gegenteil: nicht in einem neuen Schema, sondern in der Freiheit vom Schema, in dem Angebot einer „Offenen Architektur" für die postulierte „Offene Gesellschaft" als Möglichkeit der Umsetzung neuer sozialer Organisationsformen in eine neu gestaltete und das Neue symbolisierende Architektur.

Die Collagen auf den folgenden Seiten sind von Ludwig Fromm, Berlin.

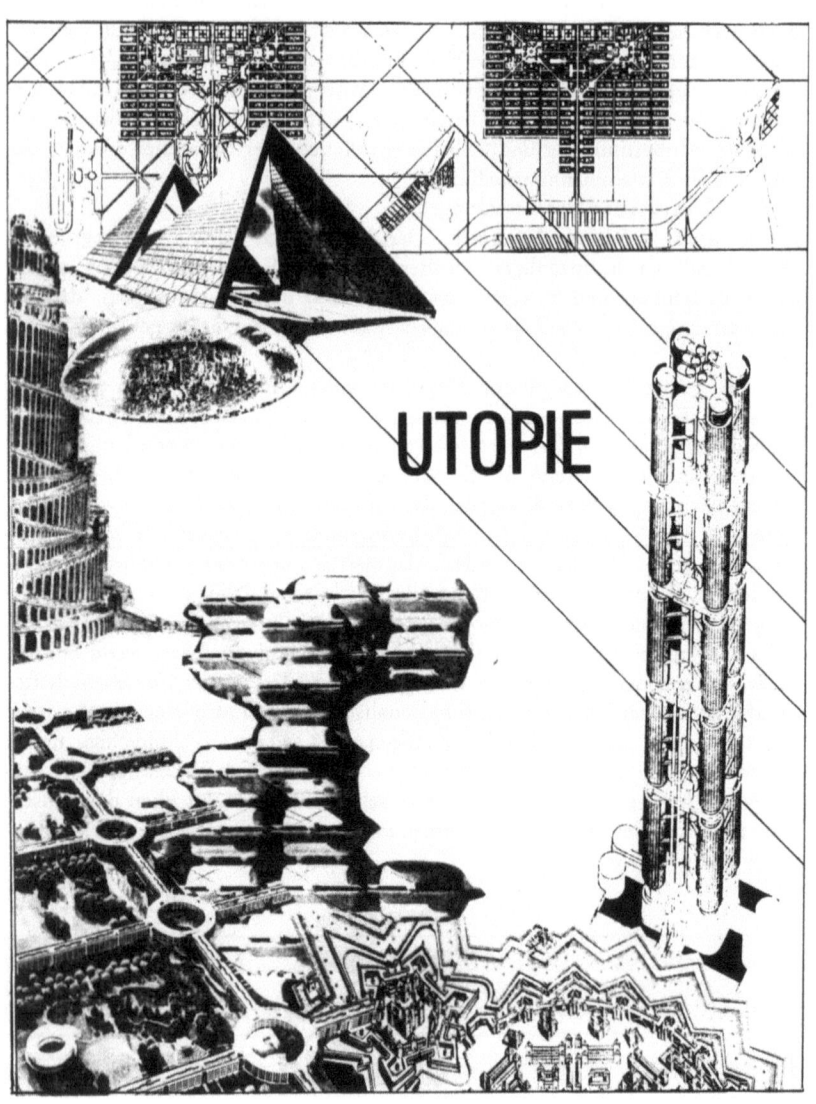

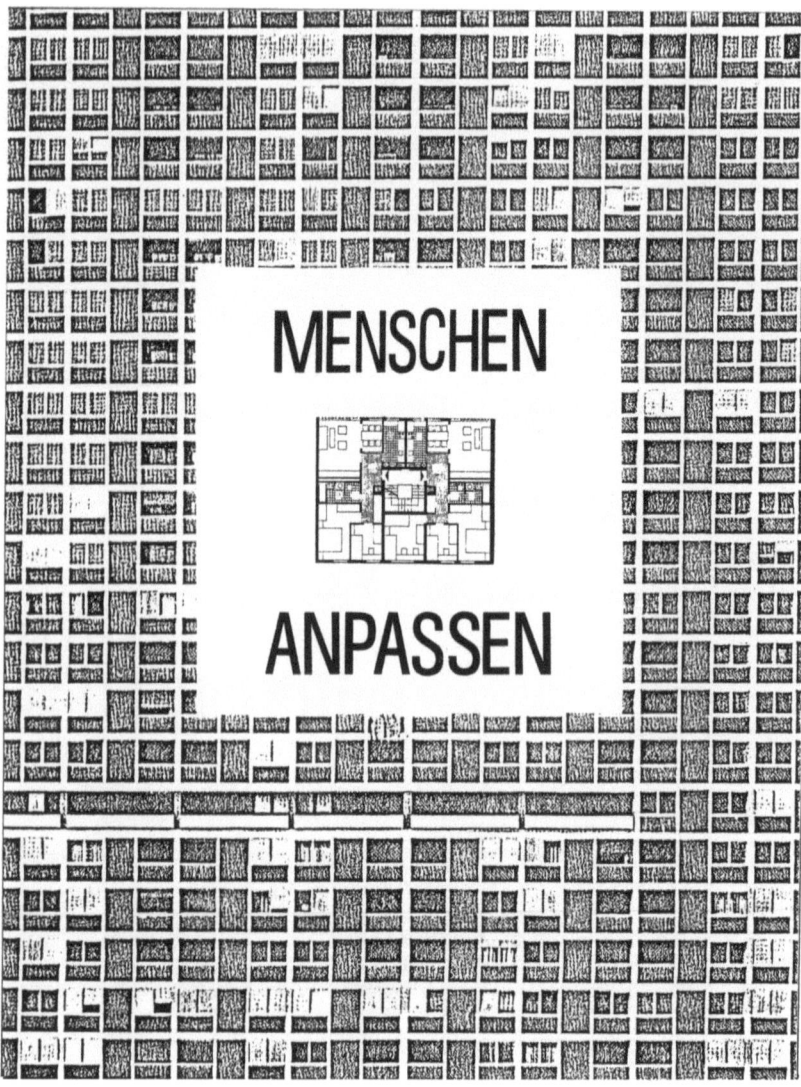

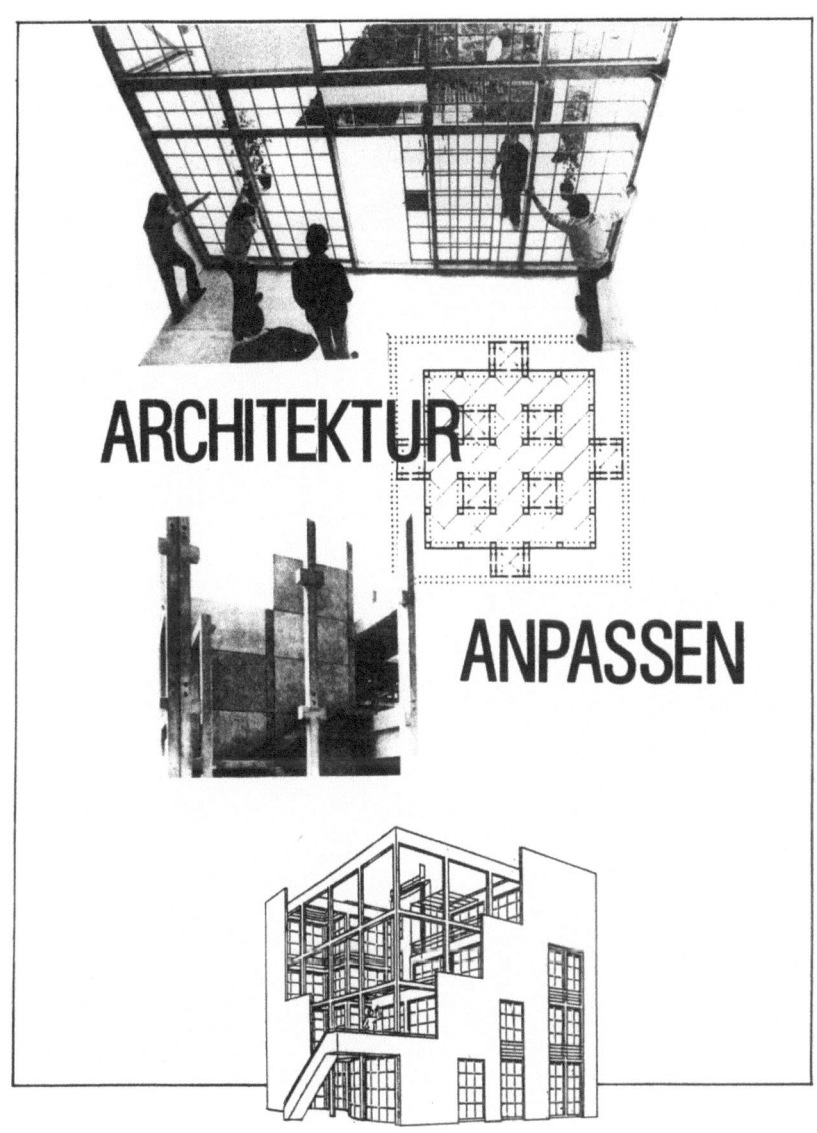

10 THESEN

DIREKTE GLEICHSETZUNG VON RAUM, FUNKTION, KONSTRUKTION	
SPEZIALISIERTE UNVERÄNDERLICHE STRUKTUR	
FUNKTIONSRÄUME	
MINIMIERTES TRANSPORTSYSTEM	
TRENNUNG VON FASSADE UND DACH	
SICH NACH OBEN ABSCHLIEßEN	
MONOFUNKTIONALE WOHNGETTOS	
ADDIERTES AUßENHAUS	
HAUS ALS 0-SERIE	
MIETER ALS OBJEKT DES BAUPROZESSES	

KONVENTIONELLES HAUS

FÜR EIN NACHFUNKTIONALISTISCHES HAUS

	PARTIELLE AUTONOMIE VON RAUM, FUNKTION, KONSTRUKTION
	OFFENE, UMNUTZBARE STRUKTUR
	LEBENSRÄUME
	ZENTRUM DES HAUSES
	IDENTITÄT VON FASSADE UND DACH
	SICH NACH OBEN ÖFFNEN
	INTEGRIERTER STADTBAUSTEIN
	INTEGRIERTES AUSSENHAUS
	KOMPONENTEN BAUSYSTEM
	MIETER ALS SUBJEKT DES BAUPROZESSES

NEUE LOFTS

Le Corbusier:
Unité d'Habitation Marseille, 1946–52.
(Siehe dazu Seite 209)

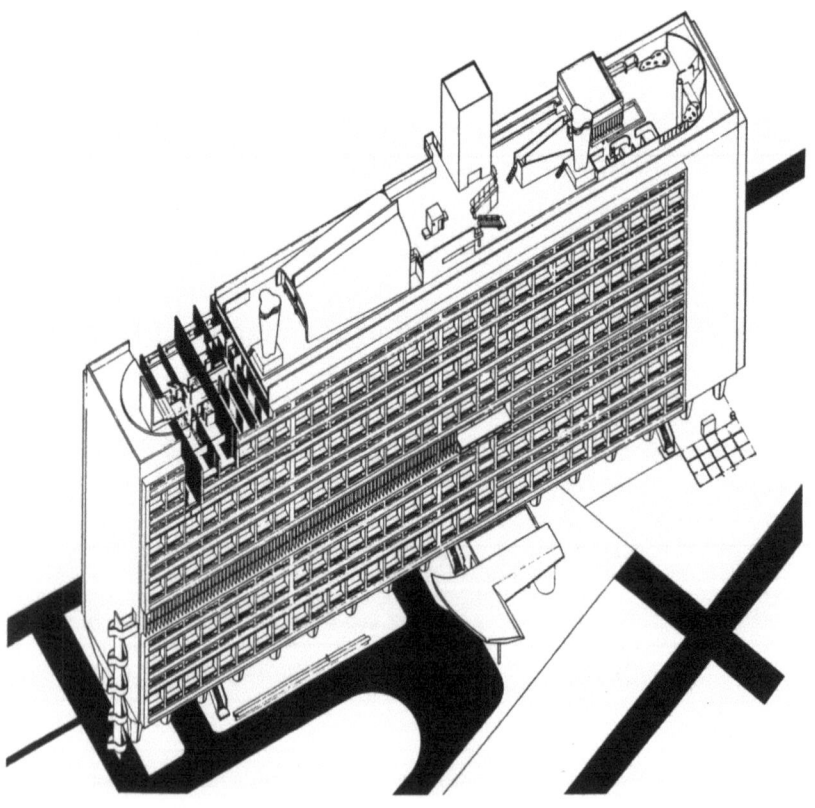

Gert Kähler

Wohnung und Herrschaft
oder: „die Staatsgewalt geht vom Volke aus"

Vorbemerkung

Der folgende Aufsatz ist der vorläufige Schlußstein einer jahrelangen Auseinandersetzung des Autors mit dem heutigen Massenwohnungsbau und seinen Defiziten. In verschiedenen Ansätzen hat er sich mit historischen Wohnformen der Zwanziger Jahre, mit dem Einfamilienhaus, der Grundrißform und mit den funktionellen Aussagen heutiger Wohnformen befaßt. Er kommt zu dem Ergebnis, daß selbst bei vollkommener Berücksichtigung praktischer Erfordernisse des Wohnens – auch außerhalb des eigentlichen Wohngrundrisses, außerhalb der eigenen vier Wände – noch etwas fehlt, was im Massenwohnungsbau vielleicht nie vorhanden war, was aber heute, im Zeichen der Emanzipation der Masse, notwendiger Bestandteil des Wohnens ist (in römischer Zeit hätte man dieses „Etwas" mit der Existenz der Laren und Penaten gleichgesetzt). Im folgenden Beitrag wird versucht, dem, was da fehlt, unter Hinzuziehung historischer Beispiele näherzukommen.
Klar ist, daß es sich hierbei nicht um ein ausschließlich architektonisches Problem handelt. Andererseits ist es *auch* eines – und der Rückzug mit dem Verweis auf eine nicht intakte Gesellschaft kann die Architekten nicht exkulpieren, solange sie selbst Bestandteil dieser Gesellschaft sind.
Der Verfasser bedient sich in dem Aufsatz einer bestimmten rhetorischen Figur, indem er – ein Widerspruch in sich – bewußt naive Fragen stellt. Er hat die Hoffnung, der Leser möge den „harten Kern" hinter der Frage sehen.

I

„Nie war er so wertvoll wie heute": diese Feststellung zum Massenwohnungsbau ist durchaus doppelbödig. Sie meint zum einen die Kostenseite. Wir sind seit langem an einem Punkt angelangt, da wir uns den Wohnungsbau eigentlich nicht mehr leisten können, wobei „eigentlich" heißt: der Staat, wir alle, müssen die Differenz zahlen – ob beim steuerlich begünstigten, beim Sozialen Wohnungsbau oder beim

Wohngeld. Immer mehr Leute zahlen Steuern, aus denen die Subventionen getragen werden, die sie selbst in Anspruch nehmen. In der derzeitigen Situation der Bauwirtschaft kann man nicht einmal, gut links, auf überhöhte Unternehmergewinne verweisen; selbst die sind kaum vorhanden. Der Wohnungsbau (von den Grundstückspreisen sprechen wir nicht) ist so teuer, weil die Lohnkosten und die Kosten für das Material (in denen auch Lohnkosten stecken) am Bau so hoch sind. Die Arbeiter aber brauchen die hohen Löhne, weil sie sonst die hohen Mieten und die „Materialien" zur Reproduktion ihrer Arbeitskraft nicht bezahlen können – da sage einer, der Kapitalismus sei ein rationales System . . .
Aber der Massenwohnungsbau hat heute noch eine andere Seite, auch die im übrigen kostensteigernd. Noch nie nämlich in der Geschichte der nicht-herrschenden Massen war er so qualitätvoll wie heute. Wir haben es alle vergessen – bis auf diejenigen, die auch heute noch so leben müssen –, wie wenig selbstverständlich Wasseranschluß und WC in der Wohnung, der Balkon, das (mindestens) eine besonnte Zimmer, die Badewanne und das Fehlen des Kohleherdes sind. In eine durchschnittliche Wohnung für vier Personen mit 80 m^2 passen – man stelle es sich bildlich vor – drei der berüchtigten Wiener Bassenawohnungen der Zeit vor 1914 hinein – die aber waren aber *jede* etwa doppelt so dicht belegt. Auch die Wohnungen in den vielgepriesenen Zwanziger Jahren, die Wohnungen des Neuen Bauens in Frankfurt zum Beispiel, waren immerhin um etwa ein Drittel kleiner als heute.
Trotz der hohen Qualität der Wohnungen im Hinblick auf Größe, hygienische Bedingungen und Ausstattung zeigt der Blick gerade auf die schönen neuen Welten der Trabantenstädte – die ja vollständig aus diesen hervorragenden Wohnungen bestehen –, daß offenbar ein Unbehagen auf der Seite der Bewohner geblieben ist, das sich bei entspannterem Wohnungsmarkt in Abwanderung äußert. Ein Unbehagen, das im übrigen nicht primär durch eine zu hohe Miete bedingt ist, wie die fast folgenlose Senkung von Mieten in den neuen Wohnsiedlungen zeigt.
Heute gibt es endlich ein Gegenbeispiel zu jenen in den sechziger und siebziger Jahren entstandenen Massensiedlungen (ein Begriff, der in seinem negativen Beigeschmack noch zu befragen sein wird), eine gewaltige Anstrengung auf dem Gebiet des Massenwohnungsbaus, die erklärtermaßen die Fehler der unmittelbaren Vergangenheit vermeiden will. Ich meine die Internationale Bauausstellung in Berlin, den großangelegten Versuch, die Stadt selbst wieder als Wohnort zu gewinnen und ihr damit eine neue Qualität zu geben. Das Thema „Die Innenstadt als Wohnort" ist zugleich Programm, ist Absage an das Märkische Viertel und Versprechen neuer Formen des Zusammenlebens von Stadtbürgern. Die IBA soll, wie es der für die Neubaugebiete zuständige Direktor Josef Paul Kleihues sagt, „etwas gegen die stadtzerstörerischen Planungsdummheiten der vergangenen Jahrzehnte" (1) tun.
Wenn man sich die „Demonstrationsziele" der Ausstellungsprojekte im einzelnen ansieht, also das, was den Kern der jeweiligen Bauvorhaben ausmacht, dann stellt man fest, daß die Ziele vorwiegend städtebaulicher Art sind, bis hin zur Gestaltung des unmittelbaren Wohnumfeldes: Wiederherstellung einer Platzsituation, Neuformulierung einer Straßenecke, Wiedergewinnung von Blockinnenflächen. Ein

besonderes Anliegen ist es auch, frühere Bautypen auf ihre heutige Tauglichkeit hin zu untersuchen (so gilt als architektonisches Ziel mehrfach die „Übersetzung des Bautyps der bürgerlichen Villa in Bedingungen heutigen Mehrfamilienwohnens" (2)). Über die ideologischen Inhalte solcher „Überprüfungen" soll jedoch hier nicht räsonniert werden, wiewohl die Frage eigentlich naheliegt, warum ein vergangener Bautyp auf andere soziale Bedingungen übertragen werden soll: liegt es nicht eigentlich näher, für die *neuen* Bedingungen einen *neuen* Typ zu entwickeln?

Eines aber kommt in den zahlreichen Demonstrationszielen der IBA nicht vor: nämlich die Überprüfung der Wohnung selbst, ihrer Raumzusammenhänge, Größen, Ausstattung, Funktionalität, Kostensituation. Kein Demonstrationsziel heißt: „Übersetzung des Typs der kleinbürgerlichen, funktionalisierten Sozialwohnung in einen Wohn-Ort, der dem Stadtbürger angemessen ist".

Um ein Mißverständnis zu vermeiden: es kommt hier überhaupt nicht auf eine Kritik an der IBA und ihres Konzeptes an. Vielmehr wird sie als das Nonplusultra heutigen Massenwohnungsbaus begriffen, nach Zielsetzung und finanzieller Ausstattung wird in Berlin die Bilanz dessen gezogen, was im heutigen Massenwohnungsbau möglich ist und angestrebt wird. Die Verantwortlichen der IBA scheuen vor keiner harsch formulierten Kritik am Städtebau vergangener Jahrzehnte zurück – dann hätten sie zum Wohnungsbau wohl auch deutliche Worte gesagt, wenn sie ihn denn für gleichermaßen kritikwürdig hielten. Nein, die Tatsache, daß *die Wohnung nicht thematisiert wird*, stellt gerade die entscheidende Aussage dazu dar; sie deutet auf Einverständnis hin. Und wenn die Bauvorhaben der IBA so repräsentativ sind, wie man ihrem Anspruch entnehmen darf, dann bleibt das Resümee: Die in Raumschachteln zerteilten Wohnungen, deren Anordnung nach physischen Abläufen wie Kochen-Essen-Wohnen, die Organisation nach technisch-konstruktiven Bedingungen – Schottenbauweise, Installationsschächte –: kurz, alles das, was in den Jahren nach 1949 zur Perfektion entwickelt wurde, wird, die IBA ist Zeuge, auch heute noch als letzter Stand des Wohnungsbaus angesehen (daß die Architekten allerdings den Standard der sechziger Jahre nicht in gleicher Perfektion beherrschen, sondern eher nonchalant mit den praktischen Anforderungen durch die Bewohner umgehen, ist kein Zeichen einer Befreiung von den Zwängen des Funktionellen, sondern Nichtachtung von Bedürfnissen; am Ausgangspunkt im Hinblick auf die wohnungsbaulichen Zielvorstellungen ändert sich dabei nichts (3)).

Noch einmal: die Feststellung ist (zunächst) nicht kritisch gemeint; sie konstatiert einen Tatbestand. Denn es sind ja nicht nur die Organisatoren der IBA und die beteiligten Architekten, es sind auch nicht nur die für die Bezuschussung zuständigen Geldverwalter, die an den meßbaren Kategorien ihrer Vorschriften festhalten um jeden Preis (ein verräterischer Doppelsinn!); es sind auch nicht allein die Bauherren, für die das gleiche gilt; nein, es sind ja die Bewohner selbst, die mit Kinderzimmer, Schlafzimmer, Wohnzimmer, Bad zufrieden sind – heute vielleicht noch durch einen Wintergarten und im Geltungsbereich der IBA mitunter durch ein größeres Treppenhaus als im Märkischen Viertel ergänzt. Allerdings: die Architekten

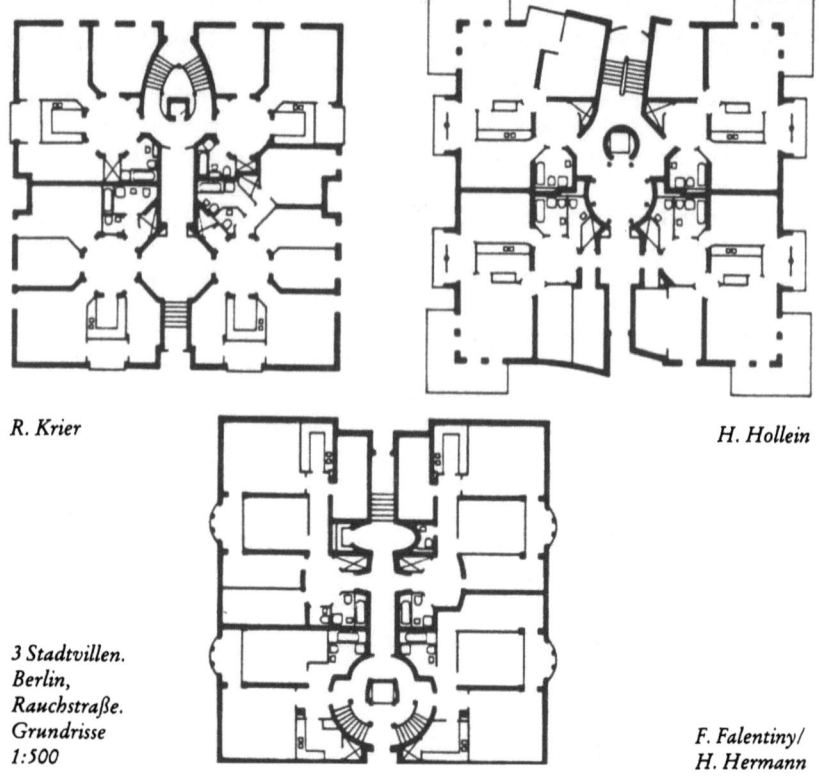

R. Krier

H. Hollein

3 Stadtvillen.
Berlin,
Rauchstraße.
Grundrisse
1:500

F. Falentiny/
H. Hermann

können die Bewohner auch nicht als Alibi für die beschriebenen Wohnungen verwenden nach dem Motto, die angebotenen Wohnungen seien geradezu die Erfüllung der Bewohnerwünsche; der Bauherr hätte im übrigen auch nichts anders zugelassen – sonst, natürlich, hätten sie, die Architekten, etwas viel Schöneres gebaut! Man kann nicht alles haben: nicht die Pläne als eigene Leistung dokumentieren und dem Bauherren gleichzeitig die Schuld daran geben; nicht den Anspruch aufrechterhalten, es „besser" als bisher zu machen, und gleichzeitig das Überkommene reproduzieren; nicht eine beabsichtigte Änderung auf Teilbereiche (wie eben das größere Treppenhaus) beschränken. Man wird vielmehr die IBA ernst nehmen müssen: im Wohnungsbau nichts Neues; zu nahe hätte sonst die Durchführung eines Wettbewerbes gelegen, der das thematisiert hätte (womit gar nicht die vereinzelten Versuche, aus dem Schema auszubrechen, diskreditiert werden sollen; aber grundsätzliche Statements zu anderem Wohnverhalten sind diese nicht).

Was also ist aus den Grundrissen der Rauchstraße, der Ritterstraße, des Lützowplatzes – um die bekanntesten Projekte zu nehmen – abzulesen? Zwei Elemente sind am augenfälligsten: zum einen die Aufnahme der traditionellen „Raumschachtel", des von vier Wänden umschlossenen Zimmers, dem – notwendigerweise bei den zur Verfügung stehenden Flächen – je eine eindeutige Funktion zugeordnet wird. Zum anderen ist es eine neue Dominanz des Baukörpers, die die Grundrisse beeinflußt: die vorgegebene Außenform (einschließlich formaler „Frakturen") bestimmt die Zimmer und gibt ihnen Form – häufig zu ihrem Nachteil. Das Quadrat (Rauchstraße) ist nun einmal keine sonderlich glückliche Grundlage für die Aufteilung gut geschnittener Wohnungen, und seine Verformung zum Parallelogramm (Lützowplatz) ist es auch nicht. Eine Umwertung bisheriger Hierarchien findet statt: bisher durfte die Form eines Wohnzimmers nicht durch die des WC's oder der Küche beeinflußt werden; jetzt haben das zentrale Treppenhaus (Rauchstraße/ Valentiny) oder der Wohnungsflur (Krier) – ich kann in einer Fläche, von der acht Türen abgehen, beim besten Willen nicht mehr als einen Flur sehen, selbst wenn er geometrisch rund ist – die Dominanz, die Gestalt der anderen Räume zu bestimmen.

„Bisherige Hierarchie" – das heißt natürlich: die der Moderne; was sich heute zeigt, das ist ein erneuter Bezug auf das 19. Jahrhundert, in dem ja auch die vorgegebene Außenform den Wohnungsgrundriß dominierte – man denke an die Boulevards im Paris Haussmanns; in der bürgerlichen Wohnung allerdings fiel das häufig nicht auf, weil die verfügbaren Flächen sehr viel größer als heute waren. Aber das Entscheidende ist nicht diese für die Wohnauffassung marginale Verschiebung in der Wertigkeit vom einzelnen Raumzuschnitt zur Form des Baukörpers als Ganzem, entscheidend ist das Beharren auf dem Grundrißschema des Sozialen Wohnungsbaus. Darin trifft sich diese Architektur mit der anderer formaler Spielarten, die heute noch en vogue sind; die Grundriß*form*, die Wohn*inhalte* bedeutet, bleibt,

Oswald Mathias Ungers:
Wohnbebauung am Lützowplatz, Berlin. Lageplan

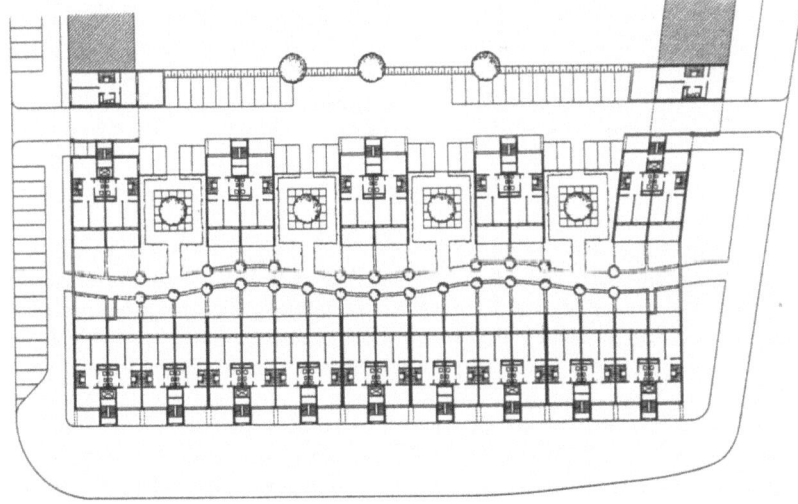

unabhängig von der Frage der äußeren Dekoration, im heutigen Massenwohnungsbau allgemein gleich. Alternativen werden auch in den veröffentlichten Projekten nicht gedacht, weil sie offenbar nicht für erforderlich gehalten werden. Die Moderne einer Villa Savoie oder eines Hauses Tugendhat ist am Massenwohnungsbau gescheitert: „Wenn der Grundriß nicht geändert werden soll, bleibt nur die Neuausstattung mit Ornamenten aus dem Archiv, die ständige Neudekoration", wie es Mathias Greffrath in einem vorzüglichen Aufsatz sagt (4). Er meint damit die Postmoderne, aber es trifft genauso auf alle anderen Dekors zu und in besonders verächtlicher Weise auf eine bestimmte Art der architektonischen Ausbeutung von Gefühlswerten, die ich an anderer Stelle als „internationale Gemütlichkeit" bezeichnet habe (5).

Greffrath bezeichnet in seinem Essay die Beliebtheit der Verfügung über die „Welt flottierender Kulturtrümmer" (6) als das Ergebnis „der einfachen Tatsache, daß man den Menschen die Errungenschaften, um derentwillen sie die Entbehrungen der Moderne (die kapitalistische Akkumulation, die Zerreißung des traditionellen Milieus etc.) auf sich genommen haben, nun, am Ende der Moderne, nicht auszahlt: Der Gewinn an gesellschaftlich notwendiger Arbeitszeit durch die Steigerung der Produktivität wird nicht den Individuen übereignet, sondern er bleibt beim Kapital. (...) Nein, noch aus dem Betrug um die Zeit machen sie ein Geschäft mit den Sehnsüchten" (7). Damit wird klar, warum „der Grundriß nicht geändert werden soll", warum keine alternativen Wohnformen in den Massenwohnungsbau eingehen *dürfen*. Das Risiko ist zu groß, daß sich damit auch Verhaltensweisen ändern könnten; das „Versprechen der Freiheit", wie es am Beginn der architektonischen Moderne formuliert worden war, wird ernst genommen und als Bedrohung empfunden: „Die Moderne ist am Ende, prinzipiell Neues ist nicht zu erwarten, die Herrschaft sitzt fest im Sattel, und die gewichtigsten Hoffnungen sind auf der Strecke geblieben: Freiheit, Gleichheit, Brüderlichkeit und das befreite Individuum, das sich jenseits des Reiches der Notwendigkeit allseitig entwickeln kann" (8).

Die Architekten aber, die einst den „gewichtigsten Hoffnungen" Form gaben, haben sich abgefunden; ihr Kampf geht nicht mehr um Ideen, sondern um Aufträge.

II

Was hat der Monsignore Paolo Almerico dem Andrea Palladio bei der Auftragsvergabe zum Bau seines Ruhesitzes, eines Ortes für prächtige Empfänge wie auch gebildeter Disputationen und künstlerischer Darbietungen, besonders ans Herz gelegt? Sprachen sie über harmonische Proportionen und antike Vorbilder oder über den kürzesten Weg von der Küche zum Speisesaal, behindertengerechte Treppen – der Monsignore war bereits ein älterer Herr und nicht mehr gut zu Fuß – und die Einhaltung des Finanzrahmens? Die Frage, so reizvoll sie ist, ist falsch gestellt; sie legt heutige Maßstäbe des Denkens an, wo andere geherrscht haben. Selbstver-

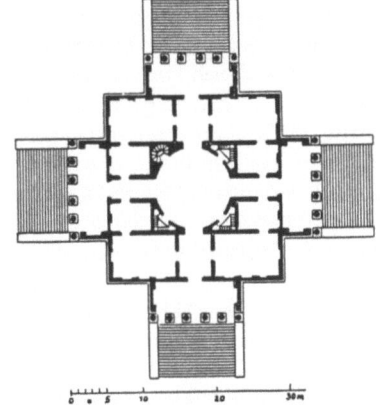
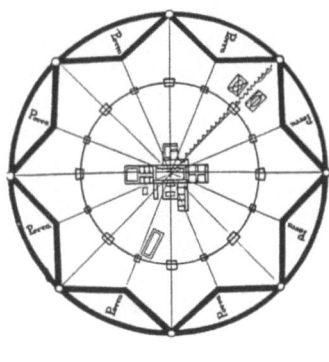

Palladio: Villa Rotonda, 1553   *Filarete: Idealstadt Sforzinda*

ständlich mußte die Villa funktionsfähig sein, selbstverständlich auch schön nach den Vorstellungen jener Zeit. Und ebenso selbstverständlich, einer großen Architektentradition folgend, argumentierte Palladio zur Begründung formaler Entscheidungen funktionell: „Weil man nach allen Seiten schöne Ausblicke genießt, wovon manche begrenzt und manche weiter sind und andere am Horizont enden, wurden an allen vier Fassaden Loggien angebracht" (9) — die Architektur der Villa Rotonda als Funktion eines Aussichtspavillons?
Aber es ist gar nicht die Frage nach der Funktionalität eines solchen Baues, die hier interessiert: funktionierte die Villa Savoie? Oder das Schloß Versailles? Wohnbauten auch sie — aber nicht das macht ihren Ruhm aus. Das andere, das ein „Mehr" ist, soll vielmehr untersucht werden, bevor die eingangs beschriebene Situation heutigen Massenwohnungsbaus weiter behandelt wird.
Die Grundelemente von Palladios Villa suburbana sind Kugel und Quadrat, Tempelfront und Proportion. Der Renaissancearchitekt, der Humanist auf dem gesicherten Fundament platonischer Lehren, pythagoräischer Erkenntnisse und der Anschauung römischer Architektur, verwendete sie, *um eine Welt abzubilden*. Vitruvs Annahme, die Architektur des Tempels sei aus der des Wohnhauses hergelei-

tet, kehrt Palladio um: sein Wohnhaus bekommt eine Tempelfront (und im Falle der Rotonda gleich vier). Man muß daraus nicht schließen, der Architekt habe Haus und Tempel, Privathaus und Sakralbau für gleichwertig gehalten. Aber nicht nur für den Kirchenbau gilt ihm, daß „die schönsten und regelmäßigsten Formen (...), von denen die anderen ihre Maße ableiten, (...) Kreis und Quadrat" sind (10). Wenn man also ein Gebäude in schönen und regelmäßigen Formen bauen will – auch ein Privathaus, und im Falle der Rotonda gar das Haus eines Klerikers –, dann liegen die gewählten Formen nahe. Und wenn „wir (...) nicht zweifeln (können), daß die kleinen Tempel, die wir bauen, jenem gewaltigen Tempel gleichen müssen, den Gottes unendliche Güte mit einem einzigen Wort erschaffen hat (...)" (11), dann ist auch das ideale Wohnhaus in den idealen Formen des „Tempels" Abbild jenes „gewaltigen Baues" Gottes, und Kreis und Kugel wiederholen unmittelbar die Form des Kosmos. Und nicht nur die Baukörper selbst sind abbildend, sondern das Gefüge des gesamten Hauses, dem göttliche Proportion zugrundeliegt, wenn es schön ist: „Gleichwie der Mensch das Ebenbild Gottes ist und die Maße seines Körpers durch göttlichen Willen geordnet sind, so müssen auch die Maßverhältnisse in der Baukunst die Ordnung des Weltalls umfassen und zum Ausdruck bringen" (12).

Das ist in den Kirchen der Renaissance, den „Tempeln", verwirklicht, auch in den Villen des Palladio; es kommt in der Rotonda zu seinem vollkommensten Ausdruck.

Für andere Baukategorien scheint die Forderung nach der Übereinstimmung mit dem Kosmos nicht so zwingend gewesen zu sein. Antonio Averlino, der sich Filarete nannte, entwarf hundert Jahre vor Palladios Villen eine Idealstadt, die in ihrem Regelmaß Palladios Forderungen vorwegnahm: die Kreisform als die vollkommenste, die göttliche Form. Aber diese Vollkommenheit auf alle Bauten der Stadt zu beziehen, fiel Filarete gar nicht ein; er wußte genau zu differenzieren: „Es bleiben die Privatbauten zu besprechen. Die werden von dreierlei Art und Maß sein, ihrem Rang entsprechend, nämlich: erstens Paläste für Edelleute, zweitens Wohnungen für das Volk und die gemeinen Handwerker, drittens für Menschen niedrigen Standes und Arme. Die letzten erwähnen wir bloß, denn sie kosten wenig Geld und Meisterschaft" (13).

Punktum. Die Häuser der Armen mußten nicht den göttlichen Kosmos widerspiegeln (das hätte vielleicht wenig Geld, bestimmt aber große Meisterschaft verlangt). Im Gegenteil – man hätte ja sonst auf den Verdacht kommen können, auch sie seien im Einklang mit dem göttlichen Walten, wo doch ihre Armut gerade der Beweis des Gegenteils war.

Die Villa Palladios steht also im Einklang mit der göttlichen Harmonie, sie spiegelt die Vollkommenheit des Kosmos wider. Wenn aber der Kosmos vollkommen und harmonisch geordnet ist, dann ist es auch die menschliche Gesellschaft als gottgegebenes Gemeinwesen darin; jede Veränderung ist logischerweise des Teufels. Insofern trägt der Bau der Villa zur Stabilisierung und Harmonisierung einer bestimmten, hierarchisch geordneten Gesellschaft bei. Michael Müller und Reinhard

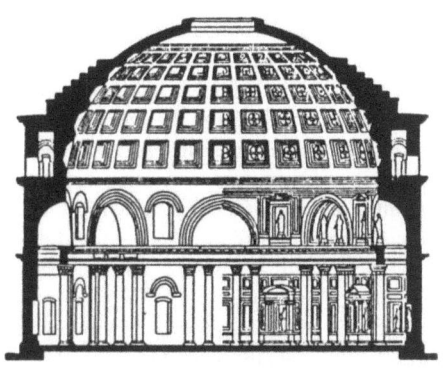

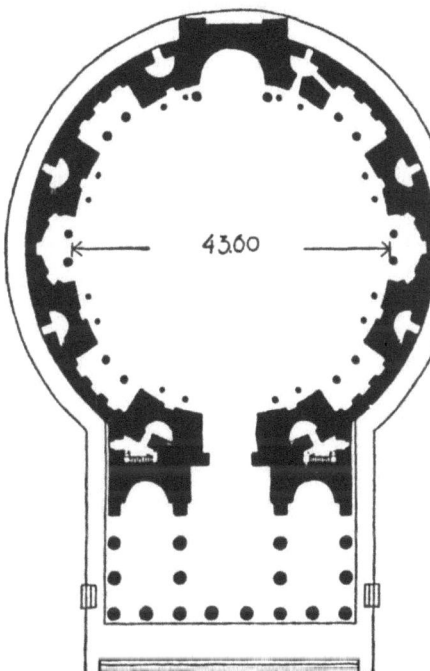

Rom. Pantheon, 118–128 n.Chr.

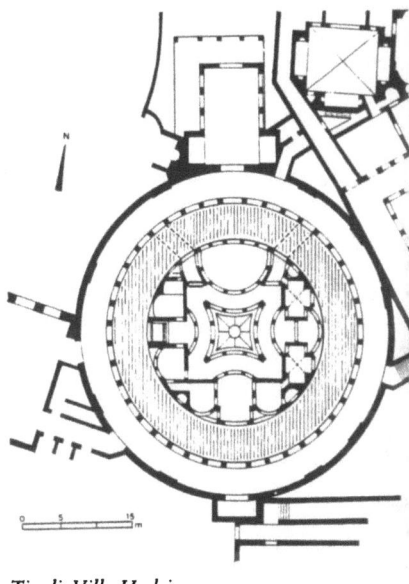

*Tivoli. Villa Hadriana,
Teatro Marittimo, beg. 118 n.Chr.*

Rom. Domus Aurea, beg. 64 n.Chr.

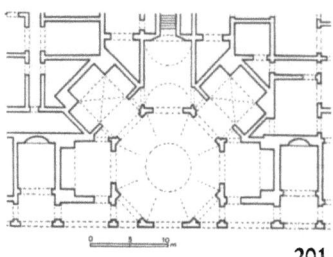

Bentmann haben diesen Zusammenhang hergestellt: „Mathematische, architektonische und soziale ‚Proportionen' werden als Einheit gesehen, überdacht vom Begriff mathematischer, architektonischer und gesellschaftlicher ‚Wahrheit' oder Norm. Diese wissenschaftliche, künstlerische, gesellschaftliche Wahrheit oder Norm aber richtete sich nach einer göttlich gesetzten, deshalb unabänderlichen und auf Verewigung drängenden hierarchischen Ordnung (. . .). Die ‚vera architettura' wurde zum Abbild der ‚wahren' und ‚richtigen' Gesellschaft" (14).

In diesem Zusammenhang interessiert nicht, ob die zu Rede stehende „richtige Gesellschaft" unseren demokratischen Begriffen standhält, ob sie „fortschrittlich" oder „reaktionär" war.

Auch im Falle Palladios ging es nicht um den kühnen Zukunftsentwurf einer neuen Art gesellschaftlichen Zusammenlebens, um eine weit ausgreifende soziale Utopie. Vielmehr galt seine Architektur einer „Utopie von oben", einer Legitimation von Herrschaft, die als ethisch vollkommen angesehen werden konnte, weil sie gottgewollt war. Ein Ideal, immerhin, einen Zustand der Vollkommenheit stellte auch die Rotonda dar, wie es ihn so in der Realität nicht gab (man könnte geradezu schließen, daß der Bau der Rotonda nicht nötig gewesen wäre, *wenn* die Herrschaftsform vollkommen funktioniert hätte).

Für die hier entwickelte Gedankenfolge aber ist allein die Tatsache wichtig, daß es Bauten waren – Wohnbauten zumal –, die „Welt" abbildeten; die über ihre physische Funktion hinaus, zum Teil gar zu deren Lasten, das „Göttliche" einbezogen in ihre Architektur. Es waren Bauten, die die herrschende Schicht für sich erstellte, die gleichzeitig aber der beherrschten das gesellschaftliche System als „in Stein gehauen" und damit ewig zeigen sollten.

III

Der Bezugspunkt der Renaissancekünstler war die Antike: für die mathematisch-philosophischen Aspekte die griechische, für die architektonischen Vorbilder die römische. Der Bau, der nicht nur formal, sondern auch im kosmischen Gehalt Vorbild einer Villa Rotonda war, war das Pantheon, gebaut unter Kaiser Hadrian in den Jahren 118 bis 128 n.Chr. Es war (und ist vielleicht bis heute) der Bau, der am reinsten und einfachsten den Kosmos in architektonische Form bringt: die „himmlische" Kugel mit der Öffnung zum Licht, zum Über-Irdischen, im Zenith. Auch die Römer, insbesondere die jener beginnenden Spätzeit, sahen sich in Übereinstimmung mit dem göttlichen Weltgebäude – oder besser: sie vergewisserten sich dieser Übereinstimmung, sie beschworen sie: „O Welt, ich bin eins mit jedem Zug Deiner göttlichen Harmonie" sagte Marc Aurel.

Neros „domus aurea", das „Goldene Haus", entsprach dieser Vorstellung, Sueton schreibt darüber: „Ferner befand sich darin ein Teich, der wie ein Meer mit Gebäuden umgeben war, die Städte vorstellten (. . .). Der Hauptspeiseraum war rund, und seine Decke drehte sich Tag und Nacht, wie das Weltall" (15) – ein sich dre-

hender Himmel mit Sternen über einem als Weltreich gestalteten Garten: Wohnort, Bau und Abbild der Welt zugleich.
Die Villa des Erbauers des Pantheons, Hadrians Landsitz in Tivoli, zeigt in seinem intimsten Bau, was gemeint ist. Am Gelenkpunkt der beiden gleichen Flügel liegt das „teatro marittimo": eine konzentrische Anlage mit einer äußeren, geschlosenen Zylinderwand, nach innen ein Umgang mit Säulen. Dann ein kreisrundes Wasserbecken mit einer ebenfalls runden Insel darin, nur über zwei (einziehbare) Brücken mit dem „Festland" verbunden. Die Insel selbst enthält, bei fast vollkommener zweiachsiger Symmetrie, „Funktions"räume wie Bibliothek, Ruheraum und Bäder.
Der Bau diente dem Kaiser als privater Rückzugsbereich und Ort der Meditation. Und eben dieses bringt die Architektur nicht nur in der Erfüllung der Funktion zum Ausdruck (die Insellage hat ja eine ganz praktisch-funktionale Seite: es kann bei eingezogener Brücke keiner stören): das konzentrische System der Kreise, die um *einen* Mittelpunkt herum angeordnet sind (der im übertragenen Sinne wohl in der Person des Kaisers zu sehen ist), steht für ein vollkommenes kosmisches System mit auf Kreisbahnen verlaufenden Gestirnen, das göttlichen Ursprungs ist. Gleichzeitig – und das ist eine Art „post-freudianischer" Interpretation – ist die im Wasser liegende Insel Bild eines anderen Archetyps, nämlich des Embryos im Mutterleib: Bild eines vollständigen Rückzuges zu den Anfängen, zu den, wie Goethe sagt, „Müttern".
Der Bau ist aber auch Ort des Wohnens. Sicher war der Kaiser keine Privatperson, er war gottähnlicher Repräsentant eines Weltreiches. Er war aber auch Mensch und wollte bisweilen allein sein – für diesen Zweck war der Bau geschaffen worden. Die Strenge, die Reinheit der Anlage scheint mir gleichzeitig (ähnlich wie bei den Villen Palladios) eine Komponente des Sich-Vergewisserns von etwas zu haben, das bereits bedroht ist; die aus den Fugen geratene Welt wird im Bau noch einmal fest zusammengefügt. Hadrian hatte die Gefährdung des römischen Reiches gesehen; die Sicherung der Grenzen, des Bestandes war sein politisches Hauptanliegen – mit dem Bau des Limes zum Beipiel. Bauten wie das Pantheon oder das „teatro marittimo" haben in ihrer Kompromißlosigkeit und der Unbedingtheit ihres Ideals einen Hauch des Sich-Entgegenstemmens gegen den Zerfall – die höchste Vollkommenheit als beinahe schon nostalgischer „Damm gegen die Flut".
Daß die Villa Hadrians oder Neros „domus aurea" nichts mit dem Wohnen der „misera plebs" in römischer Zeit zu tun haben, muß kaum betont werden; deren Wohnungen folgten anderen, sprich: funktionellen Bedingungen: „Der Eingangskorridor führte zu einem Innenhof mit einer Zelle für den Hauswart (...). Ein Geschäftslokal lag direkt an der Straße und dahinter Arbeits- und Lagerräume des Besitzers (...). Im ersten Hof gab es eine Zisterne und eine Treppe für den Mieter im ersten Stock. Die Dreizimmerwohnung hatte einen Schlafraum, Eßbereich sowie einen nicht näher zu bestimmenden Bereich. Der Eßraum und ein zu einer Latrine führender Gang waren zum ersten Hof hin geöffnet, so daß in der etwas düsteren Umgebung Licht und Luft vorhanden waren" (16).

Es sind die gleichen Begriffe und Anforderungen, die auch heute noch den Wohnungsbau bestimmen. Und es ist (und das ist der entscheidende Punkt) nicht *mehr* als das, ist nicht mehr als die Erfüllung physischer Bedürfnisse.
Sicher stellen die aufgeführten Bauten keine lückenlose Beweiskette dar, sie sind aber die deutlichsten, die einleuchtendsten Beispiele dafür, daß es im Bauen für die Wohnung der Menschen eine Zweiteilung gab: der funktionelle Anspruch, das „Dach über dem Kopf", war immer vorhanden und wurde immer erfüllt – im Wohnungsbau für die Massen mehr oder minder gut, abhängig bis heute von der Höhe des verfügbaren Einkommens. Im Wohnungsbau für den Herrscher und die herrschende Schicht aber kam – und *das* unterscheidet ihn grundsätzlich vom Massenwohnungsbau, nicht die Zahl der Schlafzimmer oder die goldene Badewannenarmatur – zur Erfüllung der physischen Ansprüche noch etwas anderes hinzu: *das Haus zum Wohnen ist gleichzeitig Bild einer Welt*. Die Übereinstimmung von Kosmos und Herrscher oder Herrschaftsform wird architektonisch artikuliert. Dabei geht es nicht um die Abbildung der Realität, sondern um die Darstellung des Ideals. Die kosmische, die göttliche Dimension wird zur Legitimation der Gesellschaftsform. Dem Bau der jeweils herrschenden Schicht – auch und gerade dem Wohnhaus – wohnte eine architektonisch ausgedrückte kosmische Komponente inne, die behauptete Übereinstimmung zwischen Gott, Kosmos und bestehender Gesellschaft wurde in Stein ausgedrückt. Der Wohnbau der vielen dagegen mußte nur „funktionieren".

Wohnquartier in Ostia, 2. Jh. n. Chr.

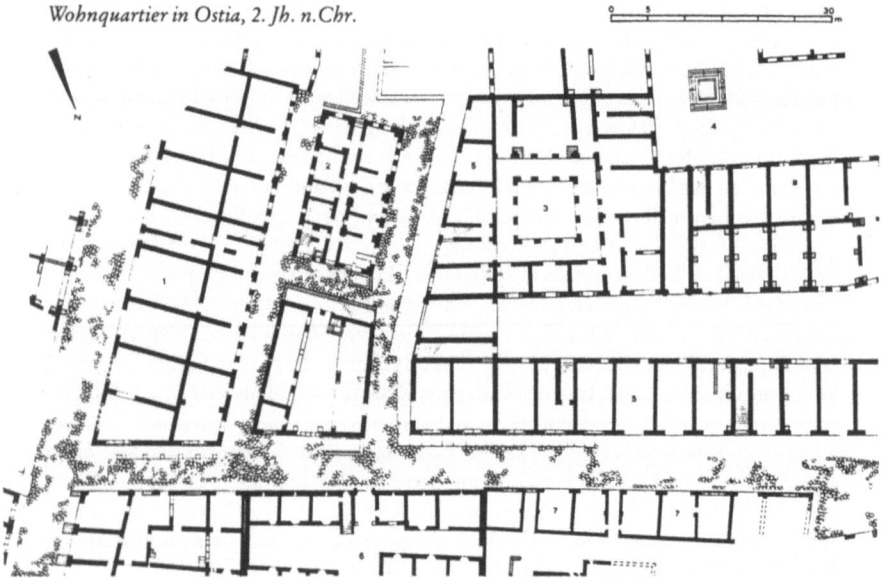

IV

Am Beginn unseres Jahrhunderts, in der Architektur, die als „Moderne" bezeichnet wird, bekommt die „Welt im Wohnhaus" eine neue Qualität. Das bezieht sich auf zwei Veränderungen gegenüber den bisher genannten Beispielen. Zum einen bekommt der Bau der Villa utopische Qualitäten: das Ideal einer *zukünftigen* Welt wird beschworen, nicht das der bestehenden. Und zum anderen – noch wichtiger: *die Massenwohnung wird entscheidener Teil dieser Utopie.*
Ganz neu allerdings waren beide Gehalte der Architektur des 20. Jahrhunderts auch nicht. In den Bauten der utopischen Sozialisten des 19. Jahrhunderts und den frühen Utopien eines Thomas Morus oder in Campanellas „Sonnenstaat" (17) waren sie ebenfalls enthalten. Aber das waren Utopien, die nicht oder nur in Ansätzen gebaut wurden. Ihr architektonischer Ausdruck war eher konservativ; so bezog sich Charles Fouriers „Phalanstère" auf den Grundriß des Barockschlosses, auf Versailles.
Das gilt gleichermaßen für die ersten Idealentwürfe Le Corbusiers, die Dom-Ino-Häuser aus dem Jahre 1915, deren baukörperliche Anlage ähnlich der von Fouriers Phalanstères war (Peter Serenyi hat auf den Einfluß der Theorien Fouriers auf Le Corbusier hingewiesen (18)). Erst als Le Corbusier das eigentliche Paradigma seiner gesellschaftlichen wie architektonischen Vorstellungen gefunden hat, bekommt die Auseinandersetzung eine neue Qualität: Es ist der Passagierdampfer – Vorbild für eine bestimmte Art gesellschaftlichen Zusammenlebens, funktionierende Maschine und uraltes Symbol der Rettung und des Heilbringens.
Le Corbusier hat sich häufig – wenn auch nicht widerspruchsfrei – zu seinen gesellschaftlichen Vorstellungen geäußert. Er sieht ein „erstes Maschinenzeitalter" im 19. Jahrhundert, das nur Chaos gebracht hatte und im Ersten Weltkrieg kumulierte. Danach war die Chance auf den Anbruch eines „zweiten Maschinenzeitalters" gegeben, das die allgemeine „Harmonie" – ein Schlüsselbegriff bei Le Corbusier – den Menschen bringen sollte: „(. . .) der Stadtplaner und der Architekt sollten den Rahmen des Goldenen Zeitalters wiedererrichten (. . .), die Manifestationen eines Bewußtseins, das durch die ‚essentiellen Freuden' erleuchtet wird. Eine Symphonie, eine Harmonie" (19). Der Architekt ist der Sachwalter einer neuen Welt, er muß die verlorene Freiheit wieder zurückerobern und die Knechtschaft beenden, so daß „der Mensch (. . .) seinen unglücklichen Zustand und sein tragisches Mißgeschick überwinden, (. . .) Harmonie schaffen (kann); Einheit von Mensch und Behausung; der Erde und des Gebauten; von Individuum und Gesamtheit; Einheit von Mensch, Natur und All" (20) – die kosmische Dimension. Und Peter Serenyi sieht bei Fourier wie bei Le Corbusier „ihre verzweifelte Anstrengung, die verlorene Einheit zwischen Mensch und Mensch und die zwischen den Menschen und dem Universum wiederzugewinnen" (21).
Dazu eben soll die Maschine verhelfen, die dem Menschen Arbeit abnimmt und ihn frei macht für anderes (die eingangs zitierten Sätze Greffraths über den „Gewinn an gesellschaftlicher Arbeitszeit" beziehen sich auf diese und ähnliche Vorstellungen

von der Maschine als Dienerin der Menschheit, wie sie nicht erst die Moderne entwickelt hatte); das Passagierschiff mit seiner Freizeitgesellschaft schien das angemessene Paradigma auch in baulicher Hinsicht zu sein: minimalisierte Individualbereiche (die streng funktional durchgearbeiteten Kabinen), geräumige Freizeitanlagen. Und aus den zitierten Sätzen – „Einheit von Mensch, Natur und All" – ist unschwer abzulesen, daß es nicht um die physische Funktion des Wohnens ging, sondern daß der „kosmische" Gehalt in Architektur umgesetzt werden sollte. Zwar mag der Dampfer zunächst nicht als Bild einer „Welt" erscheinen; aber das Schiff ist eben auch Symbol für die „Bewegung zu einem heilbringenden Ziel", es ist die Arche in einem „Meer der Unwirtlichkeit". Und die Neuheit des Zeichens „Dampfer" in der Architektur verwies zudem auf die beabsichtigte Radikalität der neuen Gesellschaftsform, auf den Bruch mit allem, was vorher gewesen war. Trotz dem Dampfer als durchaus weltlich-zweckhaftem Gebilde gilt also auch für Le Corbusier die „Einschwingung in den Kosmos", wie es Ernst Bloch nennt, die „den humanen Architekturzweck und seine Ausprägung überwölbte" (22).

Die Bauten Palladios und Hadrians waren auch Ausdruck der Befestigung von Herrschaft; Einfachheit, Strenge und Reinheit der „Abbildung" ist die deutlichste, den Menschen verständlichste Form, die ihm die Bedeutung am eindrücklichsten vermittelt (deshalb sind die Beispiele auch am ehesten für den hier entwickelten Gedankengang tauglich).

Bei Le Corbusier war das in gewisser Weise anders. Serenyi hatte auf das Bewußtsein der *verlorenen* Einheit hingewiesen. Es ging am Beginn des zukünftigen „Goldenen Zeitalters" nicht um die Konservierung von etwas Bestehendem durch ideologische Verklärung, sondern um die Vision von etwas Neuem: um eine Utopie. In der Formulierung von der „verlorenen Einheit" aber liegt auch ein rückwärtsgerichtetes Element. Trotz aller architektonischen Radikalität ist das Gesellschaftsbild Le Corbusiers nicht etwa radikaldemokratisch oder gar sozialistisch; die Wohnform „Passagierdampfer" trifft genauer, als er es sich selbst wohl eingestan-

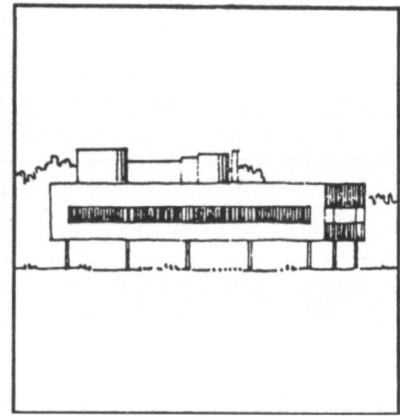

den haben mag: die Einteilung in mehrere Klassen, das Verhältnis von Bedienenden und Bedienten, der Kapitän, der den Überblick hat.
Aber das ist nicht das eigentliche Thema, vielmehr ist der ausdrücklich zukunftsgerichtete Aspekt wichtig: der Architekt als Visionär, als Avant-Gardist, der das ferne Ziel in architektonische Form bringt. Die entstehenden Bauten sind nicht mehr die *von* einer bestehenden Herrschaftsschicht, sondern die *für* eine zukünftige Gesellschaft (daß zu ihrer Realisierung in der Gegenwart allerdings das Geld des bestehenden [Geld-]Adels erforderlich ist, ist ein Paradoxon am Rande). Verlorene Einheit? Selbst die zwischen Architekt und Bauherr ist bei den Bauten Le Corbusiers im eigentlichen Sinne nicht vorhanden – was der Architekt wohl ahnte, der Bauherr aber schwerlich.

Die Villa Savoie steht auf einer leichten Anhöhe, von Wäldern umgeben, ähnlich wie die Villa Rotonda Palladios – auch die Begründung des (fast) quadratischen Kubus' klingt wie dort: „Dieses freistehende Haus darf keine Hauptfront haben. Mitten auf dem Grundstück liegend, muß es sich nach allen vier Himmelsrichtungen öffnen", schreibt Le Corbusier in der Erläuterung (23). Die Villa kann sich die Ausrichtung nach allen Seiten leisten; sie steht allein – ein Bau für eine Familie. Die Zeichnung Le Corbusiers, auf der er eine Gruppe von „Villas savoie" auf einem Gelände arrangiert, ist dagegen eher lächerlich.
Aber die Villen spielten nur die „Rolle von Laboratorien. Jedes der in diesen Jahren gefundenen Elemente sollte uns den Prüfstein abgeben, um dann im Gebiet des Städtebaus in aller Sicherheit die notwendige Initiative ergreifen zu können" (24).

Oben: Le Corbusier, Villa Savoie

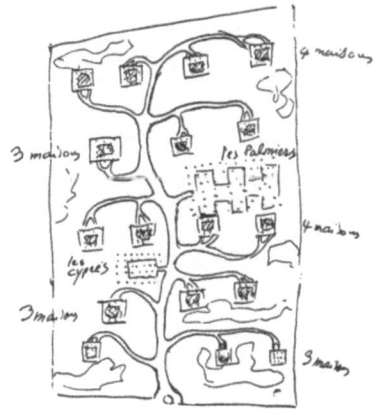

Links:
Vergleich Villa Savoie – Dampferheck
(nach A.M. Vogt; Zeichnung M. Fröhlich)

Zeichnung Le Corbusiers für
die Anordnung mehrerer Häuser
vom Typ Villa Savoie
auf einem Baugelände bei Buenos Aires

*Le Corbusier: Siedlung Pessac, 1925.
Foto 1980 von K.D. Weiß*

Weil das – bei aller Koketterie, die in dem Satz steckt – so ist, ist die Frage nach der Behandlung im Massenwohnungsbau, ist die Frage nach dem Ausdruck der Utopie dort wichtig. Zwei Beispiele gibt es dafür: die Siedlung Pessac (1925) und die nach dem Zweiten Weltkrieg gebauten Unités d'Habitation, von allem die in Marseille. Ich habe an anderer Stelle die architektonische Umsetzung des Dampfermotivs in der Arbeit Le Corbusiers und bei diesen Bauten ausführlich untersucht (25); die Bedeutung des Konnotats ist unterschiedlich, bei Pessac mehr im allgemeinen Umfeld der Maschinenästhetik liegend, während die Unité stärker den archaisch-symbolischen Gehalt umfaßt. Aber in beiden Projekten des Massenwohnungsbaus wird der zentrale Gehalt der gesellschaftlichen Vorstellungen mit der gleichen Metapher wie bei der Villa ausgedrückt – unter diesem Aspekt sind also die Villa und die Siedlung für die Vielen gleichwertig: die Unterscheidung in eine Architektur der herrschenden Schicht, die „kosmische" Gehalte erfaßt und zu Architektur formt, und einer, die nur die physische Notdurft befriedigt, ist bei Le Corbusier aufgehoben! Die gesellschaftlichen Implikationen dieser Feststellung sind offensichtlich: in der Architektur spiegelt sich die Emanzipation der Masse, die als Hoffnung, als Utopie artikuliert wird.

Dennoch bleibt eines unbefriedigend, obwohl es gerade den städtebaulichen Teil betrifft, der doch bei einer „Architektur für die Masse" zentrale Bedeutung hat. Die einzelnen Häuser der Siedlung Pessac wie auch die Unité, die nach den ursprünglichen Planungen ja nicht allein stehen sollte, bleiben im Grunde isoliert. Sie nehmen keine Beziehung zum Nachbarn auf, die über die simple Reihung hinausginge. Das ist in Pessac auffälliger und in der Betonung der Vereinzelung weitergehend als in der Unité, weil nur je eine Familie ein Haus bewohnt; die Unité dagegen stellt eine in sich geschlossene Einheit, ein auf Autarkie gerichtetes System einer großen Gruppe dar (der Dampfer, der auf die Bordmittel angewiesen ist). In der Gruppierung mehrerer Unités jedoch wird auch dort die „Angst vor Nähe" augenfällig (um es an einem anderen Beispiel zu erläutern: auch die „Superblocks" des Wiener kommunalen Wohnbaus der Zwanziger Jahre sind auf Autarkie gerichtet und schließen sich nach außen hin durch große Tore ab. Aber sie fügen sich in ihren nachgeordneten Bauteilen in das städtische Gefüge aus Straßen und Plätzen ein, wie auch ihre Monumentalität ein städtisches Element ist).

Das ist ein Problem, das mit dem Massenwohnungsbau an sich zusammenhängt: wie kann ich die *Gleichheit*, die seine eigentliche Qualität ausmacht, zu einer *zentralen* Ordnung *einer* Gesellschaft formen?

Das Gegenstück zu Le Corbusiers Planungen bildet in dieser Hinsicht Bruno Tauts „Stadtkrone" aus dem Jahre 1919. In ihrer Beschreibung wird der Wunsch nach „Übereinstimmung" (und die Verwirklichung in Tauts Architektur) deutlich: „So stuft sich das ganze von oben nach unten herab, ähnlich wie sich die Menschen in ihren Neigungen und ihrer Veranlagung staffeln. Die Architektur wird kristallisiertes Abbild der Menschenschichtung (...). Die obere Bekrönung (der Stadt; Anm. G.K.) bildet das Massiv der vier großen Bauten, als sichtbarer in seiner Kreuzform symbolischer Ausdruck der Erfüllung" (26). Das „reine" Kristallhaus aber, das

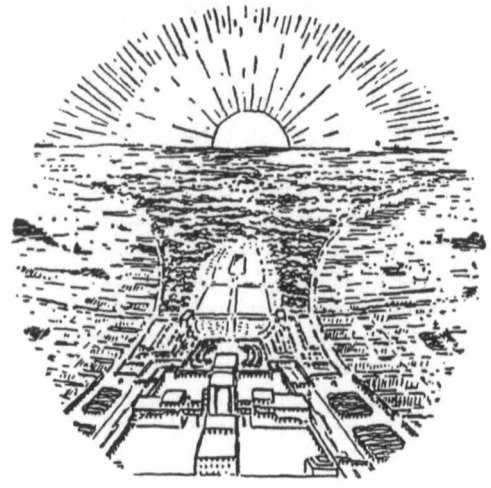

Bruno Taut: Zwei Zeichnungen aus der „Stadtkrone", 1919

über dem Stadtganzen und jenen vier Bauten thront, „fängt" das Licht, „aus der Unendlichkeit kommend (...), in der höchsten Spitze der Stadt (...). Dies soll Träger eines kosmischen Empfindens werden, einer Religiosität, die nur ehrfürchtig schweigen kann (...) zum Zeichen des Glückes im neuen Leben" (27).
Auch bei Taut also die Suche nach der „Übereinstimmung", das „Einschwingen in den Kosmos" — nur: hier ordnet sich der Massenwohnungsbau dem architektonischen Ausdruck unter; nicht er formt „Welt", sondern er bedarf dazu eines dritten — des Volkshauses als Stadtkrone.

V

Die Utopie Le Corbusiers vom „Goldenen Zeitalter" im Zeichen der Maschine, die dem Menschen dient, mußte Utopie bleiben, solange die gesellschaftlichen Verhältnisse nicht geändert waren (und Le Corbusier sah die Änderung sicher als eher technischen Vorgang, nicht als politisch-revolutionären). Nun gab es ja gleichzeitig ein gesellschaftliches System, das von sich behauptete, das „Reich der Freiheit" wenn auch noch nicht ganz verwirklicht, so doch wichtige politische Grundlagen zu dessen endlichem Erreichen gelegt zu haben. Gemeint ist die UdSSR, die in den Jahren nach der Oktoberrevolution die Hoffnungen auch vieler westeuropäischer Architekten trug und sie architektonisch in den verschiedenen Ausprägungen des Konstruktivismus' artikulierte. Auch in der Architektur der Zwanziger Jahre in der Sowjetunion bildete der Dampfer einen zentralen Bezugspunkt der Architektursprache; die Wohnform des Passagierdampfers — Individualkabine, zellenähnlich minimiert, gegenüber den kollektiven Einrichtungen, angefangen beim gemeinsa-

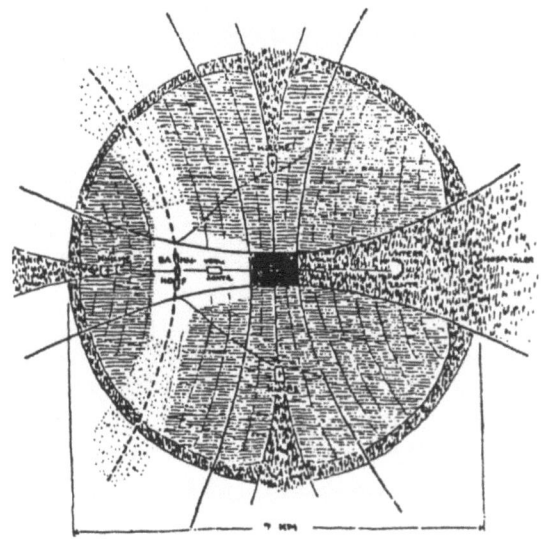

men Essen – war, stärker noch als bei Le Corbusier, der angemessene Vergleichsgegenstand für neue Wohnformen, wie sie in den Kommunehäusern entwickelt wurden.

Es gab jedoch neben diesem „konstruktivistischen" Motivbündel, das mit dem Komplex „Arbeit" zusammenhing, in der sowjetischen Architektur der Zwanziger Jahre auch sogenannte „kosmische Motive" (28), die besonders in dem großen Bestreben zu geometrischen Figuren und Körperformen zum Ausdruck kommen; Adolf Max Vogt hat ausführlich darauf hingewiesen.

Eines der eigenartigsten Beispiele ist das Haus, das Konstantin Melnikow 1927 für sich und seine Familie gebaut hat, wobei allein dieses, das Haus für den Architekten selbst, auf den programmatischen Charakter der Architektur hinweist. Der Baukörper besteht aus zwei miteinander verschränkten Zylindern unterschiedlicher Höhe, deren einer in der Vertikalen abgeschnitten und an dieser Stelle von oben bis unten geöffnet ist. Dort, wo sich auch der Eingang befindet, stehen in großen, auf Fernwirkung berechneten Buchstaben Name und Profession: Konstantin Melnikow, Architekt. Ich kenne keine schlüssige Erklärung dieses doch offensichtlich auf symbolische Wirkung angelegten Baues. Die in der Grundrißfigur dargestellten verschränkten Kreise deuten auf ein duales Prinzip hin: Mann und Frau? Tod und Leben? Werden und Vergehen? Aber die Deutung im einzelnen, die Vermutung bleiben muß, ist für den hier vermittelten Zusammenhang nicht entscheidend; wichtiger ist, *daß* bei Melnikow (und vielen anderen sowjetischen Architekten jener Zeit) ganz offenkundig geometrische Symbolformen verwendet werden, die über die Zweckform hinausgehen.

Melnikow geht dabei am weitesten, wie er auch in der Betonung seiner Individualität (der Name am Haus!) sich bewußt von einer auf Kollektivität ausgerichteten

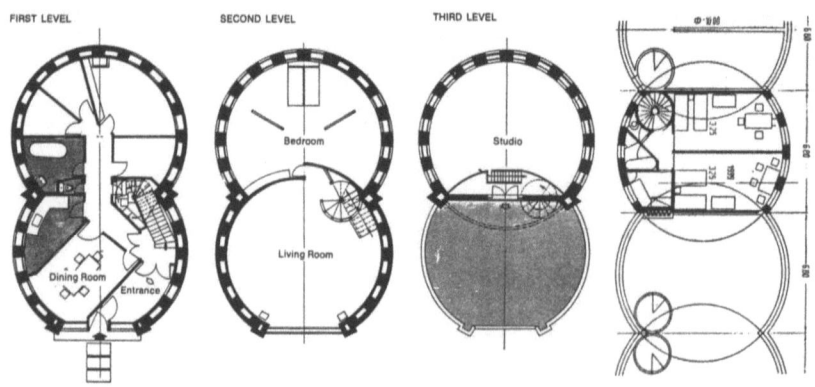

*K. Melnikow: Hausprojekt (eigenes Haus), Moskau 1927
und – ganz rechts – Häuserblock aus zylindrischen Sektionen*

Gesellschaft abzusetzen scheint – selbst wenn er auch Entwürfe für Kommunehäuser erarbeitet. Einer davon ist ebenfalls auf der Grundform der verbundenen Zylinder aufgebaut: auch bei Melnikow ist also aus der Verwendung gleicher Symbolformen, der gleichen architektonischen „Sprache", die Gleichwertigkeit von Massenwohnen und Privathaus abzuleiten, soweit es den formalen Anspruch angeht (die Größen der Wohnungen blieben durchaus unterschiedlich!). Und eine weitere Parallele zu Le Corbusier: die Grundeinheit des Wohnungsbaus bleibt nicht addierbar, sie fügt sich nicht in den städtischen Kontext, ist abstrakt und antiurban: „Melnikows Zylinder sind die Apotheose sich selbst regulierender Anarchie" (29). Melnikow selbst sagte von seiner Architektur, sei sei keine aus „wohlbekannten Rezepten und nicht zu verwirklichenden Illusionen, sondern vielmehr eine Architektur, die jene seltenen Aussagen der unsichtbaren, aber wirklichen Welt unserer eigenen Gefühle" verkörpere (30): Architektur diene nur der geistigen Seite des menschlichen Lebens. Architektur bedeutete Melnikow so etwas wie der „Triumph über den Tod" (31). Gerade deshalb konnte die eigene Behausung nicht nur funktioneller Schutz sein, sie war vielmehr eine existentielle Aussage.
Aber trotz allem Individualismus ist die Formensprache Melnikows, die Reduktion auf primäre Körper und deren dynamische Verformung, nicht auf ihn beschränkt. Im Gegenteil stellt der Umgang mit Pyramide, Kegel, Zylinder, mit Kugel und Würfel einen zentralen Gedanken der sowjetischen Architektur der Zwanziger Jahre dar. Dieses „kosmische Motiv" hat Vogt in seiner klugen Analyse als „eine Art von *Heilserwartung*" der Künstler bezeichnet, die mit der Oktoberrevolution real geworden sei; der Kommunismus verspreche, die „verlorene Einheit" wieder zurückzugewinnen oder besser: zu einer neuen vorzustoßen. „Es konnte nicht ausbleiben, daß die Woge der Begeisterung darüber hinaus (über den Internationalismus; Anm. G.K.) eine dritte und letzte Übereinstimmung zu fordern be-

gann: jene mit der *Natur* selbst, das heißt mit dem *Kosmos,* dem *Weltgebäude"* (32). Und Vogt zitiert Marx, der gesagt hatte: „Der Kommunismus (...) ist (...) die wahrhafte Auflösung des Widerstreites zwischen den Menschen mit der Natur und mit dem Menschen, die wahre Auflösung des Streites zwischen Existenz und Wesen" (33).

Auch in der postrevolutionären Aufbruchsituation der jungen Sowjetunion, als die Hoffnungen noch größer waren als der Druck der Verhältnisse, wurde also im Privathaus wie im Massenwohnungsbau die Übereinstimmung von „Behausung" und „Welt" gesucht — neben dem anderen, im Bild des Passagierdampfers zusammengefaßten Motivbündel, das die Gesellschaft, nicht den Weltenbau symbolisch darstellen wollte. Der Architekt als Demiurg — sehr deutlich bei Konstantin Melnikow — hatte eine kurze Zeitspanne, in der Anspruch, Hoffnung und Realität gleichgerichtet schienen — bis diese Spanne durch eine „Architektur der Erinnerung" abgelöst wurde, die nicht nur offizielle Doktrin war, sondern auch das Scheitern der Hoffnungen beim Architekten reflektierte.

Der „große Unterschied" zur Architektur Le Corbusiers und der anderen Architekten in Westeuropa bestand also nur scheinbar: die Tatsache, daß in der UdSSR die Revolution bereits stattgefunden hatte, ließ das „Reich der Freiheit" nicht schon automatisch entstehen, sondern allenfalls die Hoffnung real werden; Utopie, Tagtraum im Blochschen Sinne blieb auch sie — und damit distinkt anders als die auf Beharrung und Legitimation gerichteten idealen Bilder früherer Zeiten.

VI

Was für die Zeit vor der Moderne (etwas pauschalisierend) festgestellt wurde, gilt also auch für den Beginn dieses Jahrhunderts in der Architektur, die für die Moderne steht: im Wohnungsbau drückt sich über die Erfüllung der Funktion hinaus gleichzeitig eine „Weltsicht" aus. Im 20. Jahrhundert wird dieses als Utopie, als Streben nach der (verlorenen) „Übereinstimmung" artikuliert — gleichzeitig mit der Übertragung auf den Wohnungsbau der Masse.

Diese Gleichzeitigkeit ist kein Zufall, sondern die Ursache. Denn das „Göttliche" in der Villa, im Palast — das war eine Architektur der Herrschenden. Nach der Auflösung der strengen Klassenhierarchie durch die industriellen und sozialen Umwälzungen des 19. Jahrhunderts und die „Veränderung in den Köpfen" im Zuge der Aufklärung — Herrschaft war jetzt nicht mehr „von Gottes Gnaden" — stellte sich die Frage nach der „herrschenden Schicht" neu. Die „Masse" bekam eine neue Qualität in dem Augenblick, da jede Stimme gleich viel zählte.

Das läßt unsere heutige Situation in neuem Lichte erscheinen. Denn zur Frage einer heute herrschenden Schicht gibt das Grundgesetz eindeutige Auskunft: „Die Staatsgewalt geht vom Volke aus" — deutlicher kann man es nicht sagen. Das Volk, die Masse, wir alle also sind, allen anderslautenden Gerüchten zum Trotz, die Herrscher von heute. Danach aber — wenn unsere Beweiskette richtig ist — spiegelt sich im heutigen Massenwohnungsbau, also den Bauten der heute herrschenden Schicht, eine „Welt". Offenbar – siehe das einleitende Kapitel – ist das nicht so einfach zu erkennen, daß es jedem auf Anhieb einleuchtete. Daraus ergeben sich Fragen.

Die eine geht von der Richtigkeit der letztgenannten Feststellung aus: wenn sich das „Göttliche", wenn sich der „Kosmos" im heutigen Massenwohnungsbau spiegelt – in einem Massenwohnungsbau, der architektonisch über das Funktionale hinausginge –: wie sieht dieses „geistige Prinzip" aus? Die Frage ist weniger zynisch, als sie dem kritischen Betrachter scheinen mag: man kann sehr wohl aus der Leere unserer Schlafstädte, aus der Ferne zum „Boden", aus der Isolierung der Wohnungen Rückschlüsse auf eine Gesellschaft ziehen. Aber es fehlt ihr der „kosmische Anteil"; sie ist nicht das Ideal, das „von Gott kommt". Denn es fehlt für diese Schlußfolgerung die architektonische Überhöhung der Merkmale. Leere, Isolierung, Bodenferne – das „passiert", es wird aber – zum Glück, wenigstens – nicht bewußt gestaltet.

Das aber bedeutet: es wird tatsächlich keine „Welt" im heutigen Massenwohnungsbau architektonisch ausgedrückt – und eben das bezeichnet das Defizit. Das beste an dieser Feststellung (die Rückschlüsse auf die Richtigkeit der Behauptung vom Volk als herrschender Schicht zuläßt) ist: in der Villa auch nicht. Was sich unabhängig von allen Stilfragen doch wohl ablesen läßt, das ist die Leere besonders der Wohnbauten von jeglichem Anspruch, von jedem geistigen Gehalt. (Bauten wie die Ricardo Bofills in Frankreich scheinen das zu widerlegen: ein „Versailles für das Volk" ist gedanklich, in der Auseinandersetzung mit dem barocken Vorbild, durchaus anspruchsvoll. Aber zweierlei ist dabei dennoch falsch: zum einen ist der Absolutismus des Barock für uns Heutige in gesellschaftlicher Hinsicht kein Widerpart ernsthafter Auseinandersetzung. Zum anderen – und das trifft auch auf andere Bauten des postmodernen Elektizismus' zu – ist die Kluft zwischen der Einzelwohnung und der Gesamtanlage einfach zu groß; ein „Kaninchenstall mit Fassade" jedoch verfehlt den eigentlichen Punkt der historischen Auseinandersetzung, weil er ein Widerspruch in sich ist: der Machtanspruch im Wort vom „Versailles für das Volk" macht sich an der tatsächlichen Wohnung lächerlich.)

Das Fehlen der berüchtigten „inneren Werte", des „Göttlichen" – ist das aber nicht nur eine Rückkehr zu konservativen Positionen, die vergebliche Suche nach einer „heilen Welt"? Nun, zunächst einmal ist es nicht nur die ex cathedra getroffene Feststellung eines Theoretikers. Es dürfte zwar schwer beweisbar sein, daß sie auch von den Bewohnern vermißt werden, aber die Indizien sprechen doch dafür: die weitverbreitete Unzufriedenheit mit einer Wohnung, die nach aller geschichtlichen Erfahrung die beste ist, die wir jemals gehabt haben; die verzweifelten und rührenden Versuche, durch Versatzstücke des Nostalgischen eine heile Welt vorzuspiegeln – das sind, so meine ich, deutliche Zeichen dafür, daß in der Architektur etwas gesucht wird, was diese heute nicht bietet. Und das zu einer Zeit, da eine schier unbegrenzte Formenvielfalt zur Verfügung steht – wieviele Formen, wieviele Farben werden in den Trabantenstädten und Siedlungen verwendet!

Wenn aber keine „kosmische" Komponente in der Wohnbauarchitektur unserer Tage enthalten ist, dann stellt sich die Frage nach der Ursache (die Frage, ob es überhaupt ein Verlust ist, ist bereits in den „Verschönerungs"bemühungen der Bewohner beantwortet: wenn sie es als Verlust *empfinden*, dann ist es auch einer). Die Antwort ist ebenso einfach wie nicht ausreichend: der Grund dafür, daß wir keine „Welt im Wohnbau" architektonisch artikulieren können, ist einfach der, daß wir auch keine Gesellschaft haben, besser: daß sich diese Zusammenballung von einzelnen Menschen nicht als Gesellschaft begreift. Das Zusammenleben der Menschen *funktioniert* allenfalls — und mehr drücken auch die Bauten nicht aus. Die „Übereinstimmung", die „verlorene Einheit", das „Göttliche" fehlt als Grundlage menschlicher Koexistenz.

Das klingt recht konservativ, aber der Einwand, so es denn einer wäre, schließt zu kurz. Es geht nicht um ein „Zurück zum Mittelalter", zu einer Gesellschaft, in der jeder seinen Platz hatte und diesen, weil gottgewollt, auch akzeptierte (ein etwas geschöntes Bild vom Mittelalter, ich weiß). Aber anstelle einer nur mühsam qua Gesetz und staatlicher Gewalt gebändigten Anarchie eine Ansammlung von Individuen zu haben, die sich aus gleicher Grundüberzeugung heraus Regeln geben, ist doch wohl ein wünschenswertes Ziel — erst die Art der Grundüberzeugung jedoch entscheidet über die Qualität jener Gesellschaft.

VII

An dieser Stelle gehen wir noch einmal zurück zum Grundgesetz: „Alle Staatsgewalt geht vom Volke aus". Ist nicht eigentlich diese lapidare Feststellung, wenn man sie denn ernst nähme, eine tragfähige Grundlage einer neuen Gesellschaft? Die Emanzipation der Masse — und jetzt hätte der Begriff keinen negativen Beigeschmack mehr —, als den Beginn des „aufrechten Ganges" gesehen? Das Volk als neuer Herrscher, *dem aber, da alle „Volk" sind, keine Beherrschten gegenüberstehen:* wahrlich eine Vision, die es wert ist, auch in Architektur umgesetzt zu werden. Und welche Bauaufgabe wäre dafür angemessener als die Architektur der Behausung des Volkes! Nicht die Kirche, Zeichen einer religiösen Zentralgewalt, nicht das Rathaus als Zeichen der Dominanz der bürgerlichen, also *einer* Klasse! Mir scheint, hier liegt die Aufgabe eines neuen Massenwohnungsbaus, der die Fesseln nur funktionaler Lösungen überwindet ebenso wie die nur äußerlicher Pracht. Beides — die Funktionalität der sechziger Jahre und der gestalterische und städtische Anspruch der achtziger Jahre — muß die *Grundlage* werden für einen neuen Massenwohnungsbau, der die Synthese beider *plus etwas* darstellt, das man als „Darstellung einer Welt" nur unvollkommen beschreiben kann.

Nun wird jeder Politiker sagen, daß eben jenes geschehe, da er einen Unterschied zwischen Verfassungswirklichkeit und Verfassung nicht eingestehen darf. Er wird es mit dem Hinweis auf die unbestritten hohe Qualität der Wohnung begründen — und damit den Ansatz exemplarisch mißverstehen. Und es ist auch nicht damit getan, das Fehlen des besagten „plus Etwas" mit der Unfähigkeit von Planern und Städtebauern zu begründen; diese können nicht mehr leisten, als ihnen (auch im Hinblick auf die Gesellschaft) vorgegeben wird. Die Geschwindigkeit und die Bereitwilligkeit der Planer, neue Schlagworte aufzugreifen und einen je neuen Städtebau darauf zu gründen (von der „aufgelockerten Stadt" zur „Urbanität durch Dichte" im Verlauf von zehn Jahren!) zeigt vielmehr sehr genau die Lücke, um die es geht – und das unabhängig davon, ob die Planer sie als solche erkennen. Es zeigt auch das typische Mißverständnis, die Stadt durch „Städtebau" retten zu wollen: diese ist ja nur der steinerne Rahmen *gesellschaftlicher* Interaktion. Um diese aber geht es.

Die – auch architektonische – Lösung kann nicht die Beharrung, nicht das Bestehen auf der heutigen gesellschaftlichen Wirklichkeit sein, selbst in seiner ideologischen Verklärung (wie es bei Palladio noch möglich war). Sie muß vielmehr den Charakter einer konkreten Utopie haben, einer „Architektur der Hoffnung" (34) – aber einer (und das würde sie von der der Zwanziger Jahre, der Le Corbusiers und der anderen unterscheiden), die in Übereinstimmung mit den Bewohnern steht. Man kann sogar noch weiter gehen: *wenn* sie in Übereinstimmung wäre, dann wäre das Ziel beinahe schon erreicht.

Eine – vielleicht die – entscheidende Voraussetzung für eine gesellschaftliche Veränderung (und jetzt, endlich, dürfte der Verdacht eines konservativen Gefühls vom „Verlust der Mitte" gebannt sein) ist die *Akzeptierung von gesellschaftlicher Pluralität*. Das eine, unbefragte Zentrum der Herrschaft oder des Glaubens ist nicht mehr zu restaurieren, soviel auch zahlreiche Stadtväter daran bauen, wenn Schlösser und Fachwerkhäuser penibel zu einer nie gewesenen „Reinheit" restauriert werden. Es geht auch nicht um das heutige oberflächliche Lippenbekenntnis, das eher widerwillige Akzeptieren von Pluralismus, das bei veränderten Randbedingungen schnell wieder in den alten „alltäglichen Faschismus" umschlägt. Es geht vielmehr um die auch emotional, im Bauch, begriffene Erkenntnis, daß Pluralität eine positive Qualität ist: welche Chance, welche Bereicherung, welche Erweiterung der Weltsicht liegt darin, mehrere „Welten" als gleich-berechtigt anzuerkennen! Nicht die Abkehr vom Zentrismus unserer bisherigen Weltbetrachtung im Sinne eines gleichmacherischen „wir sind doch alle Brüder" darf das Ergebnis der Umkehrung bisheriger Werte sein: sondern die Abkehr muß in eine polyzentrale Weltsicht münden, die auf der ethischen Gleichberechtigung und Gleichwertigkeit unterschiedlicher „Welten", unterschiedlicher Menschen beruht (Antonionis Film „Blow up" hat das einmal thematisiert bis hin zu der Szene, da der „objektive" Fotograf den Flug eines nicht existierenden Tennisballes verfolgt, weil der in der Realität der Gaukler vorhanden ist).

Die bewußt akzeptierte und begrüßte Pluralität ermöglicht erst (so paradox es klingt) die Unterscheidung von Qualitäten und die Einordnung in einen Gesamtrahmen auch im Hinblick auf die Architektur. Die Differenzierung in privaten und öffentlichen Raum bekommt wieder einen Sinn und bildet die Grundlage für die Selbstverwirklichung des einzelnen. Der (von Hundertwasser geforderte und in seinem Öko-Haus in Wien verwirklichte) Ausdruck von Individualität in der Außenfassade erzeugt nur ein visuelles Chaos, das in der Summierung der verschiedenen Einzeläußerungen jeden Individualismus untergehen läßt. Andererseits kann die architektonische Form, in der dieses verwirklicht wird, auf keinen Fall die der Villa Rotonda, die Melnikows oder auch die Le Corbusiers sein — nicht nur, weil diese vergangen sind, nicht nur, weil das Bild der Welt anders geworden ist (so anders, daß es nicht durch die konzentrische Anlage eines Baues übersetzt werden kann), sondern deshalb, weil das *architektonische Thema* ein anderes geworden ist: nicht mehr Darstellung einer Welt als Affirmation einer gesellschaftlichen Ordnung göttlichen Ursprungs, sondern die Metapher dessen, was eine neue, demokratische Gesellschaft „im Innersten zusammenhält".

Unter diesem Aspekt wurde die gesamte heutige Architektur sehr pauschal kritisiert. Das ist auch richtig, wenn man sich das Gebaute ansieht. Aber es ist insofern nicht hinreichend differenziert, als es verschiedene Ansätze gibt, die in die angestrebte Richtung zeigen. Das bezieht sich nicht darauf, daß „Pluralität" auch ein Kennzeichen der derzeitigen Architekturszene zu sein scheint: ich würde die Vielzahl gleichzeitiger Architekturmuster eher „Beliebigkeit" nennen. Um es etwas salopp auszudrücken: die Architektur geht zur Zeit auf verschiedenen Wegen voran — zu keinem Ziel (und ein Beweis dafür liegt in der kritisierten Nonchalance dem Wohnungsgrundriß gegenüber). Aber es gibt (und gab schon in den Zwanziger Jahren) andererseits Ansätze zur Überwindung der bestehenden Erstarrung, Ansätze zur auch architektonischen, in Grundriß und Schnitt ablesbaren Emanzipation der Massenwohnung. Und es gibt andererseits Versuche der Auseinandersetzung mit der „vierten Dimension" des Wohnens, dem „Göttlichen in der Behausung". Für beides mögen einige Beispiele genügen.

Ludwig Mies van der Rohe:
Haus in Backstein. Projekt 1923

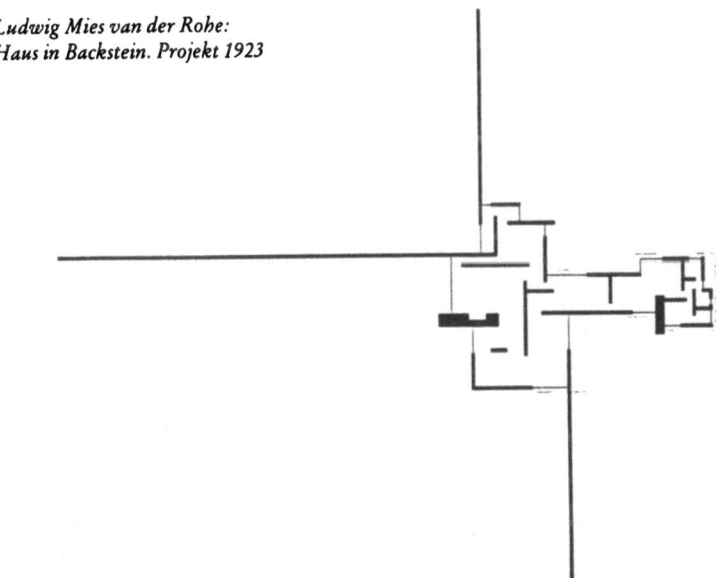

Es beginnt mit einer Errungenschaft der Architektur der Moderne, die bis heute im Massenwohnungsbau kaum genutzt wurde, nämlich der Befreiung von der Raumschachtel durch den „freien Grundriß" und den „fließenden Raum", wie Le Corbusier und Mies van der Rohe sie entwickelt haben. Das Freiheitsversprechen, das in ihren Villenbauten lag, konnten sie selbst nur ansatzweise in die Massenwohnung übertragen, obwohl sie es anstrebten (und obwohl Le Corbusier bei der Unité d'Habitation in Marseille mit den Gemeinschaftseinrichtungen auch eine neue Qualität des Zusammenlebens architektonisch formulierte, die in der Villa nicht erreichbar gewesen wäre). Aber die Herausforderung jener Architektur ist in ihren gesellschaftlichen Implikationen bis heute kaum verstanden, geschweige denn weitergeführt worden. Der Architekt, der heute am stärksten in der formalen Tradition der „weißen Villen" Le Corbusiers steht, Richard Meier, beschränkt sich leider nur auf die Villa. Der Grundriß des Massenwohnungsbaus, den er für die IBA projektierte, ist von der gleichen Banalität, wie sie schon bei anderen kritisiert wurde. William Hubbard entwickelt in seinem Buch über „Architektur als Konvention" ein sehr feines Gespür dafür, wenn er im Vergleich der Meierschen Bauten mit denen Le Corbusiers von jenen feststellt: „Die Formen dienen trotz aller Anmut und Präzision keiner Idealvorstellung von den Möglichkeiten der Menschen, und deshalb empfinden wir einen quälenden Mangel" (35).

Einer der Architekten, die am kreativsten den freien Grundriß und den fließenden Raum weiterentwickelten, ohne dabei im Kanon der Formensprache der frühen Moderne zu erstarren, ist Charles W. Moore. Das bezieht sich besonders auf die räumlichen Qualitäten seiner Bauten, auf die Virtuosität des Umgangs mit der dritten Dimension (damit dürfte klar sein, daß es hier nicht um eine „Stil"kritik an dem geht, was als „Postmoderne" bezeichnet wird, der Moore ja zugerechnet wird). „Bewegungsarchitektur" als die Aufreihung räumlicher Erlebnisse und Erfahrun-

Ch. W. Moore: Sea Ranch, 1963/64,
Grundrisse 1:200

 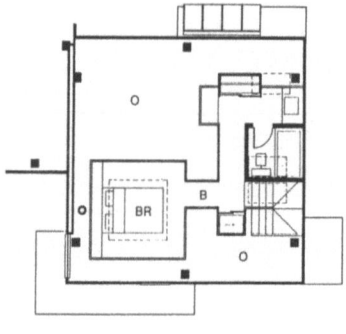

gen, die nicht Selbstzweck ist, sondern zur auch funktionellen Bereicherung wird: das kennzeichnet viele seiner Häuser. Es sind, und das ist ein Einwand im Sinne unserer Fragestellung, in der Hauptsache Einfamilienhäuser. Aber bei einem großen Teil davon wird man sich schwertun, sie als „Villa" zu bezeichnen, so „selbstverständlich" sind sie. Die nicht sehr zahlreichen Mehrfamilienbauten Moores sind (das bestätigt den Einwand) in der innenräumlichen Qualität sehr viel weniger differenziert – eine Folge nicht zuletzt der sehr kleinen Budgets. Dennoch erschließt sich die Vielfalt der Anlagen häufig in den Außenräumen (z. B. beim St. Simons Island Condominium), die auf kleinstem Raum städtischen Charakter gewinnen. Das Zusammenleben verschiedener (Familien-)Gruppen wird thematisiert.
Im Einhelhaus, im Haus für den persönlich bekannten Bauherrn, kommt noch eine andere Qualität hinzu, nämlich die Schaffung eines individuellen Charakters mit prinzipiell gleichen Mitteln. Da wird in den besten Beispielen etwas erreicht, was die Spannung von Individualität und Gemeinschaft ins Gleichgewicht bringt; „Höhle" und „freier Raum" werden verständlich formuliert, nutzbar gemacht und architektonisch überhöht. Bei einem der Häuser der Sea Ranch in Kalifornien, das einen sehr einfachen, fast quadratischen Baukörper mit Pultdach hat, wird in den Raum eine obere Ebene frei eingestellt, so daß der Gesamtraum immer spürbar bleibt. Von der Treppe führt eine Art „Brücke" in den „Schlaf-Raum", der durch einen einfachen, von oben abzusenkenden Vorhang abgeteilt wird. Das Thema vom „Haus im Haus" wird auf der unteren, der Wohnebene weitergeführt; hier stehen die vier Pfosten der Schlafebene um eine Sitzgruppe, definieren einen „Ort des Gesprächs", der in ständiger Verbindung zu einer in „Raumschichten" erschlossenen Außenwelt steht: zunächst, als erste Schicht, der Gesamtraum des Hauses, als zweite eine Ausweitung des Baukörpers, die in der Art eines Erkers übereck in den Außenraum ausgreift, schließlich die dritte Schicht, der Außenraum selbst, der durch die Transparenz des ganz durch Fenster geöffneten Erkers erlebbar wird.
Das „Haus im Haus" ist in der Bauart so einfach wie eine „Urhütte": vier Holzstützen und ein waagerechter Abschluß, die obere Ebene. In der Simplizität liegt ein archaischer Grund, der mitgewollt ist; die Säulen sind rund, nicht, wie die konstruktiven Holzquerschnitte der anderen Stützen, rechteckig; der Tempel, das „Haus an sich" ist assoziativ angedeutet, ohne durch zu große „Bedeutung" belastend zu wirken. Über die Funktion hinaus (aber nicht gegen sie, sondern im Einklang mit ihr) wird dem Haus die „Seele" gegeben.
Gerade die frühen Bauten Moores sind in ihrem äußeren Aussehen eher unscheinbar, regionalistisch im besten Sinne. Sie haben es nicht nötig aufzutrumpfen, weil sie die Selbstverständlichkeit des „immer schon Dagewesenen" besitzen.
Der Massenwohnungsbau, mit dem am ehesten eine Verwirklichung von Architektur als Ausdruck von „Übereinstimmung" und Gleich-Berechtigung gelungen ist, ist Ralph Erskines Byker-Quartier in Newcastle-Upon-Tyne. Das bezieht sich nicht einmal so sehr auf die formale Durcharbeitung einer Architektur, die, wie Heinrich Klotz festgestellt hat, Mitbestimmung durch die Bewohner nicht ver-

wirklicht, sondern darstellt (36) (sie hat darüberhinaus die Qualität, anfaßbar, vertraut zu wirken), sondern vielmehr auf den symbolischen Ausdruck einer Gemeinschaft vieler verschiedener Individuen durch die verwirklichte Wohnmischung und die Verschiedenheit der Architekturen trotz der gemeinsamen Formensprache. Und es bezieht sich vor allem auf die Gesamtanlage mit dem schützenden „Byker-Wall" als Geste des Zusammenfassens wie des Ausgrenzens. Trotz der zweifellos vorhandenen kleinbürgerlichen Züge des Quartiers scheint in Byker ein Hauch des „Göttlichen im heutigen Massenwohnungsbau" verwirklicht, ein Hauch jener „Idee eines Zusammenlebens" spürbar zu sein.

VIII

Der Gedanke, der hier ausgeführt wurde, ist naiv: die Grundlage unserer gesellschaftlichen Existenz, jenseits politischer Sonntagsreden, zu verwirklichen, das Grundgesetz in die Hand zu nehmen und wörtlich zu realisieren. Die Architektur, die daraus entstehen wird, wird anders aussehen als die heutige. Sie wird wieder „Geist" haben, weil Gesellschaft und Architektur einen gemeinsamen Fluchtpunkt haben werden.

Am Anfang wurde Mathias Greffrath zitiert, der gesagt hat, daß die Hoffnungen der Moderne auf Befreiung des Individuums, diese große Perspektive der Aufklärung, gescheitert sei. Auch die postmoderne Avantgarde klage nicht ein, „was verloren wurde, noch stellt sie vor, was möglich ist. Sie macht sich nicht an die Reorganisation der Grundrisse der gesellschaftlichen Verhältnisse, sondern sie zitiert, was wir so alles an Fassade, an Gefühl, an Form hatten" (37). Was aber wäre, wenn wir auch im Hinblick auf die Architektur noch einmal die Kraft fänden, das (mitsamt den zugrundeliegenden gesellschaftlichen Bedingungen) zu verändern? Mit den Worten Greffraths: „Mit den Dingen arbeiten, statt sie anzuglotzen, die Vergangenheit zu mobilisieren, statt sie noch einmal, runderneuert, zu verzehren. Die Vergangenheit, die der Siege und die der Niederlagen, des vergangenen Reichtums und der vergangenen Armut". (38)

Eine Architektur, die dieses anginge, wäre eine neue „Architektur der Hoffnung" – nicht, wie die der Zwanziger Jahre, eine, die sich von der gesellschaftlichen Wirklichkeit und dem Bewußtsein der Bewohner entfernt hätte, sondern eine, die von ihnen ausginge. Vielleicht ist Architektur grundsätzlich überfordert, wenn man von ihr erwartet, Zukunftsentwurf zu sein. Sie kann aber, wir haben Beispiele gezeigt, ein gesellschaftliches Ideal aufstellen – ein Ideal, das den Weg in die Zukunft offen läßt. Ernst Bloch hatte gefragt: *„Wie kann menschliche Fülle in Klarheit wieder gebaut werden? Wie läßt sich die Ordnung eines architektonischen Kristalls mit wahrem Baum des Lebens, mit humanem Ornament durchdringen?"* (39)

Die Antwort kann nicht über die „Suche nach der verlorenen Einheit" gefunden werden, die, rückwärtsgerichtet, vom Gefühl des Verlustes bedrückt ist. Sie muß vom Gegenteil ausgehen: der Freude an der gewonnenen Vielfalt.

Ralph Erskine:
Wohnquartier „Byker" in Newcastle upon Tine, 1969–81.
Foto: K.D. Weiß

Anmerkungen

(1) J.P. Kleihues; in: IBA Berlin 1987: Projektübersicht, Sept. 1984, S. 8
(2) Mehrfach, u.a. a.a.O., S. 48
(3) S. dazu: G. Kähler: Funktion, Funktionalismus, Postmoderne? In: H. Klotz (Hrsg.): Jahrbuch für Architektur 1986, Braunschweig/Wiesbaden 1985
(4) M. Greffrath: Mit den Dingen arbeiten, statt sie anzuglotzen. Frankfurter Rundschau 20. 7. 1985
(5) S. dazu: G. Kähler: Internationale Gemütlichkeit. In: Werk + Zeit 4/84
(6) Greffrath, a.a.O.
(7/8) Ebd.
(9) Zitiert nach: J.S. Ackermann: Palladio. Stuttgart 1980, S. 60
(10) A. Palladio: I quattro libri dell'architettura; zit. n. G. Germann: Einf. in die Geschichte d. Architekturtheorie, Darmstadt 1980, S. 135
(11) Ebd.
(12) R. Wittkower: Grundlagen der Architektur im Zeitalter des Humanismus, München 1969, S. 83
(13) Filarete, zitiert nach: Germann, a.a.O., S. 76
(14) Bentmann/Müller: Die Villa als Herrschaftsarchitektur. Frankf. 1970, S. 57
(15) Sueton; zitiert nach: A.G. McKay: Römische Häuser, Villen und Paläste. Feldmeilern 1980, S. 119
(16) McKay, a.a.O., S. 77f.
(17) Bei Campanella heißt es z.B.: „In einer weiten Ebene erhebt sich ein gewaltiger Hügel, über den hin der größte Teil der Stadt erbaut ist. (. . .) Sie ist in sieben riesige Kreise oder Ringe eingeteilt, die nach den sieben Planeten benannt sind" – auch hier die „Stadt als Welt" (zitiert nach: M. Schumpp: Stadtbau-Utopien und Gesellschaft. Gütersloh 1972, S. 33)
(18) P. Serenyi: Le Corbusier, Fourier, and the Monastery of Ema. In: The Art Bulletin 1967
(19) Le Corbusier / F. de Pierrefeu: The Home of Man. London 1948, S. 102
(20) Le Corbusier: Grundfragen des Städtebaus. Stuttgart 1945, S. 11
(21) Serenyi, a.a.O., S. 280
(22) E. Bloch: Das Prinzip Hoffnung. Frankfurt 1977, S. 869
(23) Le Corbusier: Oeuvre complète. Bd. 1: 1910–1929. Zürich 1964, S. 186
(24) Le Corbusier: Oeuvre complète. Bd. 2: 1929–1934. Zürich 1964, S. 19
(25) S. dazu: G. Kähler: Architektur als Symbolverfall. Braunschweig/Wiesbaden 1981
(26) B. Taut: Die Stadtkrone. Jena 1919, S. 66
(27) A.a.O., S. 69
(28) S. dazu: A.M. Vogt: Russische und französische Revolutionsarchitektur. Köln 1974
(29) S.F. Starr: Melnikov. Solo Architect in a Mass Society. Princeton 1978, S. 131
(30) K. Melnikow, zitiert nach: Starr, a.a.O., S. 243
(31) Eine Interpretation, die Starr, a.a.O., nahelegt
(32) Vogt, a.a.O., S. 214
(33) K. Marx (1844), zitiert nach: Vogt, a.a.O., S. 214
(34) Ein Begriff, der von A.M. Vogt aus seinem bereits zitierten Buch stammt.
(35) W. Hubbard: Architektur als Konvention, Braunschweig/Wiesbaden 1983, S. 141
(36) H. Klotz: Moderne und Postmoderne. Braunschweig/Wiesbaden 1984, S. 391
(37/
38) Greffrath, a.a.O.
(39) Bloch, a.a.O., S. 870

Bei Fragen zur Produktsicherheit wenden Sie sich bitte an:
If you have any questions regarding product safety,
please contact:

Birkhäuser Verlag GmbH
Im Westfeld 8
4055 Basel, Schweiz
productsafety@degruyterbrill.com